coleção filosofia

105

A **Coleção Filosofia** se propõe reunir textos de filósofos brasileiros contemporâneos, traduções de textos clássicos e de outros filósofos da atualidade, pondo a serviço do estudioso de Filosofia instrumentos de pesquisa selecionados segundo os padrões científicos reconhecidos da produção filosófica. A Coleção é dirigida pela Faculdade Jesuíta de Filosofia e Teologia (Belo Horizonte, MG).

FACULDADE JESUÍTA DE FILOSOFIA E TEOLOGIA (FAJE)
DEPARTAMENTO DE FILOSOFIA

Av. Dr. Cristiano Guimarães, 2127
31720-300 Belo Horizonte, MG

DIRETOR:
Marcelo Fernandes de Aquino FAJE

CONSELHO EDITORIAL:
Carlos Roberto Drawin FAJE
Danilo Marcondes Filho PUC-Rio
Fernando Eduardo de Barros Rey Puente UFMG
Franklin Leopoldo e Silva USP
Marcelo Perine PUC-SP
Marco Heleno Barreto UFMG
Paulo Roberto Margutti Pinto FAJE

Frederico Soares de Almeida

O HOMEM CAPAZ E A
ANTROPOLOGIA FILOSÓFICA
DE PAUL RICOEUR

Edições Loyola

Dados Internacionais de Catalogação na Publicação (CIP)
(Câmara Brasileira do Livro, SP, Brasil)

Almeida, Frederico Soares de
O homem capaz e a antropologia filosófica de Paul Ricoeur / Frederico Soares de Almeida. -- São Paulo : Edições Loyola, 2023.
-- (Coleção filosofia ; 105)

Bibliografia.
ISBN 978-65-5504-280-1

1. Antropologia - Filosofia 2. Ética (Moral filosófica) 3. Fenomenologia 4. Humanidade - Filosofia 5. Ricoeur, Paul, 1913-2005 - Crítica e interpretação I. Título. II. Série.

23-160308 CDD-128

Índices para catálogo sistemático:
1. Antropologia filosófica   128

Eliane de Freitas Leite - Bibliotecária - CRB 8/8415

Preparação: Paulo Fonseca
Capa: Manu Santos
Diagramação: Ronaldo Hideo Inoue

Edições Loyola Jesuítas
Rua 1822 n° 341 – Ipiranga
04216-000 São Paulo, SP
T 55 11 3385 8500/8501, 2063 4275
editorial@loyola.com.br
vendas@loyola.com.br
www.loyola.com.br

Todos os direitos reservados. Nenhuma parte desta obra pode ser reproduzida ou transmitida por qualquer forma e/ou quaisquer meios (eletrônico ou mecânico, incluindo fotocópia e gravação) ou arquivada em qualquer sistema ou banco de dados sem permissão escrita da Editora.

ISBN 978-65-5504-280-1

© EDIÇÕES LOYOLA, São Paulo, Brasil, 2023

*Para meu amor,
Lucimar Rezende Xavier de Almeida,
e para as minhas filhas,
Valentina Xavier de Almeida
e Melissa Xavier de Almeida.*

Sumário

Lista de abreviaturas 11

Prefácio 13

Introdução 21
    O contexto da filosofia francesa no século XX 24
    Questões introdutórias 31

Capítulo I
O desenvolvimento do pensamento filosófico de Paul Ricoeur 35

1. O pensamento de Paul Ricoeur e suas principais influências 35
    1.1. Paul Ricoeur e a influência de Gabriel Marcel 36
    1.2. Ricoeur e o pensamento de Karl Jaspers 40
    1.3. O encontro com a filosofia personalista 44
    1.4. Paul Ricoeur e a filosofia de Jean Nabert 50

    1.5. A fenomenologia de Edmund Husserl
         e a filosofia ricoeuriana 54
    1.6. Ricoeur e a filosofia hermenêutica 59
    1.7. O cristianismo e o pensamento de Paul Ricoeur 63
    1.8. Questões introdutórias: um breve
         apontamento da antropologia filosófica
         de Paul Ricoeur 72

Capítulo II
Compreendendo o ser humano e sua
falibilidade na filosofia de Paul Ricoeur 77
    2. O *Cogito* integral e partido 77
        2.1. Em direção à falibilidade humana 84
        2.2. A patética da miséria e a falibilidade humana 88
        2.3. Compreendendo a síntese transcendental 99
        2.4. O caráter, a felicidade e o respeito:
            a síntese prática 106
        2.5. Em direção à fragilidade afetiva e à falibilidade 117
        2.6. O ser humano diante do mal 124

Capítulo III
O homem capaz como ideia central
da antropologia de Paul Ricoeur 147
    3.1. O homem capaz e a hermenêutica do si 147
    3.2. Compreendendo *l'homme capable* 161
    3.3. A questão ontológica do *homme capable* 198

Capítulo IV
A relação do ser humano com a transcendência
a partir da filosofia de Paul Ricoeur 217
    4. O pensamento de Ricoeur
       e a sua relação com a teologia 217
       4.1. *L'homme capable* e a religião 224
       4.2. O homem capaz e a poética religiosa 235

4.3. Uma antropologia aberta à transcendência 252
4.4. O homem capaz e a ética no
   horizonte da poética religiosa 262

Conclusão 285

Referências bibliográficas 295
1. Fontes *(Bibliografia de Paul Ricoeur)* 295
   Artigos 297
   Vídeos e Entrevistas 299
2. Trabalhos sobre Ricoeur 300
3. Bibliografia geral 305

Lista de abreviaturas

As referências às obras mais citadas neste livro são feitas pelas siglas indicadas abaixo. Sempre que possível, consultamos a edição original em francês e a cotejamos com a tradução em português. Em nossas citações, todas as vezes que julgamos necessário, fizemos ajustes nas traduções disponíveis. As referências completas encontram-se no final da obra.

A&J	*Amor e justiça*
AI	*Autobiografia intelectual. Reflexões feitas*
CC	*La critique et la conviction*
CI	*O conflito das interpretações. Ensaios de Hermenêutica*
EC3	*Écrits et conférences 3 — Anthropologie Philosophique*
EP	*À l'école de la phénoménologie*
HB	*A hermenêutica bíblica*
HV	*História e verdade*
J1	*O justo 1. A justiça como regra moral e como instituição*
J2	*O justo 2. Justiça e verdade e outros estudos*
KJ	*Karl Jaspers et la philosophie de l'existence*
L2	*Leituras 2. A região dos filósofos*

L3	*Lectures 3. Aux frontières de la philosophie*
MHO	*La mémoire, l'histoire, l'oubli*
MR	*Méthode réflexive appliquée au problème de Dieu chez Lachelier et Lagneau*
MV	*A metáfora viva*
PB	*Pensando biblicamente*
PR	*Parcours de la reconnaissance*
PVI	*Philosophie de la volonté I. Le volontaire et l'involontaire*
PVII	*Philosophie de la volonté II. Finitude et culpabilite*
SA	*Soi-même comme un autre*
TA	*Du texte à l'action. Essais d'herméneutique I*
TN3	*Tempo e narrativa*
US	*O único e o singular*
VM	*Vivo até a morte*

Prefácio

É com grande satisfação que vejo as Edições Loyola trazendo a lume mais uma obra para a sua coleção *Filosofia*, enriquecendo o acervo montado ao longo dos anos e iniciado graças aos esforços do padre Henrique Vaz.

Fui orientador da tese de doutorado da qual este livro se originou, defendida no PPG em Filosofia da UFMG em fins de 2021 e tendo a banca examinadora por unanimidade reconhecido as qualidades intelectuais do candidato ao identificar em suas investidas nos diferentes campos da filosofia, ao longo da tese, uma genuína vocação filosófica. Tendo, paralelamente, inclusive reconhecido na tese ela mesma uma contribuição preciosa aos estudos ricoeurianos no Brasil, ao revelar acribia e empenho analítico nas análises levadas a cabo e destemor e ousadia no escopo e assuntos escolhidos. Tudo isso proporciona alegria e satisfação ao supervisor dos trabalhos, resultando do empenho e da frequentação ao longo dos anos numa verdadeira *filia* intelectual. E, de resto, *filia* à qual vai se juntar — somando-lhe a fruição do prazer que essas experiências mais elevadas da atividade intelectual propiciam

— o leitor anônimo dos quatro cantos do país, tendo Ricoeur cidadania na academia brasileira por toda parte e sendo os ricoeurianos uma comunidade expressiva.

Ora, o que se espera de um Prefácio, como bem o diz a etimologia da palavra — do latim *praefatio*, de *praefari/praefor* = "chamar ou invocar antes de, em primeiro lugar" —, com o significado, ao se aplicar aos livros, de "dizer algo antes", como nos sinônimos preâmbulo e exórdio, designando a ação de falar primeiramente ou de antecipar algo que se verá desenvolvido depois. Tal será o meu caso nessas linhas iniciais, mas já tendo uma ideia do livro ou da tese de onde proveio, e agora, ao voltar-lhe mais uma vez um ano e meio depois da defesa, com o propósito de justamente dar ao leitor uma ideia prévia da composição da obra e das suas teses axiais. Portanto, algo a meio caminho de uma peça filosófica ou científica, ao antecipar o conteúdo da obra ou sua estrutura, junto com a justificativa e os argumentos, e de uma peça de retórica, ao exortar a leitura da obra, invocando suas qualidades, atiçando o prazer da sua descoberta e visando a *captatio benevolentiae* do leitor.

Começo pelo título do livro, *O homem capaz e a antropologia filosófica de Paul Ricoeur*, ao qual talvez tenha faltado o subtítulo que desse a ideia de que, de fato, ao longo do livro Frederico Almeida ousou abrir uma nova frente nos estudos ricoeurianos, até um certo ponto inédita no Brasil, ao ultrapassar o Rubicão que separava, em suas duas margens, de um lado, a filosofia e os votos de laicidade do filósofo; de outro, a religião — não certamente a teologia — e o crente, pois Ricoeur era protestante calvinista e não escondia isso de ninguém. Margens mantidas separadas por Ricoeur, a despeito do rio comum que as interligava, ao invocar o agnosticismo metodológico, e não obstante não tomadas literalmente, em sua separação, pelo autor brasileiro, com base no próprio Ricoeur, que ensinou filosofia da religião por quase uma década na Universidade de Chicago, na Divinity School, e com embasamento textual da própria obra do filósofo, tendo por respaldo o *Fonds Ricoeur*: um acervo enorme de 768 artigos e mais 32 livros que o filósofo publicou em vida além de 11 livros póstumos organizados pelo *Fonds*, dentre este conjunto um vasto material consagrado aos estudos bíblicos, dos mitos, dos símbolos e da linguagem religiosa, cuja cifra alguma boa

Prefácio

alma nos fornecerá um dia, tendo eu desistido de pedir a soma ao meu doutorando, por envolver um levantamento mais complicado. Não obstante, o volume é expressivo e, de minha parte, fica aqui o registro desse feito notável de Frederico Almeida, no início um tanto hesitante sobre a conveniência de levar adiante o intento ao iniciar os trabalhos de pesquisa ligados à tese, e depois tendo encarado o desafio, com o meu total apoio, ao ousar fazer aquilo que muitos estudiosos por mais de um motivo evitavam e ainda evitam fazer, de medo de preconceitos e intolerâncias comuns na academia, e o resultado aí está: Frederico, ao seguir as pegadas da antropologia filosófica e da ética ou filosofia moral, irá descobrir no fulcro da experiência humana em toda a sua extensão a abertura à transcendência e para a experiência religiosa em sua complexidade e diversidade, exigindo que se lhe estenda a pergunta filosófica e o ferramental da filosofia.

Esclarecido o título, passo à estrutura da obra, composta de quatro capítulos, mais a Introdução e a Conclusão.

O primeiro capítulo, intitulado "O desenvolvimento do pensamento filosófico de Paul Ricoeur", fornece o contexto da pesquisa, com foco nas influências sofridas pelo filósofo em sua formação, bem como nas afinidades intelectuais e dialogias depois de formado e em sua maturidade, sobressaindo os legados da filosofia francesa e alemã. De um lado, os legados do espiritualismo francês, visado em sua amplitude e diversidade, em suas vertentes existencialista e católica, como Gabriel Marcel, além de personalista, tendo como expoente Emmanuel Mounier e ficando na penumbra Jacques Maritain, ligado a Mounier e ao neotomismo, havendo ainda Henri Bergson, que não é citado. A esse conjunto ilustre, soma-se o nome de Jean Nabert, talvez a maior das influências e a mais importante das interlocuções mantidas por Ricoeur ao longo da vida: ele mesmo alinhado a importantes figuras do espiritualismo francês, como Maine de Biran, Lachelier e Lagneau, abrindo seu próprio caminho como expoente da filosofia da reflexão — seja lá o que esta expressão queira dizer, com a simpatia de Ricoeur — e, como Marcel, procurando abrir em sua filosofia, na esteira da filosofia da consciência e do sujeito tão marcante da filosofia francesa moderna e contemporânea, uma linhagem não cartesiana e propriamente pascaliana. De outro lado, ao se passar para a outra margem do Reno, vamos notar a influência de Jaspers e do existencialismo cristão, tendo Kierkegaard ao fundo e em cujos costados vamos encontrar Gabriel Marcel na França, bem como a influência de Husserl e da fenomenologia, além de Heidegger e da hermenêutica, nomeada pelo filósofo como hemenêutica da facticidade e existencial, à qual se alinhará Ricoeur. E o que é importante: Ricoeur se alinhará e seguirá as trilhas do filósofo da Floresta Negra, mas não totalmente ou em tudo, e não exatamente seguir as pegadas de Schleiermacher e Dilthey. Isto porque, tomando como objeto não mais a *psyché* ou o espírito e suas manifestações, como nos dois alemães, o filósofo abriu em sua filosofia as rotas para a hermenêutica fenomonológica dos símbolos. Ora, quem diz símbolos ou eles os visa, como no caso de Ricoeur, não quer dizer exatamente linguagem, ao menos não quer dizer linguagem verbal articulada, como nos vários *linguistic turns* da filosofia contemporânea. E desde logo, como bem o mostra Frederico Almeida, porque estamos às voltas com o filósofo se propondo conectar a ordem do simbólico e a ação humana em suas diferentes esferas, na direção de uma pragmática especial e de uma nova ontologia — ontologia da ação, bem entendido — e ficando o filósofo francês, na extensão da práxis, nas proximidades de Gadamer, discípulo de Heidegger e que não é citado.

O segundo capítulo, com o título "Compreendendo o ser humano e sua falibilidade na filosofia de Paul Ricoeur", ao longo do qual, mais distanciado do roteiro do capítulo das influências, com o filósofo maduro e se ocupando de sua própria agenda — filosófica, ao fim e ao cabo —, temos a exposição positiva de uma importante vertente da antropologia ricoeuriana: a antropologia do homem falível, *homme faillible* em francês, esboçada nas etapas iniciais de seu percurso filosófico, especialmente em *Finitude e culpabilidade*, na esteira da antropologia da queda e do mito adâmico bíblico, e visada por Ricoeur em sua linhagem agostiniana e pascaliana.

O terceiro capítulo, portando o título "O homem capaz como ideia central da antropologia de Paul Ricoeur", complementa o segundo e fornece a exposição da segunda vertente da antropologia ricoeuriana: a antropologia do homem capaz, como dito, *homme capable* em francês, tendo ao fundo o *conatus* de Espinosa, que define o homem por suas capacidades positivas de agir, pensar e falar, e não mais pelas ideias de falta e de pecado, de origem platônica e bíblica. Capacidades às quais o filósofo francês acrescenta a capacidade de narrar, erigindo como princípio de unificação dessas diferentes ações e capacidades a própria práxis, visada na esteira do *conatus* espinosiano — não exatamente do *behavior* da psicologia comportamental — e pensado tal *conatus*, assim como a práxis, como o princípio metafísico da afirmação do ser na atualidade do agir.

As obras de referência para pensar esse estado de coisas e os problemas filosóficos atinentes são, por um lado, encabeçando a lista, *O si-mesmo como um outro* e, por outro, *O voluntário e o involuntário*, que integra a díade *Filosofia da vontade* como o segundo tomo e faz *pendant* à *Finitude e culpabilidade*, designada como *Filosofia da vontade I*. E o que é importante: é neste capítulo que haverá o liame da antropologia filosófica com a ética ou filosofia moral, na esteira de *O si-mesmo como um outro*, com o filósofo às voltas com as éticas filosóficas aristotélica da virtude e deontológica kantiana. Nesta e naquela, como mostra Frederico, com Ricoeur delas se ocupando, em busca da via longa que poderia introduzir as mediações, entre a perquirição da vida boa ou da felicidade, como *telos* ou fim moral, e a obrigação do dever, como no imperativo categórico, sem qualquer *telos*, e assim articular, mais ainda conciliar, as duas mais importantes filosofias morais da tradição filosófica.

O quarto e último capítulo, intitulado "A relação do ser humano com a transcendência a partir da filosofia de Paul Ricoeur", é o mais ambicioso e original do livro, tendo como propósito articular a antropologia filosófica, a filosofia moral e a filosofia da religião ricoeurianas. O escopo é vasto e variado, entrando na ordem de considerações, como mostra o índice, a relação do pensamento ricoeuriano com a teologia, recusada pelo filósofo por causa do dogmatismo de uma abordagem que se propõe conhecer e conceptualizar a divindade. Recusa que não quer dizer refutação da religião e muito menos da experiência religiosa, que são afirmadas sem reservas, tendo por abono ou respaldo a própria experiência humana em sua diversidade e dando azo à pluralidade de credos e de religiosidades, não só as três religiões monoteístas, cuja consideração por si só joga por terra toda teologia dogmática.

E filosoficamente pensadas essa experiência e diversidade, em sua origem remota ou marco zero, com o filósofo e o crente se deparando com a ideia de divindade inscrita nos recônditos da alma humana, e filosoficamente pensadas, repito, por Ricoeur como abertura à transcendência. Vale dizer, como disposição ao sagrado, que vai junto com o acolhimento, e como poética religiosa: uma poética toldada como linguagem simbólica e metafórica, e não exatamente discursiva, à diferença da filosofia e da ciência, tendo lugar em meio a parábolas e tudo mais, como nos textos sagrados — uma poética religiosa, em suma, expressão que à primeira vista desconcerta, mas que faz sentido, em cuja origem remota Ricoeur vai descobrir o próprio *religare* que está no cerne de toda religião, com os próprios símbolos e textos sagrados com sua simbologia dilatando a experiência humana e introduzindo as mediações que vão levar à religação do ser humano com o sagrado e as deidades. Aqui as obras de referência são *Leituras III* e *Pensando biblicamente*, publicadas postumamente, e o desafio pessoal de Ricoeur e também de Frederico Almeida, estudioso de Ricoeur, com as armas e as bagagens de sua formação em filosofia da religião — lembro ao leitor que Frederico consagrou uma dissertação de mestrado ao assunto e é autor de artigos e livros organizados dedicados ao mesmo, inclusive de obra publicada pela Loyola —, o desafio de ambos, enfim, é justamente pensar uma ética religiosa como complemento da ética filosófica, ao tomar o caminho da via longa, com seus *détours* e meias-voltas. Vale dizer, na esteira de uma antropologia filosófica aberta à transcendência, como entende e propõe o estudioso de Ricoeur, tomando como ponto de arranque o *homme capable* e como ponto de chegada a moral cristã, como a do Bom Samaritano e do Sermão da Montanha. Concluindo, uma moral pensada como poética religiosa — cf. o título da 4ª seção do capítulo — e não do decálogo e do dever, com a obrigação de amar e obedecer a Deus no centro de tudo, como no Antigo Testamento, tendo como exemplo emblemático Abraão às voltas com o sacrifício de seu filho Isaac, quase consumado. Ao invés, uma moral não exatamente judaica, mas cristã, ao fim e ao cabo, centrada na primazia da *charitas* (amor) sobre a justiça, o dever e a felicidade terrenal, à diferença da moral filosófica e como seu *plus*.

Prefácio

Terminando o prefácio, deixo o leitor na companhia do autor e da obra, que no capítulo I cita Ricoeur e uma passagem belíssima, na qual o filósofo recusa a ideia de filosofia cristã e, por extensão, de filósofo cristão: como se sabe, epíteto que ele repudiava e do qual tentou se livrar pela vida afora, como a etiqueta que lhe colou Sartre, ao dizer que ele era um filósofo *défroqué* ou coisa do gênero, dizendo que ele não passava de um "padre que se ocupava da fenomenologia", como lembra Dosse. Escreve Ricoeur:

> Não sou um filósofo cristão, segundo o boato corrente, num sentido voluntariamente pejorativo, se não discriminatório. Por um lado, sou filósofo, simplesmente, inclusive filósofo sem absoluto, preocupado com, fadado a, versado na antropologia filosófica, cuja temática geral pode ser posta sob o título de antropologia fundamental. Por outro, sou um cristão de expressão filosófica, como Rembrandt é pintor simplesmente e cristão de expressão pictórica, e Bach músico simplesmente e cristão de expressão musical[1].

Tomado de assalto por essas palavras inspiradíssimas, com as intolerâncias do contexto francês positivista ao fundo que tanto marcou a vida e a carreira Ricoeur, levando-o a se marginalizar em meio aos assaques de Sartre e Lacan, em conversa com Frederico perguntei-lhe quais seriam os filósofos que ocupariam os lugares de Rembrandt em pintura e Bach em música, ao distinguir de algum jeito as pessoas do autor e do indivíduo, fazendo dele, Ricoeur, um filósofo simplesmente e um cristão de expressão filosófica, como ele diz, ao manter a analogia. A resposta foi, e com a qual estou de acordo, as companhias de Agostinho e Kant, mais ainda a de Kant, que não misturava filosofia e teologia. Mas confesso que tenho grande dificuldade em distinguir a perspectiva do filósofo-cristão da do cristão-filósofo, da mesma forma que não vejo com clareza a diferença entre o filósofo-marxista e a do marxista-filósofo, deixando na conta dos mistérios da linguagem e da gramática as diferenças de realidade implicadas nos usos dos adjetivos e dos substantivos, assim como em seus câmbios, com o giro dos substratos e das qualidades.

---

1. VM, 65.

Paro por aqui, deixo o leitor em companhia do autor e da obra, lembrando que Ricoeur foi um grande pensador e sua obra hoje, passados menos de 20 anos de sua morte, ocorrida em 2005, já caminha para fazer parte dos clássicos da filosofia.

Ivan Domingues
UFMG

Introdução

Na história da filosofia, uma das grandes questões que esteve presente na mente de muitos filósofos é a tentativa de se pensar a natureza ou a condição do ser humano. Dentre os objetivos desta obra está a tentativa de se procurar responder à pergunta formulada por Sócrates e considerada por Kant em suas reflexões: "O que é o homem?". Estendendo-se à contemporaneidade, em percurso que se confrontará com a obra de Paul Ricoeur, muitas respostas serão aqui elencadas no intuito de lidar com esse problema ou indagação inicial.

A antropologia filosófica nos ensina que a filosofia tem o ser humano como o destinatário último de suas questões e como um de seus principais objetos de estudo, o que pode ser evidenciado em discussões a respeito do lugar do *anthropos* na natureza, da sua relação com o *cosmos*, do seu papel na sociedade e da sua relação com a cultura.

Na atualidade, na esteira do grande impacto das ideias de Descartes (o homem máquina e o dualismo mente/corpo) e Kant (com as três críticas e a centralidade da questão antropológica), a questão antropológica e, por extensão, a antropologia filosófica sofreram uma forte inflexão e deixaram de ser uma matéria pacificada, perdendo a sua centralidade depois da impugnação de Heidegger na sua famosa *Carta sobre o humanismo*.

Na mesma linha, e, desde então, na filosofia francesa contemporânea passou a predominar um vasto segmento decidido a prosseguir e a aprofundar a impugnação de Heidegger, a exemplo de Michel Foucault, que assacará contra a filosofia moderna e contemporânea as acusações de antropologismo, de sono antropológico, e assim por diante. Paralelamente, fazendo parte do mesmo *front*, surge o questionamento das filosofias do sujeito, da consciência, dentre outros; modo esse levado a cabo não só por Foucault, mas por uma plêiade de pensadores e filósofos, como Deleuze, Derrida, dentre outros.

Do outro lado, desmentindo a ideia de que a agenda antropológica estivesse vencida, na França, pensadores como Merleau-Ponty e Ricoeur impulsionam e dão continuidade à rota antropológica. Na Alemanha, Plessner, Scheler e Gehlen assumiram engajamento semelhante. Mais recentemente, Habermas, em livro, debateu o tema da natureza humana no contexto das biotecnologias contemporâneas. Ainda no cenário atual, no campo das ciências, assiste-se a uma grande revolução da questão antropológica, estimulada pelos avanços da biologia molecular e da engenharia genética, com todas as controvérsias que o empreendimento de reengenhagem do ser humano implica. Assim, solicitando e ao mesmo tempo provocando, a filosofia, no campo da ética e ainda no da ontologia, ainda que um tanto estorvada e defasada, a partir da extensão desses à antropologia filosófica, tratará de enfrentar novos e pungentes desafios.

Um dos grandes pensadores da filosofia francesa do século XX que procurou lidar com a problemática da antropologia filosófica foi Paul Ricoeur. Para ele, o ser humano é, simultânea e constitutivamente, atividade e receptividade. Sendo assim, é notório, em Ricoeur, o alinhamento entre a questão antropológica e a filosofia prática. Entretanto, diferentemente de certas perspectivas do idealismo alemão, entre as quais está a de Fichte, o ser humano não é visto como atividade pura. Em seus argumentos, Ricoeur opta pela compreensão de uma antropologia da receptividade do dom de ser, retomando temas do pensamento cristão,

Introdução

como a teologia da graça. Nesse quadro definido como atividade e passividade, existe uma liberdade no ser humano que não se sente humilhada, ou mesmo negada, por precisar de outrem no processo de sua efetivação e ação no mundo; ou por ainda ser afetada pelos processos sociais e históricos.

Diante disso, nosso livro procurará mostrar que, segundo o pensamento de Paul Ricoeur, não se pode falar de antropologia sem ética. Isso denota que para uma descrição antropológica do sujeito é necessário pensar como esse sujeito irá agir no mundo; ou seja: ao se pensar o homem, reflete-se, também, sobre a sua ação no mundo, em meio a direitos e deveres, assim como ações e afecções ou afetações.

É a partir dessa relação, entre ética e antropologia, que surge a noção de *homme capable* (homem capaz), desde logo definida como capacidade de agir. A ser apresentada como um possível ponto de interseção entre essas duas proposições, a antropologia filosófica e a ética, a ideia de *homme capable* será tomada conjuntamente com a de *homme faillible* (homem falível), a qual, por sua vez, decorre das noções de falha, falta e queda, correspondendo, assim, ao ser incompleto e decaído, conforme demonstraremos. A opção por abordar e contrapor as noções de *homme capable* e *homme faillible* assiste ao nosso objetivo de abarcar, em sua totalidade, a questão antropológica em Ricoeur.

Nesse contexto, firmamos um outro objetivo: o de perceber como essa relação entre antropologia filosófica e ética no pensamento é construída por Paul Ricoeur. A ideia do *homme capable* gera a possibilidade de um novo horizonte para a vida do sujeito: a abertura para a transcendência, cujo sentido exato exigirá um conjunto de precisões conceituais. Nosso intuito, então, é mostrar como a abertura do *homme capable* para a transcendência pode trazer a compreensão de um novo horizonte de sentido e de ação do ser humano, tanto diante da vida como diante do outro. Nesse intuito, será preciso incorporar o *homme faillible*, esse que, de uma outra maneira, também é marcado pela abertura e a solicitação da transcendência, conforme defende Ricoeur desde as primeiras fases de suas incursões na filosofia, às voltas com as agendas das filosofias francesa e alemã.

Portanto, o caminho a ser percorrido na introdução deste livro está relacionado a uma breve apresentação do desenvolvimento da filosofia francesa no século XX. Nossa proposta é compreender como ela se estruturou dentro desse contexto. Metodologicamente, os tópicos a seguir nos mostrarão alguns dos grandes temas trabalhados dentro dessa tradição e abordagem, dentre eles, destacam-se a questão do sujeito, da qual a filosofia francesa se ocupará durante o século XX, às voltas com as heranças de Bergson, a influência de Sartre e, também, com os legados de Husserl e Heidegger. Acreditamos que para situarmos o pensamento de Paul Ricoeur é de grande importância, no primeiro momento, perceber como sua filosofia surgirá dentro desse contexto.

O contexto da filosofia francesa no século XX

Michel Foucault, em seu último texto, em 1984, afirmou que seria possível traçar uma linha divisória no pensamento francês, contrapondo dois campos. Para ele, de um lado está a filosofia da experiência, do sentido, do sujeito e, do outro, a filosofia do saber da racionalidade e do conceito[1]. Em um dos lados estão dispostos o existencialismo de Sartre e a fenomenologia de Merleau-Ponty. Do outro, a chamada Escola Epistemológica Francesa, que faz epistemologia na extensão da história das ciências. Essa divisão é retomada, mais tarde, por Alain de Badiou, em *A aventura da filosofia francesa no século XX*. Entretanto, o fio condutor de Badiou é a questão do sujeito, e aqui, em uma de suas vertentes, poderíamos acrescentar, encontraríamos a imensa deriva do pós-modernismo francês ao seguirmos as pegadas de Foucault e Badiou.

Alain Badiou mostra que filosofia francesa desenvolvida a partir da metade do século XX sofre a influência de Bergson e de Brunschvicg[2]. Predominam, portanto, duas correntes e conhecê-las é importante para compreendermos as vertentes filosóficas que aparecerão na França depois da Segunda Guerra Mundial, entre as quais a filosofia de Paul Ricoeur se faz presente.

O filósofo francês Frédéric Worms mostra, em *La philosophie en France au XXe siècle*, que nos primeiros anos do século XX o problema do *l'esprit*

---

1. Cf. MOTTA, 2013.
2. BADIOU, 2015, 9.

seria central na filosofia³. Dentro dessa questão, ele também distingue, de um lado, Bergson, desenvolvendo uma filosofia da vida, da consciência e da intuição e, de outro, Brunschvicg, com sua filosofia da ciência, da inteligência e do conceito. Segundo Worms, a relação entre a filosofia de Bergson e a filosofia de Brunschvicg é fundamental para se compreender o pensamento francês.

Em 1911, Bergson realizou duas conferências em Oxford, publicadas posteriormente com o título *O pensamento e o movente*. Nelas, ele propôs uma filosofia da interioridade vital "que subsume a tese ontológica de uma identidade do ser e da mudança apoiada na biologia moderna. Essa orientação será seguida durante todo o século, até Deleuze, inclusive"⁴.

No ano de 1912, Brunschvicg publicará *Etapas da filosofia da matemática* e proporá uma filosofia do conceito, uma filosofia da intuição conceitual que buscará apoio nas matemáticas, descrevendo "a constituição histórica dos simbolismos nos quais as instituições conceituais fundamentais são de alguma forma, recolhidas"⁵.

Portanto, com Bergson e com Brunschvicg surgirão duas direções opostas na filosofia francesa. Bergson firma-se como o filósofo da consciência, da vida e da metafísica; e Brunschvicg como o pensador do conceito, da ciência estudada por uma dupla compreensão, epistemológica e histórica. O problema vida e/ou conceito torna-se, assim, a questão central da filosofia francesa. O debate que aparece entre Bergson e Brunschvicg está em torno do *espiritualismo*, ou melhor, em torno das duas facetas que fazem parte dessa corrente, o vitalismo e o intelectualismo⁶.

A discussão relacionada à vida e conceito se abre para a questão do sujeito. Conforme Badiou, o sujeito é visto como alguém que, nesse momento, coloca-se diante das duas correntes:

> [...] ele é interrogado quanto à sua vida subjetiva, sua vida animal, sua vida orgânica; e é igualmente interrogado quanto a seu pensamento, sua capacidade criadora, sua capacidade de abstração. A relação entre corpo e ideia, entre vida e conceito organiza de modo

---

3. WORMS, 2009, 13.
4. BADIOU, 2015, 9.
5. Ibid., 9-10.
6. WORMS, 2009, 63.

conflitante o devir da filosofia francesa em torno da noção de sujeito — algumas vezes sob outros vocábulos, e esse conflito está presente desde o início do século com Bergson de um lado e Brunschvicg de outro[7].

A discussão sobre o sujeito a partir dessas duas correntes irá ocupar um lugar de destaque na cena intelectual francesa no século XX. Brevemente, pode-se perceber, na filosofia de Sartre e de Merleau-Ponty, que o sujeito, como consciência intencional, é uma noção basilar. Em Althusser, o sujeito é definido como uma categoria ideológica. Nessa perspectiva, a história é um processo sem sujeito. Já Derrida, sofrendo influência de Heidegger, interpreta o sujeito dentro de uma categoria metafísica. Lacan constrói uma nova definição de sujeito, cuja constituição é a divisão original, a clivagem. Outro pensador que também abordará, em sua filosofia, a questão do sujeito será Lyotard, que entende o sujeito como um ser de enunciação, ou seja, como categoria gramatical. Outros filósofos franceses poderiam ser citados aqui para corroborar essas ideias.

Destarte, percebe-se que toda essa discussão a respeito do sujeito tem como herança o pensamento de Descartes e o famoso *ego cogito*, cuja fortuna crítica nos leva muito além do que o filósofo nos tinha autorizado a dizer e a pensar. Para Alain Badiou, não é exagerado afirmar que toda a filosofia francesa "da segunda metade do século é uma imensa discussão sobre Descartes. Porque Descartes é o inventor filosófico da categoria de sujeito e o destino da filosofia francesa, sua divisão mesma, é uma divisão da herança cartesiana"[8]. Descartes é tanto um pensador que teoriza a respeito do corpo físico e do animal-máquina, quanto um teórico da pura reflexão. Muitos dos grandes pensadores franceses da contemporaneidade escreveram algo sobre ele, inclusive Ricoeur, como veremos.

A partir de toda essa questão, como notaram Worms e Badiou, é possível perceber que uma grande disputa em torno da ideia de sujeito prevalece nesse contexto. Propriamente, Descartes será retomado de forma positiva, ou negativa, dentro da discussão. Sartre escreve um primoroso artigo sobre a liberdade em Descartes, Lacan dizia que era necessário um

---

7. BADIOU, 2015, 10.
8. Ibid., 10-11.

retorno ao pensamento do filósofo moderno, mas, há outros, como Deleuze, que tinha uma grande hostilidade ao pensamento de Descartes.

Para Frédéric Worms, a filosofia na França no século XX poderia ser dividida em três momentos. O primeiro momento seria o que já foi apresentado aqui de forma breve anteriormente. Ela aconteceu no início do século passado, com Bergson e Brunschvicg tendo a questão do *esprit* como o problema central para a reflexão filosófica[9]. O segundo momento estaria relacionado com a Segunda Guerra Mundial até o começo da década de 60 e o foco da reflexão filosófica giraria em torno da existência. Nesse contexto, as filosofias da existência ganharão destaque na cena francesa. Sartre, Jean Cavaillès, Merleau-Ponty, Jean Wahl e Camus são alguns dos grandes pensadores desse momento. Aqui, uma oposição irá surgir: de um lado, Sartre, com a filosofia da consciência, e, de outro, aparece Jean Cavaillès com a filosofia do conceito[10].

Por fim, o terceiro momento, conforme Frédéric Worms, é aquele a partir dos anos 60, com o estabelecimento do pensamento estruturalista[11]. Essa corrente de pensamento influenciará toda a filosofia francesa. Outro fator que marcará a filosofia francesa durante esse contexto serão os acontecimentos de maio de 1968. A partir desse ponto, Foucault pode ser visto como o filósofo que irá ocupar o espaço deixado por Sartre na cena intelectual francesa, da mesma forma que Sartre desenvolverá o papel do filósofo público.

Exposto isso, é importante destacar que a filosofia francesa, ao longo de todo o século XX, será influenciada pela filosofia alemã, à qual, como já ressaltado, vão se reportar tanto Badiou como Worms. Badiou acredita que "toda a filosofia francesa da segunda metade do século XX é, na realidade, uma discussão acerca da filosofia alemã"[12]. Essa conclusão também é sustentada por Frédéric Worms que pensa da mesma forma e pontua que toda a filosofia francesa do século XX recebe uma grande influência do pensamento alemão[13]. Invertendo a direção das correntes

---

9. WORMS, 2009, 13.
10. Ibid., 205.
11. Ibid., 467.
12. BADIOU, 2015, 11.
13. WORMS, 2009, 463.

de pensamento dos dois lados do Reno, pensadores alemães como Kant, Hegel, Nietzsche, Husserl e Heidegger estarão presentes no contexto francês bem antes da época contemporânea, tudo tendo começado no início do século XIX, como mostra Madame de Staël em *De l'Allemagne*, livro publicado em 1813.

Dado tal panorama, surge a seguinte questão: o que os pensadores franceses foram buscar na filosofia alemã? A respeito de uma resposta possível a essa indagação, Badiou argumenta:

> Podemos resumi-lo em uma frase: uma nova relação entre o conceito e a existência, que recebeu diversos nomes: desconstrução, existencialismo, hermenêutica. Mas, através de todos esses nomes, há uma pesquisa comum que é modificar, deslocar a relação entre o conceito e a existência. Como, desde o início do século, a questão da filosofia francesa era vida e conceito, essa transformação existencial do pensamento, essa relação do pensamento com seu solo vital interessava vivamente à filosofia francesa[14].

Como pode ser observado, os pensadores franceses encontram na filosofia alemã novas formas de tratar a relação entre conceito e existência, percorrendo, no entanto, vias diferentes ao retomarem as rotas da ilustração. Assim, eles interagem mais à vontade com o pensamento laico e a filosofia civil, enquanto os germânicos optam por se alinharem à *Aufklärung*, com a teologia e a filosofia da religião. Pode-se, então, dizer que a filosofia francesa, à sua maneira, procurou retirar armas da filosofia alemã, para poder utilizá-las dentro do seu próprio contexto, de forma específica e com finalidade de construir algo inteiramente novo. Trata-se do conhecido fenômeno histórico da transplantação, senão da reapropriação, mas redundando em fricções e recalibragens ao se passar de um contexto a outro ou de um país a outro.

Outro ponto que precisa ser levantado para a compreensão da filosofia francesa no século XX, mais especificamente a partir de 1950, é que grande parte dos filósofos franceses desse momento se engajaram de forma intensa na questão política. Sartre, Merleau-Ponty, Foucault, Deleuze, dentre outros, sempre se envolveram com o ativismo político e pe-

---

14. BADIOU, 2015, 12.

las mais diferentes maneiras. Eles queriam construir, a partir da política, uma relação inovadora entre conceito e ação, em específico com a ação coletiva. Diante dessa questão, é perceptível como o engajamento da filosofia nas questões políticas contribuiu para o surgimento da noção de filósofo público na cena intelectual francesa. Grande parte dos filósofos franceses desse contexto estariam engajados com o debate público e com questões relacionadas à pauta dos direitos humanos. Surgiria, nos filósofos franceses, um desejo grande de modernizar a filosofia, seja por intermédio das transformações dos costumes, seja pela arte, pela música ou por meio das questões relacionadas à sexualidade.

Portanto, como já ressaltado, o sujeito ganha um lugar de destaque nesse contexto; e um dos fatores que contribuem para essa ascensão é a psicanálise. Conforme Alain Badiou:

> [...] a psicanálise é um interlocutor essencial, porque a grande invenção freudiana foi precisamente uma nova proposição sobre o sujeito. Com o motivo do inconsciente, Freud nos indica que a questão do sujeito é mais vasta do que a consciência. Ela engloba a consciência, mas não se reduz a ela. Tal é a significação fundamental da palavra "inconsciente", quando Lacan falava do "sujeito do inconsciente". Resulta disso que toda a filosofia francesa contemporânea empenhou-se em uma grande e severa discussão com a psicanálise. Essa discussão, na França, na segunda metade do século XX, é uma cena de grande complexidade. Por si só, essa cena (esse teatro) entre a filosofia e a psicanálise é absolutamente reveladora. É que sua aposta fundamental é a divisão de duas grandes correntes da filosofia francesa desde o início do século[15].

Conforme apresentado anteriormente, as duas grandes correntes que irão compor a cena francesa no início do século XX são o vitalismo existencial e o formalismo conceitual. No campo do vitalismo, Bergson é o principal pensador, mas destacam-se também Sartre, Foucault e Deleuze, embaralhando as filiações intelectuais e as fronteiras acadêmicas, como nas bifurcações de Foucault. Já no campo do conceitualismo das instituições, Brunschvicg é quem inaugura essa forma de pensar e ele será

---

15. BADIOU, 2015, 15-16.

acompanhado por Althusser e Lacan. A questão do sujeito é o que cruza as duas correntes filosóficas. "Porque um sujeito é, finalmente, aquilo cuja existência porta o conceito"[16]. O inconsciente de Freud ocupa, de certa forma, esse lugar, pois ele também é alguma coisa do simultaneamente vital e simbólico, que porta o conceito. Importante, esse entendimento leva à desconfiança de que, rigorosamente, o sujeito não é o mesmo nas tradições intelectualista e vitalista. Haveria, portanto, mais de uma maneira de figurá-lo, podendo ser o sujeito metafísico, o sujeito psicológico ou o existencial.

O que foi até aqui mostrado tem como objetivo apresentar um recorte do vasto cenário da filosofia francesa ao longo do século XX. Isso ajuda a compreender o contexto intelectual em que Paul Ricoeur desenvolverá sua filosofia e, mais especificamente, sua antropologia filosófica. Como aponta François Dosse, a filosofia de Ricoeur procurará lidar com as grandes questões que atravessam a sociedade contemporânea[17].

É necessário ressaltar, por um lado, que Paul Ricoeur encontrará um contexto de muita resistência em relação ao seu pensamento na França. Com a noção de laicidade muito presente no Estado francês, persistirá, nesse contexto, uma restrição na esfera pública para manifestação de crenças religiosas. Como o próprio Ricoeur afirma, o Estado desenvolverá um "agnosticismo institucional"[18]. Ele não será ateu nem religioso, levando a filosofia, desde a grande revolução, a assumir as funções de religião civil, como no caso do positivismo.

Mais tarde, numa outra perspectiva, mas associada a essa mesma tendência, pensadores de enorme destaque, como Sartre e Foucault, ocuparão, com grande maestria, a cena intelectual, apresentando, cada um, a seu modo, uma rejeição ao pensamento religioso. E ambos farão isso com uma intensidade e intransigência que não encontraremos algo parecido nem na Alemanha, nem nos Estados Unidos ou na Inglaterra.

Como um filósofo que recebeu uma educação religiosa, especificamente protestante, Ricoeur, diante de todo esse contexto, andará pelo continente religioso e bíblico, sem misturar esses campos com o pensa-

---

16. Ibid., 16.
17. Dosse, 2001, 7.
18. CC, 194.

mento filosófico: questão de estratégia e de sobrevivência, poderíamos dizer. Ricoeur sustenta:

Parece-me que, tanto quanto recuo no passado, sempre caminhei sobre duas pernas. Não é só por preocupação metodológica que eu não misturo os gêneros, é porque quero afirmar uma referência dupla, absolutamente primeira para mim[19].

Paul Ricoeur explica que seu trajeto filosófico e seu trajeto religioso foram bem delimitados por ele. Sobre essa relação, esse pensador francês esclarece: toda a sua reflexão pode ser expressa pelo elo entre convicção e crítica[20]. Ao mesmo tempo em que Ricoeur tinha um pé na filosofia, ele colocava o seu outro pé no cristianismo e essa maneira de ver e fazer as coisas não era comum ou usual na França de seu tempo.

Especificamente, num contexto marcado não tanto por uma neutralidade ou indiferentismo, mas pela hostilidade e uma reserva militante frente à religião, suas práticas e suas instituições, o cenário da filosofia francesa do século XX será sempre um pouco espinhoso para Ricoeur. Tanto que ele e suas obras não foram bem vistas por pensadores como Sartre, Foucault, Lacan e seus discípulos, além de Lévi-Strauss, que, muitas das vezes, irão criticar Ricoeur por causa de suas crenças cristãs ou ao menos afirmar que ele faz, em sua reflexão filosófica, uma mistura entre teologia e filosofia.

A partir daqui, expostos os principais interlocutores desse teórico francês, suas ascendências e filiações, faz-se necessário revelar as principais influências filosóficas presentes no pensamento de Paul Ricoeur e, posteriormente, apresentar como tal intelectual é influenciado pela teologia cristã.

Questões introdutórias

Este livro está dividido em quatro capítulos. No primeiro, são mostradas as principais influências, a nosso ver, comuns no pensamento de Paul Ricoeur. Começamos nossa análise a partir de Gabriel Marcel e de

---
19. CC, 211, tradução nossa
20. CC, 211.

Karl Jaspers. Posteriormente, mostramos alusões a Emmanuel Mounier nos textos ricoeurianos. Em seguida, o enfoque será a relação de Ricoeur com o pensamento de Jean Nabert e de Edmund Husserl e da tradição hermenêutica. Por fim, apontamos a influência do pensamento cristão na filosofia ricoeuriana. Nossa análise, obviamente, é um recorte feito a partir da nossa compreensão sobre aqueles autores que influenciaram Paul Ricoeur, inclusive em sua antropologia filosófica.

No segundo capítulo, será analisado *L'homme faillible* (o homem falível). Para iniciar essa reflexão, investigaremos quais são as reais condições de possibilidade do mal, o que levará a uma antropologia da falibilidade humana. Aqui é apresentado como a noção de *homme faillible* revela a possibilidade do erro como algo racionalmente plausível através do conceito de falibilidade. Uma ontologia da desproporção surge e terá no sujeito a mediação necessária. O ser humano tem a falibilidade como um risco em sua existência. Mostraremos aqui, por outro lado, como a falibilidade revela ou aponta para a noção de capacidade do sujeito. Ainda no segundo capítulo, com o intuito de compreendermos melhor essa desproporção que marcará o sujeito, passaremos a perceber como o sujeito apresenta a possibilidade de se sucumbir ao mal.

No terceiro capítulo, nossa proposta é descrever como a ideia de *homme capable* (homem capaz) é constituída. Para isso, elencamos as quatro características que marcam o sujeito capaz. São elas: a) a capacidade de poder dizer algo sobre alguma coisa a qualquer pessoa; b) a capacidade de ação de um determinado agente que é capaz de tornar possíveis os eventos no mundo; c) a capacidade de narrar, evidenciando que o sujeito a partir de uma narrativa histórica busca sua identidade narrativa; e d) a capacidade de imputação de um sujeito moral responsável pelos seus atos.

Durante a nossa exposição, objetivamos perceber como a noção de capacidade tem como pano de fundo uma hermenêutica da ação. Também será levantado como se estrutura, a partir da ideia de *homme capable*, a relação entre antropologia e ética. Neste momento, mostraremos que não há em Ricoeur, mais além da ontologia, a possibilidade de se pensar uma antropologia filosófica sem ética. Nesse ponto, recorremos à "pequena ética" ricoeuriana para mostrar como a ideia de capacidade pode ser vista como um fio condutor para a relação entre antropologia e ética. Por mais importante que seja a ideia de *homme capable*, evidenciaremos como esse filósofo assimila a ideia de *homme faillible* que está por detrás da noção de capacidade.

No último capítulo, analisamos como a antropologia filosófica baseada na noção de *homme capable* — tendo como fundo também a ideia da falibilidade — é aplicada à ética em Ricoeur. Observamos que a partir dessa noção, esboçada como *pendant* e complemento da antropologia do *homme faillible*, o ser humano pode ser compreendido como um ser aberto à transcendência. Dito isso, apontamos como essa abertura pode propor uma nova forma de atuação do sujeito na realidade.

Mostramos, assim, como a religião e, por extensão, a questão da hermenêutica bíblica, o que não dizer questão *teológica*, está presente no horizonte do homem capaz e da filosofia ricoeuriana. Partimos da ideia de que a religião é destinatária ao homem capaz e enfatizamos a compreensão de que a religião, ou seja, a experiência religiosa, para Ricoeur, tem o objetivo de resgatar a bondade humana, abrindo um caminho a um tempo diferente de Agostinho e mais próximo de Kant.

Depois disso, pontuamos como o homem capaz pode ser visto como um ser aberto à transcendência. A abertura à transcendência é possível dentro do horizonte da nomeação de Deus na narrativa bíblica. Nesse contexto, o texto bíblico convoca o sujeito a entrar em uma relação ética de chamado e resposta. O sujeito convocado é chamado a mediar o si no espelho das Escrituras e a construir sua ação na dimensão do amor e da justiça. Nesse horizonte, mostramos a economia do dom como elemento norteador da ação do sujeito capaz. Alcançada tal discussão, é necessário trabalhar como a existência é ressignificada por essa questão e como o sujeito irá agir no mundo por meio da lógica da economia do dom. Enfatizamos, também, que esse sujeito que age baseado na lógica da economia do dom é influenciado a buscar o bem comum. Toda a lógica do dom presente na filosofia ricoeuriana leva o sujeito capaz a pensar na construção de um humanismo ético e como isso aponta para a dimensão da esperança, na esteira de Kant. Aqui serão analisadas as implicações morais dessa abertura (à transcendência) e da atuação desse sujeito assim ressignificado no mundo da vida.

CAPÍTULO I
O desenvolvimento do pensamento filosófico de Paul Ricoeur

1. O pensamento de Paul Ricoeur e suas principais influências

A filosofia de Paul Ricoeur retoma, em muitos momentos, questões pensadas e debatidas dentro da cena intelectual francesa. Seu pensamento não surge do nada. Ricoeur está em constante diálogo com toda a tradição filosófica e, mais especificamente, com a tradição francesa, lendo e lidando com as questões filosóficas à sua maneira.

O pensamento de Ricoeur também não poderá ser compreendido como um mero ecletismo e, por mais que seja influenciado por muitas tradições, ele constrói sua própria reflexão filosófica com bastante originalidade e brilhantismo. Todo o nosso esforço em construir esse percurso tem como proposta revelar as grandes fontes do pensamento ricoeuriano para compreendermos a antropologia do *homme capable*, em paralelo ao *homme faillible*, que será o seu *pendant* e complemento, como o ponto central de sua obra: de resto, uma obra copiosa, além de desafiadora, e que não cessou de se renovar ao longo do tempo, em razão de suas incessantes retomadas, exigindo do estudioso cautela e compenetração, pois não é uma hesitação que está em jogo, mas um método de trabalho e um estilo de pensamento.

1.1. Paul Ricoeur e a influência de Gabriel Marcel

Gabriel Marcel é um filósofo de muita importância no pensamento de Paul Ricoeur, que o reconhece como um dos seus grandes mestres[1]. Em uma de suas autobiografias, *La critique et la conviction*, Ricoeur afirma que frequentava a casa de Gabriel Marcel todas as sextas-feiras[2]. Nesses encontros, existia uma regra: citações de outros autores não seriam admitidas. Todos os presentes deveriam partir sempre de exemplos e cada um deveria refletir sobre si mesmo ao levar adiante a empresa intelectual. Esse era o espírito que fazia parte das reuniões na casa de Marcel e essas experiências contribuíram muito para o desenvolvimento do pensamento do jovem Ricoeur. Aquela regra visava a não submissão do pensamento e incentivava a construção de uma reflexão própria.

Outra exigência que se fazia nesse ambiente, como mostra François Dosse na obra *Paul Ricoeur — les sens d'une vie*, é a de processar, tanto quanto possível, elementos tirados de sua experiência própria[3]. Em cada encontro, um convidado falaria sobre uma determinada questão com base na experiência comum com o intuito de problematizá-la do ponto de vista filosófico. Toda essa vivência marca Ricoeur profundamente.

Ao entrar em contato direto com o pensamento de Gabriel Marcel, pensamento católico em suma, Ricoeur será conduzido em direção a problemas relativos à encarnação, à inovação e ao mistério. Concomitantemente, ele também descobrirá a filosofia de Husserl através da tradução inglesa das *Idées directrices*, outra grande influência em seu pensamento.

Sobre os encontros na casa de Gabriel Marcel, Ricoeur relata:

> Gabriel Marcel é de longe a pessoa com que eu tive a relação mais profunda, desde o meu ano de agregação, em 1934-35, e mais adiante ainda, de modo episódico até à sua morte, em 1973. Durante as fa-

---
1. L2, 47.
2. CC, 21.
3. Dosse, 2001, 22.

mosas tardes de sexta-feira, que eu comecei a frequentar a partir de 1934, escolhíamos um tema de discussão e a regra era sempre partir de exemplos, analisá-los e recorrermos às doutrinas somente a título de apoio das posições defendidas[4].

Paul Ricoeur compreendia que o estilo de discussão promovido na casa de Marcel fazia falta na Sorbonne. Com Marcel, Ricoeur passa a entender que o pensamento era algo vivo e deveria ser exercitado a todo instante. Naquelas reuniões, todos os participantes discutiam, durante duas ou três horas, de maneira intensa e pensando por si mesmos as temáticas ali suscitadas, as quais, de uma forma ou de outra, eram extraídas do dia a dia, da experiência quotidiana ou ainda dos livros das mais variadas proveniências.

Segundo François Dosse, Gabriel Marcel e Paul Ricoeur tinham algo em comum: eles não foram de forma alguma dogmáticos. Ambos procuraram estabelecer uma recusa a todo tipo de dogmatismo[5] e esse empenho, ou espírito, se assim podemos dizer, Ricoeur manteve vivo até o fim de seus dias. Outro ponto que aproximava esses dois grandes pensadores era a opção por mergulhar na filosofia da existência, que seria conhecida depois da Segunda Guerra com o nome de existencialismo. Como o próprio Ricoeur afirma: foi por meio de Marcel que ele passou a ter contato com os temas semelhantes, em muitos aspectos, àqueles desenvolvidos por Karl Jaspers[6]. Isso ocorre numa época em que Ricoeur tinha 21 anos.

Essa respeitosa amizade foi interrompida com a morte de Marcel em 1973. Pensador inquieto e de horizontes largos, é Marcel que colocará Ricoeur em contato com os pensadores da filosofia anglo-saxônica. Embora essa fosse pouco conhecida no contexto francês, Gabriel Marcel já tinha contato com os pensamentos de Whitehead e de Russell, testemunhando uma abertura para além do pensamento católico (Russell era ateu), como, aliás, ocorrerá mais tarde com Ricoeur, mesmo que com outras inquietudes e interlocuções.

Um fator existencial também liga Marcel e Ricoeur, pois ambos tiveram suas travessias marcadas, de forma precoce, pelo trágico. Marcel,

---
4. CC, 41-42, tradução nossa.
5. Dosse, 2012, 13.
6. AI, 54-55.

da mesma forma que Ricoeur, também foi educado por sua tia depois da morte de sua mãe, quando ele tinha quatro anos[7]. A questão da morte e o problema do mal estarão presentes nas filosofias desses dois teóricos. Marcel se converte ao pensamento católico e passa a ter contato com a filosofia neotomista. Essa já se fazia bem presente nos meios católicos, em especial através do pensamento de Jacques Maritain, que se tornou influente em diversas partes do globo, inclusive no Brasil.

Gabriel Marcel, preocupado com as questões de seu contexto, buscou ensinar a seus alunos uma filosofia da ação, com o intuito de responder às interpelações da atualidade[8]. Trata-se de uma preocupação que veremos compartilhada e mesmo objetivada ao adquirir as *technai* de um método, no famoso tripé do "ver, julgar e agir", formulado pelo padre belga Joseph Cardijn, e que marca profundamente a Ação Católica e depois a Ação Popular no Brasil nos anos de 1960. Para Marcel, "o filósofo deve-se afastar de uma postura distante, de espectador destacado, para participar ativamente do seu tempo"[9]. O filósofo não pode ter uma postura distante da realidade e dos problemas nela presentes. Paul Ricoeur levará esse apontamento do pensamento de Marcel ao longo de sua vida, agregando-o ao desenvolvimento de sua filosofia, a qual buscará lidar, entre outras coisas, com as demandas do seu tempo. Essas, por sua vez, irão variar segundo os contextos, como no caso das novas biotecnologias e em suas discussões com Changeux. Assim, Ricoeur pode ser visto como um pensador que está atento aos dilemas do seu tempo, um pouco como Sartre, e não apenas como um pensador restrito a altas elucubrações da metafísica abstrata.

Para Paul Ricoeur, na filosofia de Gabriel Marcel, não existe nenhum ponto de pensamento que não possa ser conquistado a partir de um primeiro movimento reflexivo, "no qual ele discerne um obstáculo, um princípio de ocultamento, opostos à descoberta das experiências, que por sua vez opõem uma resistência à resistência"[10]. O pensamento de Marcel tam-

---
7. Dosse, 2001, 24.
8. Dosse, 2012, 12.
9. Ibid., tradução nossa.
10. L2, 48.

bém revela uma reflexão segunda, chamada de reflexão recuperadora, que apresenta um trabalho de retificação, no nível dos conceitos e das palavras, por meio do qual o pensamento tenta se igualar. Percebemos que a filosofia de Gabriel Marcel anuncia a si mesma como um pensamento do mistério. Em outras palavras, ela pode ser resumida como "um pensamento afirmativo; mas não dogmático; sensível ao mistério, mas rebelde ao hermetismo; hostil ao espírito de abstração e de sistema, mas preocupado com a precisão"[11].

Caminhando um pouco mais na apresentação das proposições de Marcel e na influência de sua filosofia no pensamento ricoeuriano, vemos que tal pensador desenvolveu uma crítica ao *cogito* cartesiano. O mesmo será realizado por Ricoeur. Nessa empreitada, Gabriel Marcel opõe ao *cogito* cartesiano uma apologia do sentir e leva o sujeito na direção do ato de participação. Como mostra François Dosse, ele privilegiará uma primeira relação de reflexividade, que abre a ordem da experiência para a fé como modo do Ser (*l'Être*)[12]. A metáfora da sondagem desenvolvida por Marcel convém muito bem ao encaminhamento de Ricoeur, no qual a reflexão filosófica firma suas raízes em um passado, considerando a acumulação de camadas sedimentares do pensamento como um depósito de sentidos. Ricoeur relata:

> O ataque contra o *Cogito* cartesiano constitui uma crítica tão virulenta que, nos encontros que eu tive a honra de partilhar com Gabriel Marcel em 1968, ele decidiu temperar um pouco sua crítica. Mas, vindo do idealismo — bradleyano, é verdade —, era contra o ancestral de todos os idealismos modernos, isto é, contra Descartes, que Marcel deveria se levantar em primeiro lugar: um Descartes lido através de Kant e do neocriticismo de Brunschvicg, para quem o "Eu penso" seria o sujeito transcendental senhor de todo sentido e o suporte de toda objetividade[13].

De acordo com Paul Ricoeur, Gabriel Marcel realiza uma crítica que "denuncia em todo o idealismo o desejo de anular o sentir e a exis-

---

11. L2, 49.
12. Dosse, 2001, 26.
13. L2, 51.

tência"[14]. Aqui a crítica é vista como crítica da crítica, na forma de criticismo. Essa crítica da crítica não é nunca adquirida pelo fato de serem tão complexas as ramificações do idealismo.

De forma geral, toda a filosofia de Paul Ricoeur será profundamente marcada pelo pensamento de Marcel. Em relação ao tema do *cogito* em Descartes, esse está relacionado com a temática da liberdade e se abrirá à questão da existência ao afirmar o comércio entre o corpo e a mente. É a experiência da liberdade, a partir de um *cogito* partido, que definirá o fio condutor da filosofia de Paul Ricoeur. O *cogito* deve ser compreendido como inteiramente quebrado. Há uma ferida interna dentro dele.

Esse *cogito*, em Ricoeur, não pode ser visto como o cartesiano. Isso porque o interesse desse teórico pela reflexão de Descartes se dá somente pela possibilidade aberta pelo *cogito* de unificação das mais distintas experiências. Em seus escritos, Ricoeur também manterá igual distância do *cogito* proclamado como decadente por Nietzsche[15], o "anticogito". O filósofo francês falará de um *cogito* integral que depois será visto como um *cogito* partido. Por *cogito* integral deve-se entender o sujeito cuja existência é vivida num corpo[16], integrando todas as suas dimensões voluntárias e involuntárias, distinguindo-se radicalmente do *cogito* cartesiano, cujo dualismo cinde alma e corpo.

1.2. Ricoeur e o pensamento de Karl Jaspers

Karl Jaspers et la philosophie de l'existence é uma obra de autoria conjunta escrita por Mikel Dufrenne e Paul Ricoeur, que, ainda preso durante a Segunda Guerra Mundial, reconheceu em Jasper um dos seus grandes mestre e influência[17]. Sobre isso, o filósofo francês assim relata:

> O período do cativeiro, passado em diversos campos na Pomerânia, foi um tempo de experiências humanas extraordinárias: a vida quotidiana, partilhada interminavelmente com milhares de outros, o

---

14. L2, 51.
15. Corá, 2004a, 32.
16. Jervolino, 2011, 23.
17. Ricoeur, 2001, 121.

cultivo de amizades intensas, o ritmo regular de instrução improvisada, de ininterruptas sessões de leitura dos livros disponíveis no campo. Foi nestas condições que li, juntamente com Mikel Dufrenne, a obra de Karl Jaspers publicada na altura [sic], primeiramente, os três volumes do seu *Philosophie* (1932)[18].

Ricoeur reconhece que estava em dívida com Karl Jaspers "por ele ter conseguido afastar a admiração que eu sentia pelo pensamento alemão da influência de todos os aspectos negativos que nos rodeavam e do terror da história. Registro de passagem que nós nada sabíamos dos horrores dos campos de concentração"[19]. A influência de Karl Jaspers no pensamento de Ricoeur pode ser vista na forma como o filósofo francês desenvolve sua filosofia do sujeito através da existência e a crítica a qualquer sistema. Para Ricoeur, a filosofia da existência tem como ponto de partida a intuição cartesiana do sujeito, mas busca superar o erro de assimilar o sujeito ao objeto, ao tratá-lo como coisa pensante, perdendo assim a especificidade do humano. A filosofia Jaspers na visão de Ricoeur objetiva valorizar a existência, tendo em Kierkegaard e Nietzsche seus precursores[20]. Ricoeur também herda de Jaspers o caminho da contestação a toda forma de redução do saber ao saber científico.

A teoria das cifras que Jaspers elabora, segundo a qual as coisas estão cifradas, como enigmas, também será importante para Ricoeur. Jaspers compreendia que as cifras são identificadas como mundo e o modo de aparecer do ser. Elas podem ser vistas como símbolos da transcendência, no sentido de que o mundo e as coisas nele existentes são constituídos por uma linguagem ambígua, do absoluto. Tudo na realidade pode fazer uma referência de forma enigmática ao absoluto. Sendo assim, seria necessário elaborar uma interpretação sobre isso através de uma experiência individual. Aqui, há uma prefiguração para o caminho que Ricoeur seguirá: o da via longa. Ele desenvolve esse caminho por meio de sua concepção a respeito dos símbolos. Isso porque esses preservariam o sentido agudo da existência como o lugar onde as cifras podem ser lidas e interpretadas.

---

18. AI, 58-59.
19. AI, 59.
20. Cf. KJ.

Outra questão importante é que Paul Ricoeur encontra, no pensamento de Jaspers, elementos para fortalecer sua busca de mediação dialógica. O pensador francês encontra em Jaspers a recíproca colocação à prova, tanto da fé filosófica quanto da fé religiosa sob a forma de um combate amoroso[21]. Em Jaspers, as relações entre fé filosófica e fé religiosa são tratadas, sobretudo, em termos de conflito, de confrontação. Conforme François Dosse:

> A concepção de Jaspers corresponde totalmente a essa tensão que sente Ricoeur no mais profundo de suas convicções, desde seus anos de estudante de filosofia. Traduz perfeitamente sua vontade de fecundar os dois domínios um pelo outro, sem abandonar nada do rigor próprio de cada um. Disso resulta uma filosofia em tensão, um ser dilacerado, uma postura trágica que vai de aporia em aporia. Sua filosofia é atravessada por contradições, sem possibilidade de superá-las[22].

Todo esse movimento é percebido por Ricoeur a tal ponto de fazê-lo seu. É por meio do signo do dilaceramento que a filosofia da transcendência de Jaspers pode ser entendida[23]. Essa transcendência pensada por Jaspers, presente e ausente em nossa experiência, deixa-se ler sem ser capturada. Qualificar ou tentar demonstrar Deus seria reduzi-lo a ser apenas um existente empírico[24].

Nesse pensamento, o paradoxo é ponto basilar. Ele é o invólucro intelectual do mistério e é a lógica humilhada[25]. Esse pensamento do paradoxo se remete ao imperativo do ser, do ser em marcha. Karl Jaspers é obrigado a elaborar uma explicação do paradoxo em termos de absurdo para o ateu e em termos de mistério para o crente. Ele não tem a intenção em desfazer o equívoco e escreve seu pensamento em uma posição na qual a tensão permanece. Seu pensamento é representado por uma via média[26]. Em todos os trabalhos posteriores, Ricoeur escolhe essa via

---

21. Dosse, 2001, 119.
22. Ibid., tradução nossa.
23. KJ, 381.
24. Fèvre, 2003, 32.
25. KJ, 386.
26. KJ, 393.

média criadora de conectores para refletir em conjunto dois polos antinômicos. Dessa maneira, a retomada reflexiva não acha um ponto de culminância na busca da imediatidade perdida. A filosofia Jaspers é marcada por tensões. Isso pode ser observado naquilo que o pensador alemão chama de situações limites. Como aponta David Pellauer:

> A filosofia da *Existenz* formulada por Jaspers — outra maneira de nomear a existência humana — ainda faz uso do modelo sujeito-objeto, embora ao mesmo tempo tente ir além dele através de um método que chama de "pensamento transcendente". Isto é, se aplicamos o modelo sujeito-objeto ao que Jaspers denomina situações limites, tais como a morte, o sofrimento e a culpa, o que acontece, argumenta, é que essas experiências apontam para além de ou transcendem a si mesmas, ou pelo menos sugerem um tipo de experiência vivida que vai além do modelo sujeito-objeto. É uma experiência reveladora dos limites do modelo sujeito-objeto e no entanto ela mesma jamais adequada ao que a transcende e inclui[27].

Esse outro inclusivo ou abrangente é chamado por Jaspers de Transcendência. Ricoeur se apropriará desse termo, mas terá muito mais disposição para associá-lo à ideia de Deus presente na tradição judaico-cristã. Como pontua Jérôme Porée, o termo transcendência, pensado por Ricoeur em *Le volontaire et l'involontaire* et *Finitude et culpabilité*, foi emprestado de Jaspers, que, modestamente, designou um deus ausente cujas figuras, distribuídas na natureza, na história e no próprio ser humano, constituem o objetivo principal da metafísica desenvolvida no terceiro livro de sua *Filosofia*[28]. Entre finitude e transcendência não há identidade, mas polaridade. Essa polaridade nos força a falar tanto da infinitude quanto da finitude humana. É nessa última (a finitude humana) que somos chamados a encontrar as pistas da primeira (da infinitude).

Paul Ricoeur também será inspirado pela concepção paradoxal de comunicação que se encontra em Jaspers. "A exortação para ser o que somos só pode se realizar com a ajuda dos outros. Estamos no coração

---

27. Pellauer, 2009, 22.
28. Porée, 2017, 17.

da própria conquista do si, no sentido mais forte do termo"[29]. Karl Jaspers não está falando somente da realidade empírica objetiva, da necessidade de comunicação com o outro, ele recupera o sentido existencial que busca o surgimento original do ser-si-mesmo, no qual o devir se exprime de forma paradoxal.

Portanto, o legado de Jaspers é bastante considerado por Ricoeur e é oriundo do tempo em que o pensador francês ficou no cativeiro, no contexto do curso proferido por ele e Dufrenne, o qual já buscava responder à injunção do filósofo alemão que convida a refletir em face da exceção. Posteriormente, a partir dos anos sessenta, essa influência será amenizada. Mas as marcas da filosofia de Jaspers estarão ainda presentes em todo o percurso de Ricoeur.

1.3. O encontro com a filosofia personalista

Paul Ricoeur também sofrerá uma grande influência da corrente de pensamento chamada personalismo, que encontra na figura de Emmanuel Mounier seu maior expoente. Naquele contexto, Mounier, em 1929, cria a revista *Esprit*, com o objetivo de romper com a assim por ele chamada "desordem estabelecida"[30]. Ele pensava que existia uma grande crise de civilização e, por isso, era necessário realizar uma ruptura com essa referida "desordem". *Esprit* é levada em alta conta por Ricoeur, ou melhor, ela torna-se um dos lugares privilegiados da inscrição intelectual e das intervenções públicas desse pensador francês. Ora, tanto Marcel quanto Mounier, como, aliás, Maritain, são filósofos católicos, e católicos progressistas, tendo na revista que existe até hoje, com o grande prestígio que acompanhou sua trajetória, a face mais pública e conhecida dessa intelectualidade.

Para Louis Fèvre, Paul Ricoeur pode ser visto como um dos pensadores mais confiáveis do que ficou sendo conhecido como personalismo[31]. Como aponta Ricoeur, seu pensamento será fortemente marcado por

---

29. Dosse, 2001, 125, tradução nossa.
30. Dosse, 2001, 32.
31. Fèvre, 2003, 66.

essa corrente, mais especificamente pela filosofia de Emmanuel Mounier, que viveu relativamente pouco (1905-1950) e, no entanto, deixou suas marcas em toda uma geração:

> O adjetivo que acabei de acrescentar dá-me a oportunidade de proferir algumas palavras acerca da influência exercida sobre mim por Emmanuel Mounier e a revista *Esprit*, nos anos anteriores à guerra. O primeiro número da revista, publicado em outubro de 1933, ostentava um admirável lema: "Renovar a Renascença". Em 1936, apareceria *Révolution personnaliste et communautaire*. As orientações filosóficas e cristãs de Mounier eram-me familiares. A noção de pessoa, cara a Mounier, encontrou expressão filosófica, de uma forma mais técnica, se me é permitido dizê-lo, nos pensadores atrás mencionados. Por outro lado, a conjunção entre pessoa e comunidade representou uma inovação em relação ao ceticismo endêmico dos filósofos profissionais. Para além disso, aprendi com Mounier a juntar as convicções espirituais com as posições políticas, que até então tinham permanecido justapostas aos meus estudos universitários e ao meu envolvimento em movimentos de juventude protestantes[32].

Por meio da influência de Mounier, Paul Ricoeur se liga ao espiritualismo que, posteriormente, levará esse filósofo até o personalismo[33]. Como aponta João Botton, em pesquisa recente: "a afinidade de Ricoeur ao espiritualismo, espiritualismo transformado em personalismo de Mounier, é construída pela mesma necessidade de evitar reducionismo"[34]. O personalismo rompe com o espiritualismo porque refuta a associação desse com o marxismo, principalmente no que concerne ao tema da alienação e da crítica à ideologia[35]. Também haverá uma recusa ao coletivismo presente no pensamento de Marx, o qual, junto com o materialismo, buscará coisificar o ser humano, tendência essa notória também no liberalismo burguês daquela época. Entretanto, não haverá rompimento com a ideia de transcendência e essa proporcionará o lastro de sentido da ação[36].

---

32. AI, 56.
33. BOTTON, 2017, 34.
34. Ibid.
35. Ibid.
36. Ibid., 35.

O personalismo procura preservar a noção de pessoa, cara à teologia cristã, não só católica, mas agora reatualizada nas hostes da filosofia. Paul Ricoeur, ao longo de sua trajetória, não abrirá mão dessa questão. O espiritualismo pode ser dividido em duas correntes: uma laica e outra cristã, de versões católica e protestante[37]. Na versão laica, encontram-se Louis Lavelle e Jules Lachelier. Na versão católica, Emmanuel Mounier, Gabriel Marcel, Jacques Maritain e Jean Lacroix; e, na protestante, Pierre Thévenaz e o próprio Paul Ricoeur.

Com a criação da revista *Esprit*, Ricoeur desenvolve uma grande simpatia pelos pensadores católicos heterodoxos envolvidos com a publicação. Ele aprende com Mounier a construir uma postura bastante participativa nas questões de seu tempo e o que seria necessário para se manter um engajamento na sociedade. Ricoeur busca ir além do isolamento do trabalho filosófico, restrito, muitas vezes, ao ambiente universitário[38]. Esse comprometimento é fundamental na filosofia de Ricoeur. Tal filósofo desenvolverá seu pensamento sempre disposto a trabalhar discussões, temáticas sociais, objetivando, sempre, o plano prático. Ao encarnar o papel do filósofo público, Ricoeur, conforme mostra François Dosse, aprenderá com Mounier a conciliar suas convicções políticas com suas convicções religiosas[39].

Emmanuel Mounier, diante do crescimento dos movimentos progressistas de uma sociedade cada vez mais laica, tem como projeto filosófico tirar do gueto os pensadores católicos, levando-os à cena intelectual francesa, à esfera pública; e assim o faz[40]. Nesse percurso, a fundação da Juventude Estudantil Católica (JEC) e a formação da Juventude Operária Católica (JOC), ambas ligadas à Ação Católica, criam um fértil ambiente para o surgimento da revista *Esprit*. Assim, os católicos começaram a se envolver com as instituições laicas, republicanas, democráticas, procurando se engajar na tentativa de uma cooperação social ativa e aberta aos não crentes.

---

37. Ibid.
38. Dosse, 2001, 32.
39. Ibid.
40. Ibid., 34.

É nesse contexto que Mounier tenta romper com certos segmentos do catolicismo, buscando liderar uma nova "Renascença"⁴¹. Toda essa tentativa de participação de forma ativa da gestação de uma nova civilização e a menção a um novo Renascimento ressoam de forma bastante positiva no jovem Ricoeur, pois ele vê, nesse empenho de Mounier, um chamado ao despertar. Essa convocação pessoal ao despertar, em Mounier, levará a um deslocamento de seu sentido pedagógico, do domínio do ensino ao do trabalho em uma revista⁴². Tudo isto é importante, sem esquecer a ação propriamente política, com o personalismo terminando por ser uma das mais importantes extrações da esquerda católica, na França e, também, no Brasil.

A grande relevância do personalismo para o pensamento contemporâneo foi proporcionar aos filósofos uma matriz filosófica, dando-lhes tonalidade, "modos de apresentar teóricos e práticos", os quais podem "desaguar em uma ou em várias filosofias, tendo em seu bojo uma ou várias sistematizações filosóficas"⁴³. No início dos anos 30, o personalismo está mais ligado à noção de uma pedagogia da vida comunitária relacionada a uma conversão da pessoa. Depois da Segunda Guerra, os pensadores ligados a essa corrente publicarão suas obras com um rigor mais filosófico. Tendo sobrevivido à morte de seu mais icônico pensador em 1950 e, no curso dos anos que se seguiram, o personalismo será compreendido como uma das filosofias da existência.

No contexto do pós-guerra, a revista *Esprit* se consolidará em lugar de grande destaque no mundo intelectual. Como mostra François Dosse, no primeiro volume em sua recente obra de dois tomos, *La saga des intellectuels français 1944-1989*, "os grandes escritores da revista estão familiarizados com o marxismo, considerado então como uma base do humanismo compatível com o horizonte escatológico cristão"⁴⁴.

A revista *Esprit* é, desde a sua fundação, o projeto de alguns jovens pensadores cristãos que cultivaram entre si um grande laço de amizade.

---

41. Cf. Mounier, 1932.
42. Dosse, 2001, 35.
43. HV, 138.
44. Dosse, 2018b, 235, tradução nossa.

Eles são, além de Emmanuel Mounier, já ressaltados, Georges Izard, André Deléage e Louis-Émile Galey. Ricoeur — nunca é demais ou excessivo insistir sobre esse ponto — é influenciado por todo esse horizonte de pensamento que cercava essa revista. Na luta pela pessoa, o personalismo tem como adversário a noção de indivíduo relacionada com o ter, amplificado e celebrado em suas posses pela sociedade burguesa. A produção, a vida baseada no lucro em uma sociedade que aprisiona a humanidade a essa única finalidade leva a uma despersonalização, acarretando a necessidade de se mover, fazer alguma coisa.

Além de seu embate contra o individualismo, o personalismo se opõe radicalmente ao fascismo. Na sua criação, a revista *Esprit* combate três adversários, lutando contra o materialismo individualista, o materialismo coletivista e o falso espiritualismo fascista. Nesse intuito, o inimigo que deve ser mais combatido é o fascismo, compreendido como um pseudo-humanismo e pseudoespiritualismo.

Há, no personalismo, um descentramento do eu, diferentemente do individualismo que leva a um recuo solipsista. A dialógica própria do personalismo, o modo de ser do eu, construído a partir da relação de um indivíduo com outro, pode ser vista como uma das grandes fontes de inspiração do pensamento de Paul Ricoeur[45]. Emmanuel Mounier vê a civilização personalista de forma comunitária, baseado em cinco atos necessários que procuram realizar a conjunção entre dois termos: a) sair de si, b) compreender, c) tomar para si para assegurar seu destino, d) doar conforme a força viva da impulsão pessoal e e) ser fiel a si mesmo. Muitas das questões que Paul Ricoeur desenvolverá ao longo do seu percurso filosófico encontram aqui sua fonte primária de inspiração.

Na atitude de escuta e de leitura do outro em Ricoeur há uma retomada do movimento de junção entre o florescimento de uma determinada pessoa e o despojamento de si, a saída de uma perspectiva egocêntrica, logo, a pessoa só se encontra quando a ela se perde. A dialética entre felicidade para si e por si próprio que passa pelo tempo, pela duração, e o desvio pelo outro por meio da ação, é sempre vista como fonte de tensões e um obstáculo a ser superado. Essa dialética só pode ser con-

---

45. Dosse, 2001, 37.

duzida por meio das mediações. A busca pelas mediações, para refletir e pensar em aspectos dos mais antinômicos, está na base do gesto filosófico mais fundamental de Ricoeur.

O personalismo irá apresentar sua vocação pedagógica no cristianismo, mais especificamente no tema cristão da santificação. A santificação estará em torno da virtude teologal da caridade, da comunidade dos santos. Entretanto, Mounier rejeitará toda tentativa de rotular seu pensamento de filosofia cristã. Ricoeur também se recusará a misturar os gêneros em seu pensamento; e isso pode ser entendido como mais uma das influências de Mounier. Entretanto, embora tenham sido tão próximos, Paul Ricoeur não pode ser visto como um mero discípulo de Mounier. Ele se distanciará, ao longo do tempo, do personalismo. Isso fica mais claro em 1983, quando Ricoeur apresenta, no aniversário de 50 anos da revista *Esprit*, uma comunicação intitulada *Meurt le personnalisme, revient la personne* (Morre o personalismo, retorna a pessoa)[46]. Naquela ocasião, ele afirma que o personalismo não sofreu qualquer tipo de atualização, nem conseguiu se estruturar como uma filosofia, e, por isso, estaria historicamente ultrapassado. Ricoeur sustenta:

> Eu primeiro lugar, explico-me sobre o "morre o personalismo" [título da comunicação], dando a essa fórmula no indicativo o simples valor de registro de um fato cultural. De modo geral, lamento a escolha infeliz, pelo fundador do movimento *Esprit*, de um termo em -ismo, ainda por cima posto em competição com outros -ismos que se nos aparecem amplamente hoje em dia como simples fantasmas conceituais[47].

Conforme Ricoeur, não é somente o "-ismo" que é prejudicial no personalismo: para ele, quando se compara com os outros "-ismos", a tradição personalista não está tão articulada filosoficamente como as outras correntes que então carregam seus "-ismos"[48]. Portanto, o personalismo não teria condições de combater outros conceitos, pois não era competitivo para ganhar essa disputa. Outro ponto a ser discutido é que a cor-

---

46. Fèvre, 2003, 69.
47. Ricoeur, 1983, 113, tradução nossa.
48. Ibid.

rente dos "-ismos", onde o personalismo se inscreve, foi totalmente derrotada pelo estruturalismo nos anos 60. O próprio Ricoeur pensa que "de um só golpe, a ideia de um reino tripartite: personalismo-existencialismo-marxismo, tão sustentada por Mounier como característica durável de uma época, leva hoje a forma de uma ilusão"[49]. Essas três correntes filosóficas são completamente deslocadas pelo estruturalismo, ao menos até os anos de 1970.

Para Ricoeur, a volta da pessoa evidencia que ela continua sendo o melhor candidato para que os embates jurídicos, políticos, econômicos e sociais da atualidade sejam sustentados. Assim, é o termo pessoa que será cada vez mais central diante de todos os outros utilizados no combate em defesa dos direitos humanos. "Pessoa" é mais apropriado do que a noção de "consciência", de "sujeito" e do "eu". Isso porque ela diz respeito ao centro da atitude e, como tal, ao eixo da moral e da vida ética, ao voltarmos com a expressão cara a Hegel. Sobre isso, Ricoeur assim expressa:

> Ora, eu penso que a pessoa é o foco de uma "atitude" à qual podem corresponder categorias múltiplas e muito diferentes, segundo a concepção que se faça do trabalho de pensamento digno de ser chamado filosófico[50].

É notório que, por mais que Ricoeur busque se distanciar do movimento personalista, a influência significativa de Emmanuel Mounier e de todo horizonte filosófico que orbitava em torno da revista *Esprit* agregam e compõem a trajetória de amadurecimento desse filósofo francês. Posteriormente à comunicação sobre o personalismo durante o aniversário de 50 anos da revista *Esprit*, e a partir dos anos 80, Ricoeur será descoberto por toda uma geração.

1.4. Paul Ricoeur e a filosofia de Jean Nabert

Paul Ricoeur também assimilará a filosofia reflexiva, ou, mais especificamente, será influenciado pelo pensamento de Jean Nabert. Em

---

49. Ibid., 114, tradução nossa.
50. Ibid., 116, tradução nossa.

Autobiografia intelectual (Réflexion faite), Ricoeur assume que Jean Nabert tem uma influência decisiva sobre ele, durante os anos 50 e 60[51], sendo aquele o pensador da filosofia reflexiva francesa que mais o marcou. Ricoeur entende a filosofia reflexiva como pensamento oriundo do *Cogito* cartesiano, por meio de Kant, e como aquilo que ficou conhecido como filosofia pós-kantiana francesa. Para Pierre Colin, em seu artigo intitulado *L'héritage de Jean Nabert*, a influência de Nabert no pensamento de Ricoeur pode ser vista ao longo de toda a sua obra[52].

A presença de Nabert em Ricoeur pode ser percebida de forma mais evidente na concepção de subjetividade[53]. Essa, na filosofia de Nabert, é o lugar central para a experiência filosófica. Para esse pensador, a filosofia não deve ser uma mera reflexividade formal ou abstrata, mas sim uma reflexividade encarnada localizada em uma existência concreta. Esse ponto, em particular, é absorvido pelo pensamento de Ricoeur.

Segundo Cristina Amaro Viana Meireles, a filosofia reflexiva de Nabert "é aquela filosofia que entende a reflexão como o ato que constitui o próprio sujeito, de modo que, assim fazendo, acaba por elucidar os princípios gerais que guiam todas as operações espirituais do próprio sujeito que reflete"[54]. Portanto, a reflexão, compreendida dessa forma, visa um conhecimento universal, mas só pode alcançar esse conhecimento passando pelo entendimento da subjetividade. Trata-se da investigação de um sujeito concreto e singular, não meramente de uma subjetividade abstrata. Em Nabert, pensar o sujeito singular não é particularizar a investigação.

O tema da reflexividade e a exigência de racionalidade são o que mais aproximam Paul Ricoeur e Jean Nabert. Porém, o modo como eles concebem essa questão é o que os distingue. De forma geral, afirma Paul Ricoeur:

> Por filosofia reflexiva, eu entendo, de forma geral, o modo de pensamento oriundo do *Cogito* cartesiano, através de Kant e da filoso-

---
51. AI, 53.
52. COLIN, 1988, 119.
53. BOTTON, 2017, 20.
54. MEIRELES, 2016, 43.

fia pós-kantiana francesa pouco conhecida no estrangeiro, da qual Jean Nabert foi, para mim, o pensador mais marcante[55].

Os problemas apresentados por uma filosofia reflexiva estão relacionados com a possibilidade da compreensão de si como o sujeito das operações de conhecimento, de volição e de apreciação. Segundo Ricoeur, a reflexão é o ato de retorno a si por meio do qual um sujeito readquire, diante da clareza intelectual e no compromisso moral, o princípio que une as operações entre as quais ele se dispersa e se esquece do sujeito[56]. Ao interpretar Kant, Ricoeur compreende que o "eu penso" precisa acompanhar todas as representações, aliás como já afirmava o próprio filósofo alemão. Diante disso, todas as filosofias reflexivas tornam-se conhecidas.

Sobre a filosofia reflexiva de Ricoeur, Michel Renaud expõe:

> O *Cogito* é a primeira posição *tética* da subjetividade e, neste sentido, é insuperável como primeira verdade filosófica. Uma vez posta esta primeira tese, Ricoeur acrescenta que a posição do *ego* [...] não é dada nem numa evidência psicológica, nem numa intuição intelectual, nem numa visão mística. Uma filosofia reflexiva é o contrário duma filosofia do imediato. Contudo, esta tese negativa deve exprimir-se também de modo positivo: na esteira de Fichte e de Nabert, Ricoeur compreende a reflexão como reapropriação do nosso esforço para existir. É preciso aprender o *ego* no seu esforço para existir, no seu desejo para ser, de tal modo que a reflexão é a apropriação do nosso esforço para existir e do nosso desejo de ser através das obras que testemunham este esforço e este desejo. Dado que a reflexão não é intuição, o *Cogito* não delineia senão os contornos duma evidência (*à vide*) que deve preencher-se pelas obras que encarnam o seu esforço para ser. Mas estas obras são coordenáveis com a vida do sujeito somente mediante a interpretação que desvenda o seu sentido. A interpretação deve mostrar como as obras que se destacaram do sujeito para viverem uma vida autônoma, se relacionam com o núcleo da existência deste mesmo sujeito[57].

---

55. TA, 25, tradução nossa.
56. TA, 25.
57. RENAUD, 1985, 21-22.

A filosofia reflexiva de Jean Nabert busca no *Cogito* o ato da subjetividade, antes que esse se transforme em pensamento, ou seja, na representação do si. Diante disso, o *Cogito* não pode ser visto em primeiro lugar como uma verdade do entendimento, o que ele seria se o sujeito fosse colocado na ordem da representação[58]. Como posição de si, é visto como um ato que não se atinge senão nos sinais deixados de si. Ricoeur prolongará a linha da filosofia reflexiva considerando que a ordem das obras compreendidas como sinais exigem uma interpretação. Para ele, quando as obras não são somente instituições, mas textos e obras com sentido sobredeterminado, a interpretação se constitui, por assim dizer, duplamente hermenêutica. A respeito disso, Michel Renaud discorre:

> No primeiro sentido, a hermenêutica deve mostrar como as obras se inserem no esforço pelo qual o sujeito reapropria a sua existência. No segundo sentido, a hermenêutica deve elaborar a teoria dos sentidos e do sentido filosófico das obras simbólicas. Encarar esta dupla tarefa como as duas vertentes duma tarefa única, tal é a exigência da hermenêutica de Ricoeur[59].

É dessa forma que a tarefa da hermenêutica será enraizada dentro da tradição da filosofia reflexiva. Nesse contexto, Ricoeur entende o *Cogito* como verdade hermenêutica a ser passada pelo desvio, pela mediação de outra consciência.

Outra influência do pensamento de Nabert na filosofia ricoeuriana está relacionada com o problema do mal. Remetendo-se a essa, a filosofia de Nabert procura mostrar que a intensa ruptura do ser se opõe à retomada da posse de si mesmo. Posto isso, é o método reflexivo que irá esbarrar em um paradoxo, pois ele retorna para saturar o sentido do mal, emergindo desse um caráter insondável.

Jean Nabert, ao adotar uma análise rigorosa de natureza kantiana, convida a sair do objetivismo fisicalista[60]. Ele irá propor o conceito de causalidade impura com o objetivo de lembrar que essa causalidade é radicalmente outra. Esse conceito é compreendido como a distância, o

---
58. Ibid.
59. Ibid.
60. Dosse, 2012, 16.

hiato entre o aparecimento do possível e o assentimento requerido do eu. É por meio das suas escolhas possíveis que o eu se torna sujeito da moralidade, distinguindo o mal do instinto, da reação reflexa. Nesse ponto, o mal surge por meio de um ato que vai diferenciar muitas possibilidades, as quais não estarão fora do campo prático. Para Ricoeur, "o eu do eu penso nos remete a um eu singular, mas ao ato que unifica os momentos dispersos do trabalho de pensamento"[61]. O ser humano pode ser visto como uma vontade orientada e regulada por regras, por normas que mostram um horizonte do que é compreendido como válido "e, com isso, excluem certas ações, motivos, intenções como não válidos"[62].

Jean Nabert retoma o pensamento kantiano sobre a irredutibilidade do mal. Essa irredutibilidade é a forma de acesso ao mal. Nabert procurará a superação do racionalismo pelos próprios mecanismos do racionalismo, permanecendo no campo da filosofia. Essa temática despertará em Ricoeur um grande interesse. Ele, da mesma forma que Nabert, buscará, na esfera do testemunho, o "lugar de confrontação entre as enfermidades da travessia da experiência e a consciência fundadora, assim como entre teologia e filosofia"[63].

Ricoeur também reconhece a irredutibilidade do problema do mal e faz isso na esteira do pensamento da antropologia do *homme faillible*. Ele parte da compreensão de que as condições possíveis para o mal surgem diante do horizonte do homem por causa da sua falibilidade. O ser humano, preso entre o polo da finitude e o polo da infinitude, não apenas pode falhar e trazer o mal para o mundo, prejudicando as pessoas, como também é capaz de fazer o mal e o encetar.

1.5. A fenomenologia de Edmund Husserl e a filosofia ricoeuriana

Jean Hering pode ser visto como o introdutor do pensamento de Edmund Husserl na França com a publicação, em 1925, de sua tese douto-

---

61. L2, 184.
62. L2, 184.
63. Dosse, 2012, 16, tradução nossa.

ral: *Fenomenologia e filosofia religiosa*. Esse trabalho, segundo os estudiosos, pode ser considerado como o primeiro livro sobre fenomenologia aparecido na França[64]. Posteriormente, em 1930, Emmanuel Levinas, que foi aluno de Jean Hering, publicou sua tese doutoral: *Teoria da intuição na fenomenologia de Husserl*. Depois de Jean Hering, Levinas é visto como expoente e um dentre os grandes propagadores da escola de Husserl. Paul Ricoeur também realiza contribuições importantes, destacadas na França e responsáveis por propagar o pensamento do referido filósofo alemão. Ricoeur publica *Husserl et le sens de l'histoire* (1949) e traduz uma de suas obras *Ideen I, Idées directrices pour une phénoménologie* (1950), iniciada no período em que Ricoeur esteve preso e concluída em Chambon-sur-Lignon.

Husserl pode ser visto como aquele filósofo que constitui, de certa maneira, o nó ou o cerne da fenomenologia, embora, os estudos por ele apresentados não abarquem todo pensamento a ela concernente[65]. Husserl pode ser compreendido como o principal filósofo influenciador do pensamento de Paul Ricoeur a respeito da fenomenologia. Essa influência está na origem de uma importante inflexão do pensamento ricoeuriano, até então alinhado ao espiritualismo, como acabamos de ver.

No primeiro livro da *Philosophie de la volonté*, publicado em 1950, já é perceptível o aspecto fenomenológico trabalhado por Ricoeur. O método fenomenológico utilizado tem como ponto de partida o pensamento de Husserl, principalmente no que se refere à estrutura intencional da consciência, a qual deve ser compreendida sempre como consciência de algo, inclusive de si mesma. Para Ricoeur, a fenomenologia husserliana apresenta uma questão a partir da qual as filosofias reflexivas são conhecidas: como, ao se desprender da coisa e voltar-se para si mesmo, o eu penso se conhece ou se reconhece a si mesmo? Haveria uma perfeita coincidência ou transparência da consciência e do conhecimento de si mesma? Segundo Ricoeur, é aqui que a fenomenologia (e, sobretudo, a hermenêutica) ressalta duas outras questões, cujas respostas acarretarão a realização e a transformação radical do próprio objetivo da filosofia reflexiva[66].

---

64. OLIVEIRA, 2014, 84.
65. EP, 7.
66. TA: 25-26.

Conforme o filósofo, o pensamento reflexivo limita o desejo de uma absoluta transparência, "de uma perfeita coincidência de si consigo mesmo, que faria da consciência de si um saber indubitável e, a este título, mais fundamental que todos os saberes positivos"[67]. Diante disso, essa será a questão ou a reivindicação principal que tanto a fenomenologia quanto a hermenêutica irão assumir. E, desde logo, relegando à sua realização como tarefa para um horizonte cada vez mais distante, à medida que a filosofia se prepara com os instrumentos de reflexão que são capazes de a satisfazerem, em seu empenho analítico-reflexivo, e ao mesmo tempo reconhecendo os limites incontornáveis do pensamento.

Paul Ricoeur compreende, ao mesmo tempo desconfiado e fascinado, que Husserl concebe a fenomenologia não meramente como um simples método para buscar ou realizar uma descrição essencial das articulações necessárias da experiência, considerando os hiatos e a maneira de operá-los, mas como uma autofundação radical na mais completa clareza intelectual. Uma questão de doutrina, em suma, cuja formulação ele nos dá na passagem que segue, ao colocar em evidência a centralidade da demanda de sentido que caracterizará a reflexão filosófica levada até o fim:

> Vê, então na redução (na *epoché*) aplicada à atitude natural, a conquista de um império do sentido de onde é excluída, por ser posta entre parênteses, toda e qualquer questão que diga respeito às coisas em si[68].

Para Ricoeur, dessa volta reflexiva da coisa ao sujeito, surge um império do sentido liberto de toda a questão factual, que constituirá o campo fundamental da experiência fenomenológica: lugar a ser entendido, por excelência, como o da intuitividade. Segundo o nosso filósofo, Husserl sustenta que toda a apreensão de uma aparência é duvidosa, mas que a imanência em si é indubitável. É por causa disso que a fenomenologia permanece uma filosofia reflexiva. Ela, em seu trabalho efetivo, e não na teorização que realiza de si mesma frente aos seus objetivos úl-

---

67. TA: 26, tradução nossa.
68. TA: 26, tradução nossa.

timos, marca mais o afastamento que a realização do sonho de uma tal fundação radical na transparência do sujeito em si-mesma.

Ricoeur entende que a grande descoberta da fenomenologia continua sendo a intencionalidade. Ele afirma que:

> Husserl confere em primeiro lugar à noção de intencionalidade toda a sua envergadura: toda consciência é consciência de... (consciência significa aqui não a unidade individual de um "fluxo vivido", mas cada *cogitatio* distinta voltada para um *cogitatum* distinto)[69].

A intencionalidade é vista como o primado da consciência de alguma coisa sobre a consciência de si. Em um sentido rigoroso, a intencionalidade significa que o ato de visar alguma coisa não atinge, ele próprio, senão por meio de sua unidade identificável e reidentificável do sentido visado, à qual Husserl chama *noema* ou correlato intencional da mira *noética*. Diante disso, sobre esse *noema*, deposita-se, em camadas sobrepostas, o resultado das atividades sintéticas, as quais são chamadas por Husserl de "constituição" (constituição da coisa, constituição do espaço, constituição do tempo etc.)[70].

Empréstimo de um antigo mestre — Brentano —, a noção de intencionalidade levará Husserl a realizar a separação entre o fenômeno puro e o fenômeno psicológico. A fenomenologia, por meio da noção de intencionalidade, redescobre a relação com a transcendência. Husserl realiza uma redução fenomenológica para ter acesso à origem das coisas, para o retorno às próprias coisas. É dessa maneira que a consciência se torna sempre consciência de alguma coisa, fazendo-se em intencionalidade.

Paul Ricoeur percebe que o trabalho concreto da fenomenologia, no estudo consagrado à constituição das coisas, revela, por um caminho regressivo, camadas sempre mais fundamentais, nas quais as sínteses ativas apontam sem cessar para sínteses passivas sempre mais radicais. A partir disso, a fenomenologia será tomada por um movimento infinito de "questão ao inverso", diante do qual se desvanece o seu trabalho de autofundação. Mesmo os trabalhos finais dedicados ao mundo-da-vida designam sob este termo um horizonte de imediatidade impossível de atingir.

---

69. EP, 13.
70. TA, 26.

Nessa perspectiva, a *Lebenswelt* (mundo da vida) nunca é dada, mas sempre pressuposta. Ela é vista como o paraíso perdido da fenomenologia, a qual, por sua vez, acaba por alterar a sua própria ideia diretriz. Isso ocorre porque, ao tentar realizá-la, a fenomenologia depara-se com a indecisão entre dar a primazia às estruturas reflexivas da coisa ou ao sujeito. Entretanto, é importante considerar que a grandiosidade da obra de Husserl está além de uma indecisão invencível ou de um círculo vicioso.

Um dos méritos desse filósofo está em pôr sob o juízo e a sintaxe a própria ordem da experiência e o surgimento da ordem predicativa, acentuando, ao mesmo tempo, o pensamento de gênese passiva, que é anterior às operações ativas de pôr, apor, supor. "Enfim, o mundo aparece como totalidade inacessível à dúvida, não adquirida por adição de objetos inerentes ao viver"[71]. Assim, a *Lebenswelt* (mundo da vida) é o pré-dado universal passivo de toda a atividade de julgar. Husserl buscou levar ao extremo as tendências da fenomenologia, abandonando a dialética elaborada nas *Investigações lógicas* entre a significação vazia e a presença plena. Ele se empenha em um trabalho "genealógico" que parece ir de baixo para cima, sem a réplica de um movimento contrário, indo do significado para o vivido.

A redução significa cada vez menos retorno ao *ego* e cada vez mais retorno do lógico ao antepredicativo, à evidência primordial do mundo. Como aponta Ricoeur, nessa perspectiva, "o foco não está mais sobre o *ego* monádico, mas sobre a totalidade formada pelo *ego* e pelo mundo circundante no qual se acha vitalmente empenhado"[72]. A fenomenologia tende para o reconhecimento daquilo que é precedente a toda redução e não pode ser reduzido.

Mesmo sendo influenciado por Husserl e aderindo ao projeto fenomenológico, Ricoeur não se limitará a ser um husserliano ou mero reprodutor ou receptor passivo de toda a tradição fenomenológica, pois conciliará o projeto fenomenológico com a tradição reflexiva francesa e seu campo existencial. Essa aceitação da fenomenologia não deve ser entendida como uma ruptura com seu trajeto filosófico, mas antes como uma inflexão e uma soma ou um acréscimo em seu *background* intelectual.

---

71. EP, 19, tradução nossa.
72. EP, 20, tradução nossa.

1.6. Ricoeur e a filosofia hermenêutica

O intelectual Jesús Albertos, em estudos sobre a filosofia hermenêutica, esclarece que, para essa, a condição primeira para qualquer experiência é a linguagem, dado que as formas linguísticas revelam as dimensões do homem no mundo[73]. Já Paul Ricoeur compreende tal filosofia primeiramente como complemento da tendência fenomenológica. A despeito disso, o filósofo francês sofre e admite a grande influência que a hermenêutica exerce em sua reflexão.

Desafiado por Agostinho e Kant, ao construir uma reflexão sobre a experiência do mal, Paul Ricoeur percebe que a fenomenologia não dava conta de explicar tal experiência. Por isso, ele recorre à hermenêutica na busca de construir uma explicação para esse problema, não podendo nem contar com Husserl nem simplesmente recuar a Agostinho e a Kant. Nesse quadro, buscando abrir seu próprio caminho, há o início da virada hermenêutica de Ricoeur.

A temática da culpabilidade o leva a buscar outra abordagem metodológica, uma proposta diferente da fenomenologia. Assim, ele compreende que, ao tratar do erro, fazia-se necessário um novo método e, desse modo, ele pôde ver que nem fenomenologicamente nem empiricamente era possível abranger de forma direta a passagem da inocência das estruturas, que são essenciais e caracterizam a reciprocidade do voluntário e do involuntário, para a existência efetiva do mal[74]. Nesse alinhamento, se a existência do mal for irracional, os métodos racionais até então usados seriam inapropriados para abordá-la.

O giro hermenêutico realizado por Paul Ricoeur em sua filosofia não deve ser visto como uma separação radical em relação ao seu pensamento anterior a 1960 — ao invés de romper com a fenomenologia, Ricoeur realiza nela um enxerto hermenêutico. Acerca disso, François Dosse discorre:

> É verdade que quando aparece naquele ano o segundo volume de sua *Philosophie de la volonté. Finitude et culpabilité*, Ricoeur está em um

---
73. ALBERTOS, 2008, 31.
74. PELLAUER, 2009, 43.

momento de transição na elaboração de suas posições filosóficas.

Na realidade, prevalece a continuidade da interrogação sobre os diversos modos de ser da vontade humana, mas Ricoeur procede a um deslocamento metodológico essencial, que vai determinar todo o prosseguimento de sua obra. Ele passa de fato de uma fenomenologia eidética para uma fenomenologia hermenêutica que ele desenvolverá ao longo dos anos sessenta[75].

Essa mudança filosófica é necessária, pois Ricoeur buscava desenvolver uma forma de análise que tivesse como ponto de partida a simbólica do mal. Com a necessidade de tratar do problema do mal com outro método, esse filósofo francês apresenta um estudo sobre o tema, tendo como base a interpretação e a análise dos símbolos e dos mitos. São nessas circunstâncias que Ricoeur começa, então, a falar sobre o enxerto hermenêutico na fenomenologia.

É verdadeiro dizer que, nesse contexto, a hermenêutica ainda trazia consigo questões diferentes das da fenomenologia concreta. Enquanto a fenomenologia colocava, de preferência, a discussão sobre o sentido no campo da dimensão cognitiva e perceptiva, a hermenêutica a colocava, desde Dilthey, no campo da dimensão da história e das ciências humanas. Mas, de um lado e de outro, evidencia-se a mesma questão fundamental da junção entre o sentido e o si, entre a inteligibilidade do primeiro e a reflexividade do segundo.

Entretanto, como aponta Ricoeur, o enraizamento fenomenológico da hermenêutica não deve ser limitado a esse parentesco muito geral entre a compreensão dos textos e a ligação intencional de uma consciência a um sentido que faz frente a esse. Diante dessa configuração, o tema da *Lebenswelt* (mundo da vida) é reencontrado, de certa maneira, contra sua vontade pela fenomenologia, é assumido pela hermenêutica pós-heideggeriana já não como um resíduo, mas como um preliminar. Ricoeur explica essa ótica da seguinte maneira:

> É, porque, a princípio, estamos no mundo e lhe pertencemos por uma pertença participativa irrecusável que podemos, num segundo

---

75. Dosse, 2012, 70, tradução nossa.

momento, opor a nós mesmos objetos que pretendemos constituir e dominar intelectualmente. O *Verstehen*, para Heidegger, tem um significado ontológico. É a resposta de um ser lançado no mundo, que nele se orienta, projetando os seus possíveis mais próprios[76].

Miguel Dias Costa afirma que, em Paul Ricoeur, a questão do *Lebenswelt* é assumida pela hermenêutica como uma pré-condição. Isso ocorre porque o ser humano está inserido num mundo e dele participa, e, ademais, pode opor a ele mesmo objetos os quais pretende construir e dominar intelectualmente[77].

A interpretação, no sentido técnico da interpretação dos textos, não é mais do que o desenvolvimento, a explicação desse compreender ontológico, sempre solidário a um ser antecipadamente lançado. Portanto, a relação sujeito-objeto, da qual Husserl é tributário, está completamente subordinada à confirmação de um elo ontológico muito mais primitivo que qualquer relação de conhecimento.

A hermenêutica filosófica começou a ser desenvolvida com Schleiermacher, que compreendia que toda obra expressa um espírito e será lida por outro espírito. Schleiermacher procurou introduzir, em sua hermenêutica, um caráter psicológico, atentando para a mediação entre o autor e o leitor. Posteriormente, Wilhelm Dilthey, no mesmo campo de estudo, defenderá a existência de certo distanciamento, quando se tem a aproximação do sujeito epistêmico com seu objeto. No entanto, sustentará, ainda, que um investigador das ciências humanas se enxergaria em seu objeto ao confrontá-lo.

Na esteira das ciências humanas, a hermenêutica se firmará como método. A ela, no século XX, Martin Heidegger trará um novo conceito fundamental: a noção de facticidade, invertendo a concepção de hermenêutica. Em Heidegger, há uma valorização da experiência. O mundo deve ser preservado, pois é nele que o ser humano habita. A humanidade, por sua vez, é a parte que procura entender ou compreender o seu entorno, o mundo onde ela se encontra encerrada. O homem não será sujeito, mas sim *dasein*, sendo ontologicamente, compreensão. Hei-

---

76. TA, 28, tradução nossa.
77. COSTA, 1990, 146.

degger é o responsável pela virada hermenêutica, momento quando essa se torna filosófica; e é dentro desse contexto que a filosofia de Paul Ricoeur se inclui. Entretanto, apesar de seu alinhamento hermenêutico, Ricoeur traçará um percurso original aos seus estudos, inclusive fazendo críticas ao próprio pensamento heideggeriano.

Na obra *O conflito das interpretações*, mais especificamente no capítulo *Existência e hermenêutica*, Paul Ricoeur se dedica ao enxerto hermenêutico na fenomenologia. Para ele, existiam duas maneiras de fundamentar a hermenêutica na fenomenologia: o caminho da via curta e o da via longa[78]. O primeiro pode ser entendido como uma ontologia da compreensão, à maneira de Heidegger. Isso porque ele rompe com as discussões de método, aplicando-se imediatamente no plano de uma ontologia do ser finito, para aí compreender, já não como um modo de conhecimento, mas sim como um modo de ser. Chega-se até a via curta por meio de uma súbita inversão da problemática. Conforme Ricoeur:

> A questão: em que condição um sujeito que conhece pode compreender um texto, ou a história? é substituída pela questão: o que é um ser cujo ser consiste em compreender? O problema hermenêutico torna-se assim uma província da Analítica desse ser, o *Dasein*, que existe ao compreender[79].

Contudo, Paul Ricoeur procura seguir aquilo que ele chamou de via longa, isto é: um caminho distinto e mais laborioso. Esse percurso é preparado por considerações linguísticas e requisitos sucessivos da semântica e objetiva levar gradualmente o pensamento ao nível de uma ontologia, considerando ainda os aspectos significativos da reflexão[80]. Ele questiona a possibilidade de se fazer uma ontologia direta, imediatamente subtraída de toda a exigência metodológica e, por consequência, do círculo da interpretação do qual ela própria se constitui a teoria.

Paul Ricoeur mostra que a subversão da fenomenologia pela hermenêutica arrasta uma outra, a famosa "redução", não exatamente lógica, mas fenomenológica, graças à qual Husserl cinde o "sentido" do fundo

---

78. CI, 8.
79. CI, 8.
80. CI, 8.

de existência onde a consciência natural está inicialmente imersa e que já não pode ser um gesto filosófico primeiro. Entretanto, ele herda uma significação epistemológica derivada, vendo em sua operação um gesto filosófico segundo de distanciação e, nesse sentido, o esquecer do enraizamento primeiro do compreender que todas as operações objetivantes características do conhecimento vulgar exigem, do mesmo modo que o conhecimento científico[81]. Este distanciamento tem como pressuposto aquilo que pode ser visto como a pertença participante, pelo que o homem faz parte do mundo antes de ser um sujeito que opõe a si objetos para julgar e submeter ao domínio intelectual e técnico. Diante desta questão, a hermenêutica heideggeriana e pós-heideggeriana, se verdadeiramente herdeiras da fenomenologia husserliana, são, ao mesmo tempo, sua subversão e realização.

1.7. O cristianismo e o pensamento de Paul Ricoeur

Paul Ricoeur não escondia de ninguém o fato de ser cristão de tradição protestante. Diante da educação que recebera de seus avós, ele herdou a prática de ler diariamente a Bíblia. Desde cedo, procurava realizar uma leitura não literalista das Escrituras e apreciava textos como os dos Salmos, dos livros sapienciais e das bem-aventuranças, enfim, que inspirassem a vida cotidiana[82].

A religião sempre esteve presente na vida e no pensamento filosófico de Paul Ricoeur, exercendo uma influência muito grande, o que se tornará nítido sobretudo no posterior desenvolvimento de seu pensamento. No decorrer desse livro, veremos como Ricoeur circula entre o campo bíblico e o campo filosófico e como seu pensamento se estrutura dentro dessa dualidade que o acompanha ao longo de toda a sua vida[83], sempre tendo o cuidado de não misturar campos ou áreas.

Jesús Albertos afirma que Ricoeur apresenta uma postura intelectual com um alto rigor filosófico, com abertura à temática religiosa. Ou

---
81. TA, 28.
82. CC, 16.
83. CC, 16.

seja: o fato de ser cristão não condicionava ou limitava o pensamento desse filósofo, pelo contrário[84]. Essa análise é verdadeira e tem respaldo textual. Embora marcado profundamente por questões religiosas, como confirmam muitos textos de sua vasta produção intelectual, Ricoeur trabalha não para fazer teologia, mas sim filosofia[85]. E essa não pode ser compreendida como cristã, pois não procura converter os dados da fé em elementos de uma linguagem especulativa. Essa atenção do teórico ao fenômeno religioso também será evidenciada por Vincent[86], que apontará a simbólica do mal e a teologia da queda como temas explorados por Ricoeur. Olivier Mongin e muitos outros comentadores farão menção à inspiração cristã desse filósofo francês, a qual, por ele, nunca foi negada, *et pour cause*[87].

Alain Thomasset precisa que cerca de uma dezena de ensaios de Ricoeur são dedicados à questão religiosa[88]. Ele também sustenta que embora a filosofia desse pensador francês seja marcada fortemente pelo pensamento cristão, não se pode esquecer que ele trabalha o não filosófico[89] como um filósofo. Sua escrita é rigorosamente filosófica. Ricoeur não substitui a fé pela razão e nega a subordinação da razão à fé. Tudo somado, ele opta por abordar o horizonte religioso e bíblico como filósofo, jamais como teólogo ou biblista. Essa escolha não diz respeito a uma suposta rejeição ou erros concernentes a perspectivas, mas à realização de intento que Ricoeur já considerava desde os tempos do liceu. Segundo François Dosse:

> Ricoeur começa por traçar os limites da filosofia, que são os da razão, e é assim que ele pode deixar lugar à acolhida do pensamento teológico como o Outro da filosofia e se deixar interpelar por esse Outro para construir uma inteligência da fé. Assim, o filósofo, cujo

---

84. ALBERTOS, 2008, 34.
85. Ibid.
86. VINCENT, 2008, 11.
87. MONGIN, 1994, 204.
88. THOMASSET, 1996, 230.
89. O não filosófico para Ricoeur compreende além do teológico, do bíblico, do religioso e do mitológico, o artístico, o ficcional, o jurídico e o científico propriamente dito, entre outros. Paul Ricoeur procura desenvolver essa perspectiva desde o início de sua obra para se valer dos diferentes campos do saber como mediações do trabalho filosófico.

logos tem raízes na tradição grega, pode abrir-se para a herança judaico-cristã e pensar sobre sua articulação[90].

Essa articulação não é feita de forma rápida e nem pode ser vista como simples ou fácil, mas será entendida sempre como inconclusa, numa constante tensão entre a finitude do questionamento e o infinito do ser. Percebemos que no percurso seguido por Ricoeur a filosofia e a teologia não são reduzidas a uma mera justaposição ou concordância. Elas são consideradas em suas singularidades. Em suma, um campo jamais recobre a singularidade do outro. É por isso que a produção desse pensador no campo teológico é descrita como a fonte não filosófica de sua filosofia. Refletindo sobre a própria produção, ele mesmo assume ter tido "a preocupação — ao viver uma espécie de dupla fidelidade — de não confundir as duas esferas, de fazer justiça a uma negociação permanente no seio de uma bipolaridade bem instalada"[91]. Em Ricoeur, há uma impossível totalização que se remete a uma abertura para um horizonte de expectativa, um horizonte de esperança, o qual será qualificado como poética.

Para compreender o lugar que a religião ocupa no pensamento de Ricoeur, é necessário recorrer à sua própria obra e apoiar-se nas inúmeras passagens consagradas ao assunto ou nas pistas indiretas lá deixadas, como no trecho a seguir:

> Quanto à intranquilidade, tendo a relacioná-la com o conflito que existe dentro de mim entre a minha educação protestante e a minha forma intelectual. A primeira, aceite [sic] sem reservas, guiou-me em direção a um sentimento que identifiquei muito mais tarde quando da leitura de Schleiermacher, como sendo um sentimento de "dependência absoluta"; desempenhando as noções de pecado e perdão um papel importante, com certeza, mas estando longe de serem as únicas. Mais profundo, mais forte que o sentimento de culpa era a convicção de que a palavra do homem tinha sido precedida pela "Palavra de Deus"[92].

A filosofia pode ser entendida como um discurso autônomo que tem como objetivo compreender a totalidade da experiência humana. Sendo

---
90. Dosse, 2012, 225-226, tradução nossa.
91. CC, 16, tradução nossa.
92. AI, 50-51.

assim, ela não pode excluir a religião do seu campo de investigação. Em Ricoeur, entretanto, existe uma preocupação em reconhecer, dentro dos limites estabelecidos pela filosofia, a importância do pensamento religioso como uma das fontes de constituição da identidade humana.

Vitor Chaves de Souza, em sua obra *A dobra da religião em Paul Ricoeur*, relata que o vasto trabalho de produção realizado por esse filósofo francês mostra a presença constante, durante seu exercício acadêmico, da teologia e da religião como preocupações não filosóficas da filosofia[93].

A grandeza da obra de Ricoeur nesta área talvez não seja tão conhecida ao público da filosofia em geral. Para Vitor Chaves de Souza:

> Se considerarmos os números, no *Fonds Ricoeur* — fundação dedicada à preservação e divulgação da obra de Paul Ricoeur, [...] até 2012, encontram-se disponíveis exatos 768 textos em forma de artigos publicados por Ricoeur. Dentre estes, um vasto material [...] é dedicado ao estudo da teologia, hermenêutica bíblica, mito, símbolo e linguagem religiosa[94].

Toda essa importância dada por Ricoeur ao horizonte teológico-religioso revela, ao longo de todo o conjunto de sua obra, que a tradição filosófica confirma a importância reconhecida, mesmo provisoriamente, à religião, não apenas na experiência humana, mas também na gênese e na autonomização da filosofia. Nessa tradição, a vivacidade da polêmica antirreligiosa é uma confirmação indireta do que acaba de ser afirmado[95]. Isso nos autoriza a pensar que podemos fazer filosofia ao buscar a companhia da ciência, bem como das artes e, também, da religião, tal qual ocorre desde o mundo antigo.

Paul Ricoeur se insere na tradição reformada do protestantismo. No contexto francês, os jovens pensadores protestantes serão marcados profundamente pela reflexão teológica de Karl Barth. Essa influência fica cada vez mais perceptível por ocasião da Segunda Guerra, já que Karl Barth foi um grande opositor ao nazismo[96]. Toda uma gama de jovens teó-

---

93. Souza, 2017, 16.
94. Ibid.
95. Vincent, 2008, 14.
96. Dosse, 2018a, 56.

logos e pensadores protestantes franceses de esquerda é influenciada por esse profetismo político, por ele elaborado, que o levou não só a combater o nazismo, como a renovar profundamente os estudos bíblicos. Para Barth, a dialetização do profético e do político passa pelo problema do mal, problema humano por excelência e, também, bíblico e teológico.

No pensamento de Barth, repensar a política e a economia implica a reconstrução do viver junto. Isso implica engajamentos mundo afora, muitos deles ligados ao contexto protestante francês, como dito, após a Segunda Guerra. Ricoeur é um desses jovens pensadores que se espelha nas ideias de Barth[97]. Isso fica evidente no texto que ele irá escrever em 1948, *Christianisme prophétique*. Por um lado, a fé cristã implica uma inserção no mundo e um projeto político, e por outro, não existe entre a fé cristã e a política uma relação necessária, mas um hiato.

Segundo Jesús Albertos, Karl Barth é um dos principais mestres de Ricoeur. Esse, a partir daquele, é motivado a compreender que a origem da fé se encontra na palavra do "Outro", e que o ser humano pode negar-se ou afirmar-se nela. Em Ricoeur, há ainda certa aproximação com a concepção antropológica de Barth, especialmente em relação à abertura do homem à transcendência.

Na temática do mal, em seu duplo aspecto bíblico e humano, em meio à experiência comum, pode-se ver uma correspondência na postura de ambos. Eles partem do entendimento de que existe uma racionalidade a ser encontrada e uma situação de cegueira. A partir desse ponto, não é possível falar do mal além do nível da experiência pessoal e à luz da fé[98]. Posteriormente, Ricoeur se distanciará um pouco do pensamento de Barth.

Dessa forma, a fé se transforma em um guia para a possível reflexão de experiências que fogem à possibilidade de uma argumentação racional, não podendo ser totalmente assimilada ou se tornar transparente ao seu crivo. Ricoeur faz da temática do mal e da experiência com esse a porta de entrada para o horizonte do religioso, discorrendo, assim, um véu de mistérios e artigos de fé. Ele analisa diversas questões relaciona-

---

97. Dosse, 2018a, 56.
98. Albertos, 2008, 38.

das à linguagem religiosa, à filosofia da religião e à hermenêutica bíblica. Segundo ele, nos Livros Sagrados, o que é revelado, descoberto e manifesto é o Outro que se comunica com o ser humano por meio de distintos textos e símbolos formadores do grande código: a Bíblia. Jesús Albertos mostra que em Ricoeur realizam-se dois tipos de leituras: a primeira se relaciona com uma atitude crítica de esclarecimento da palavra, enquanto a segunda é relacionada com a adesão ao querigma (anúncio) e, dessa forma, ocorre uma leitura meramente religiosa.

Destarte, em Ricoeur não pode existir uma filosofia que não leve em consideração o pensamento religioso, entendido como uma das formas de mediação para a existência humana. Com isso, não se quer dizer, ao contrário do que se pensa, que a filosofia necessitará da teologia ou do pensamento religioso, mas sim que, se a filosofia busca analisar a existência humana em sua totalidade, ela não poderá virar as costas para o fenômeno religioso como evento capaz de dar sentido para a vida humana, o qual norteia a leitura dos adeptos a esse discurso ou a essa forma de crença.

Portanto, retomemos: por mais que leve em conta o pensamento religioso e a teologia cristã, Ricoeur não pode ser confundido como um filósofo cristão. Ele mesmo afirma:

> Não sou um filósofo cristão, segundo o boato corrente, num sentido voluntariamente pejorativo, se não discriminatório. Por um lado, sou filósofo, simplesmente, inclusive filósofo sem absoluto, preocupado com, fadado a, versado na antropologia filosófica, cuja temática geral pode ser posta sob o título de antropologia fundamental. Por outro, sou um cristão de expressão filosófica, como Rembrandt é pintor simplesmente e cristão de expressão pictórica, e Bach músico simplesmente e cristão de expressão musical[99].

Diante dessa questão, reafirmamos que Paul Ricoeur foi bem-sucedido no seu empenho de desenvolver uma espécie de um agnosticismo metodológico com o intuito de não misturar filosofia com teologia[100], procurando estabelecer um discurso filosófico autônomo, conforme ele

---

99. VM, 65.
100. SA, 36.

mesmo diz e sustenta por mais de uma vez. O agnosticismo metodológico praticado por Ricoeur pode ter sido impulsionado pelo efervescente cenário francês, contemporâneo a esse pensador, no qual se dava o crescimento de uma forma de pensar laica e crítica à religião, ainda presente ao longo do século XX e evidenciada em grandes nomes da cena intelectual francesa, como Sartre, Foucault, Deleuze, Claude Lévi-Strauss e outros, que ocuparam o espaço do debate público na França, sendo bastante críticos em relação ao pensamento religioso.

Naquele contexto, Paul Ricoeur era acusado por Sartre, em um tom debochado, de ser um pastor da fenomenologia[101]. Ademais, Sartre contribuiu para manter Merleau-Ponty distante de Ricoeur, para decepção pessoal de nosso autor. É o que mostra Dosse:

> O cristianismo militante de Ricoeur, sua participação ativa na revista *Esprit* tornam delicada uma relação de grande proximidade. Merleau-Ponty conservou-se, pois, à distância. Muito certamente, Sartre contribuiu para manter Ricoeur longe de Merleau-Ponty. O caráter militante da revista *Les Temps Modernes* no clima intelectual do pós-guerra favoreceu o afastamento de Ricoeur, já que era considerado por Sartre como uma espécie de padre que se ocupava da fenomenologia[102].

Ricoeur também enfrentará problemas com Lacan e seus discípulos no campo da psicanálise. Quando, nos anos sessenta, publica *De l'interprétation. Essai sur Freud*, Lacan esperava reconhecimento de suas teses. Ricoeur, porém, retoma Freud sem passar por Lacan, que na época (1965) era o grande intérprete da psicanálise no contexto francês. A respeito disso, Ricoeur relata o seguinte episódio:

> Eu me lembro de ter regressado de uma tarde e de ter dito à minha mulher: "Venho do seminário e não compreendi nada!" Nesse momento o telefone tocou; era Lacan, que me perguntava: "Que pensou do meu discurso?" Respondi-lhe: "Não compreendi nada." Ele desligou brutalmente[103].

---

101. REAGAN, 2011, 229.
102. DOSSE, 2012, 61, tradução nossa.
103. CC, 109, tradução nossa.

Com a publicação de sua obra sobre Freud, Ricoeur é ridicularizado publicamente por Lacan e, posteriormente, pelos seus discípulos. Lacan queria ser reconhecido na obra de Ricoeur, como comentado, e, agravando as coisas, seus discípulos passam a dizer que a leitura que Ricoeur desenvolveu sobre Freud era um plágio das teses de Lacan. Naquele contexto dos anos de 1960, essas tentativas de desqualificação alcançarão bastante êxito. Impotente, num meio hostil a tudo que sugerisse ou exalasse religião, Ricoeur será fortemente afetado por essa empreitada que o colocará, por muito tempo, à margem da vida intelectual francesa, sendo "designado como representante de uma corrente espiritualista retrógada que nada compreendeu da revolução estruturalista em curso"[104].

Em suma, a decepção de Lacan e a espera dele por um reconhecimento que o glorificasse resultaram na pormenorização e tentativa de exclusão de um dos filósofos mais importantes de nossa história recente.

Até então sustentamos a predominância de rigor filosófico a fim de se evitar a mistura entre filosofia e teologia nas reflexões de Ricoeur. Demonstramos que tal pensador se assenta sobre o princípio do agnosticismo metodológico e, ao mesmo tempo, volta-se para uma preocupação constante frente ao contexto francês de seu tempo em que suas obras são inscritas: a de não ser visto como um filósofo a fazer meramente teologia.

Em análise da produção ricoeuriana, Peter Kenny observa três etapas: a primeira se refere ao início da carreira do filósofo francês, quando os limites entre filosofia e teologia ainda não eram bem delimitados e as fronteiras entre esses dois campos seriam notoriamente fluídas e confusa. A segunda etapa, por sua vez, engloba esse rigor filosófico, estabelecendo demarcações que, em nome do agnosticismo metodológico, passariam a ser evidentes na obra ricoeuriana; e a terceira etapa corresponde aquela à qual, sem se desdizer, Ricoeur se sentiria livre para envolver quaisquer dois caminhos ou campos[105].

Assim, recapitulamos e concluímos que Paul Ricoeur, por razões culturais e institucionais, evitou, por muito tempo, misturar, em seu traba-

---

104. Dosse, 2012, 100, tradução nossa.
105. Kenny, 2004, 92-102.

lho, aspectos religiosos, assumindo qualquer atitude doutrinal ou confessional. Isso mostra que existe em seu pensamento uma fidelidade à reflexão filosófica, o que ocorre, em especial, nas duas últimas fases de seus escritos. O envolvimento de Paul Ricoeur com o pensamento teológico, enquanto uma fonte não filosófica de sua reflexão, não busca estabelecer a religião como um fim ou como uma meta da própria filosofia, mas indica que essas duas áreas podem coexistir de forma reflexiva dentro da própria ambiguidade. Ricoeur não oscilava entre filosofia e teologia, menos ainda se os limites não estivessem bem demarcados. Ainda assim e assumindo certo tipo de agnosticismo, o qual o manteve fiel à reflexão filosófica, esse pensador francês esclarece:

> Eu realmente queria ser reconhecido como um professor de filosofia, que ensinava filosofia numa instituição pública e falando o discurso comum, portanto, com todas as reservas mentais, inteiramente assumidas, que isso supunha, pronto a deixar-me acusar periodicamente de ser um teólogo disfarçado que filosofa, ou um filósofo que faz pensar ou deixa pensar o religioso. Eu assumo todas as dificuldades desta situação, inclusive a suspeita de que, na realidade, não terei conseguido manter essa dualidade tão estanque. [...] as minhas duas fidelidades escapam-me sempre, mesmo se por vezes elas acenassem uma à outra[106].

Dito isso, podemos compreender que, no pensamento de Paul Ricoeur, há constantemente uma tentativa de andar pelo caminho da teologia e da religião de forma totalmente filosófica. Ou melhor: o trabalho de Ricoeur nesses dois campos sempre foi o de um filósofo, levando-nos tanto a uma antropologia filosófica quanto a uma filosofia da religião. Como os estudiosos já notaram, malgrado suas reservas, na obra ricoeuriana, todo esforço realizado para estabelecer os limites entre áreas distintas passa pelo objetivo de não transformar a filosofia em um espaço profético e não resumir a religião a um projeto filosófico.

Em nossa obra, a antropologia filosófica ficará em primeiro plano, mas não poderemos ignorar as questões que a levam filosofia da religião, como as morais e as do exame do estatuto da pessoa. Porém, se isso

---
106. CC, 227-228, tradução nossa.

significa ampliar o escopo do trabalho, por outro lado, tal movimento não se traduz em mudança de campo de problemática, e menos ainda de terreno ou de território, que resulte em troca de domínio filosófico pelo teológico.

1.8. Questões introdutórias: um breve apontamento da antropologia filosófica de Paul Ricoeur

No presente livro, iremos trabalhar com dois momentos fundamentais da reflexão antropológica desenvolvida por Paul Ricoeur: a ideia de *homme faillible* (desenvolvida no início da filosofia de Ricoeur) e a ideia de *homme capable* (desenvolvida em um terceiro e último momento de sua filosofia). Para isso, consideramos que produção de Ricoeur é desenvolvida no decorrer de três momentos específicos. Na primeira fase de seu percurso intelectual, ele elabora sua reflexão dentro do horizonte da filosofia reflexiva e existencial. Na segunda, Ricoeur desenvolve sua filosofia dentro do campo da tradição fenomenológica. Na terceira, por fim, encontra-se sua entrada no campo da hermenêutica, instaurando um giro prático e acarretando o desenvolvimento de uma reflexão filosófico-hermenêutica no campo da ação, da ética e da política.

Essas duas ideias antropológicas surgem em períodos distintos ao longo da trajetória intelectual de Ricoeur. Aqui, mostraremos brevemente as bases de cada uma delas. Compreendemos que a noção de capacidade surge a partir da ideia de falibilidade, ou melhor, a ideia de *homme faillible* nos leva em direção ao ponto fulcral de toda antropologia ricoeuriana ou ao seu *pendant*, ou seja, à noção de *homme capable*. Tal qual vínhamos insistindo, como também é observado por outros estudiosos, a questão do sujeito será vista como um fio condutor de toda a produção ricoeuriana. Nesta tese, especificamente, iremos mostrar como a ideia de *l'homme capable* pode ocupar esse lugar e abrir outras perspectivas.

Em *Finitude et culpabilité*, Ricoeur apresenta, de forma mais específica, a ideia da falibilidade humana[107] e trata o indivíduo como ser marcado em sua mesma constituição pela finitude. O filósofo analisará como uma

---

107. PVII.

vontade encarnada pode, por meio de sua ação, ser afetada pelo mal e, por causa disso, ser manchada pela culpa. Ele, assim, aponta uma desproporção evidente na base do ser humano e busca mostrar que a dualidade do finito e do infinito oferece a possibilidade de uma ontologia da desproporção, cuja mediação deveria ser realizada pelo ser humano. Conforme nosso autor, não podemos reduzir a culpabilidade ao problema da finitude e a falibilidade é vista como um risco de ser humano.

Ricoeur expõe uma tensão existente na própria constituição do ser humano, que se encontra presa na vontade finita, implícita à dialética do agir e do sofrer, configurando o campo da finitude. Nesse sentido, a desproporção é a raiz da falibilidade humana e sua vulnerabilidade ao mal, categoria antropológica por excelência. Ricoeur encontra respaldo para desenvolver sua reflexão a respeito da falibilidade humana no pensamento de Kant e, para pensar a questão do mal, ele recorrerá, à sua maneira, ao pensamento de Agostinho e de Jean Nabert.

Ao construir uma reflexão sobre a vontade, o pensador francês procura afirmar que o ser humano é livre, apesar de qualquer condicionamento. Assim, na ação voluntária, onde a responsabilidade cabe ao sujeito, a ação necessariamente deve ser livre. O homem é compreendido como capaz de decidir, de agir (mover-se) e de consentir. Segundo Ricoeur, "se o homem cessasse de ser esse poder de decidir, de se mover e de consentir ele deixaria de ser homem"[108]. Contudo, o sujeito será marcado em sua constituição pela falibilidade. Isso decorre da fragilidade que o ser humano apresenta ao mediar sua constitutiva desproporção entre finitude e infinitude. É essa ótica que sustenta a ideia do homem falível. Isto é: "a possibilidade do mal moral está inscrita na constituição do homem"[109].

Segundo François Dosse, a falibilidade do ser humano, preso entre a finitude e infinitude, enquanto ser temporal, fornece as condições de possibilidade do mal. Ele ainda observa que:

> O tempo oferece o quadro desta falibilidade humana que Santo Agostinho tinha já entrevisto com esta tensão própria da alma que

---

108. PVI, 29, tradução nossa.
109. PVII, 149, tradução nossa.

ele chamava *distentio* e que é o dilaceramento entre o já sido e o ainda não. A reflexão sobre a culpabilidade é então legítima, mas Ricoeur prefere substituir a noção limitada de pecado original por outra, central para ele, a de dívida, que precede sempre o sujeito e remete à ideia de que há apenas dívidas contraídas[110].

No percurso de sua reflexão sobre a experiência do mal, Paul Ricoeur percebe que a fenomenologia não dava conta de explicar tal experiência. Por isso, na busca de construir uma explicação para esse problema, ele recorre à hermenêutica. O homem é situado entre o mal como algo que ele mesmo coloca no mundo, enquanto o mal é algo anterior ao próprio indivíduo. É importante ressaltar que Ricoeur admite um mal anterior ao indivíduo humano (não ao ser humano em geral), como produto das muitas vontades que antecedem a um indivíduo humano em particular, um ato involuntário que resulta da petrificação das muitas vontades más anteriores a si mesmo.

Nessa direção, a antropologia filosófica desenvolvida por Ricoeur parte do pressuposto de que existe, no ser humano, uma bondade nas suas mais distintas dimensões e essa bondade leva o sujeito a buscar agir de forma boa e justa no mundo. Por mais originária que seja a maldade, a bondade é ainda mais originária[111]. A finitude, marca a existência humana, será vista como apenas um modo de ser da humanidade do homem. E, assim, mesmo sendo falível, o ser humano deve assumir sua humanidade e isso significa viver em liberdade.

É a partir da ideia da falibilidade do humano que começa a surgir no pensamento de Ricoeur a ideia de homem capaz[112]. O sujeito, sendo livre e capaz, só pode ser constituído e reconhecido mediante a sua abertura para o outro; esse sujeito encarnado na realidade deve viver de forma boa com e para outrem[113]. Então, no cerne da ética ricoeuriana, iremos encontrar a vida como bem ou valor, na linha da ética aristotélica; e, por extensão, a vida humana, a ser afirmada sem reservas, e a dualidade do ser hu-

---

110. Dosse, 2001, 158-159, tradução nossa.
111. PVII, 161.
112. Cf. Casarotti, 2008.
113. SA, 202.

mano definido, ao mesmo tempo, como *homme capable* e *homme faillible*, cuja unidade moral e ontológica problematiza deverá ser assumida kantianamente como projeto, futuro aberto e tarefa indefinida.

Para Ricoeur, o sujeito corresponde a um movimento do si, do pronome reflexivo de todos os pronomes gramaticais, pessoais e impessoais que "percorrendo seus atos, experiências e objetivações é capaz de se retomar reflexivamente, de se apropriar de sua identidade"[114]. Esse sujeito apresenta a capacidade de agir, de ser razoável e de ser responsável. Ricoeur, ao construir seu pensamento no horizonte de uma teoria do sujeito, acrescenta que esse sujeito capaz é dotado de capacidades, potencialidades e disposições. Ao traçar esse entendimento, o pensador francês demonstra preocupação em restaurar o sentido de uma reflexão sobre o sujeito dentro da tradição filosófica. Em *Soi-même comme un autre*, Ricoeur procura chamar toda a questão referente à subjetividade de ipseidade *(ipse)*. Nesse empenho, ele não irá partir do Eu, visto como primeira pessoa (eu penso, eu sou), mas sim do Si, reflexivo de todas as pessoas, colocando no centro da experiência do *cogito* a dialética nunca acabada do si mesmo e do si mesmo como um outro ou o outro de si mesmo, evocada no título de um de seus livros mais decisivos.

Segundo Paul Ricoeur, por meio da hermenêutica do si o sujeito será visto como aquele que assume a dialética de sua identidade, na pretensão do seu caráter *(idem)* e na permanência de sua palavra e promessa *(ipse)*. Esse sujeito pode ser visto como alguém constituído, ao mesmo tempo, como leitor e como escritor de sua própria vida. Sendo assim: "a história de uma vida não cessa de ser refigurada por todas as histórias verídicas ou fictícias, que um sujeito conta sobre si mesmo. Essa refiguração faz da própria vida, um tecido de histórias narradas"[115].

Trata-se, pois, da identidade narrativa de Taylor e MacIntyre, que sofrerá, nas mãos de Ricoeur, um giro hermenêutico-fenomenológico, definida pela centralidade da ação ou melhor da práxis, por consistir em um agir e um padecer e, ao mesmo tempo, abrindo-se ao vivido e à sua significação.

---

114. Piva, 1999, 206.
115. TN3, 425.

Não menos do que o *homme faillible*, a ideia de *homme capable* está fundamentada na práxis, conceito de origem grega que percorreu uma longa e sinuosa história e diz respeito ao agir do ser humano em suas várias faces ou vertentes, organizadas em torno do campo da legalidade e em torno do campo do bem. Esses conceitos se remetem às várias vertentes da filosofia moral, em suma, nas quais, como é sabido, a legalidade está relacionada às leis que condicionam o ideal de justiça, enquanto o bem se relaciona com a aspiração do sujeito em buscar uma vida boa. Todo esse alcance teórico será considerado nos tratados de Ricoeur. Nesse empenho, tal filósofo buscará na ética aristotélica e na moral kantiana as bases para o desenvolvimento de sua reflexão.

Ao descrever o sujeito como capaz e, ao mesmo tempo, como falível, Ricoeur parte da compreensão do indivíduo como um ser de ação na realidade, capaz de falhar em seus intentos e, também, capaz de criar, ao fim e ao cabo, a realidade humana, sendo assim, definido pela possibilidade de falar, de agir, de ser responsável pelos seus atos e de ser capaz de recontar a sua própria história. A consciência humana não possui um conhecimento absoluto e transparente de si mesma. O ser humano é incapaz de se autofundar. Simplesmente, não há acesso privilegiado a esse eu primevo. O que existe é uma alteridade do outro enraizada na constituição do eu. Portanto, o sujeito não pode ser pensado sem alteridade[116], ou seja: sem a presença do outro não se pode falar em sujeito propriamente dito. Por mais que o ser humano seja marcado pelo mal, assim como pela possibilidade de falhar em suas ações ao visar o bem e de infringir de caso pensado o mal em outrem, ainda assim ele é capaz de buscar a justiça e o bem com os outros semelhantes no mundo em que vive.

---

116. Douek, 2011, 70.

CAPÍTULO II
Compreendendo o ser humano e sua falibilidade na filosofia de Paul Ricoeur

2. O *Cogito* integral e partido

Na visão de Paul Ricoeur, o problema da subjetividade se relaciona a uma crítica do *cogito* e de sua pretensão a uma certeza imediata e à autotransparência. Ricoeur desenvolve uma crítica não com o intuito de eliminar a subjetividade, mas com a proposta de entender suas nuanças e com isso buscar uma compreensão mais ampla do sujeito como um ser que se constitui na relação com o outro. Ao construir sua reflexão sobre a subjetividade humana em termos de *cogito*, Ricoeur revela que seu ponto de partida será a filosofia reflexiva. Como aponta David Pellauer:

> Primeiro apoiando-se nas filosofias de Gabriel Marcel, Martin Heidegger e Karl Jaspers, ele vê que o modelo sujeito-objeto que caracterizou o pensamento filosófico desde Descartes é problemático, pois acaba não dando conta da nossa experiência de nós mesmos, dos outros nem do mundo em que vivemos e atuamos[1].

---
1. PELLAUER, 2009, 18.

Nesse contexto, Paul Ricoeur procura mostrar que a descrição da reciprocidade do voluntário e do involuntário na constituição da vontade deve ser entendida como um desvio pelo qual o autor se acerca da "experiência integral do *cogito*, até os confins de sua afetividade mais confusa"[2]. De forma geral, o pensador francês procura apresentar algo em torno de uma fenomenologia eidética da reciprocidade do voluntário e do involuntário na experiência humana. Referente a isso, um ponto importante deve ser reafirmado: a questão da vontade — e, em sua extensão, do livre-arbítrio — concerne e se estende ao sujeito.

Ricoeur mostra isso ao afirmar que "a necessidade deve ser tratada como uma: eu preciso de...; o hábito como um: eu tenho hábito de...; e o caráter como meu caráter"[3]. A intencionalidade traz a compreensão de que existe um sujeito dessas intenções. O filósofo francês procura em Descartes, em relação ao problema do *cogito*, apenas o interesse pela possibilidade de uma abertura de junção das diversas experiências do sujeito.

Em Descartes, o *cogito* pode ser visto como algo dual que divide corpo e alma. Esse modelo, por mais que possa apresentar uma teoria do conhecimento, desenvolve também um caminho metafísico onde o sujeito é relacionado a um determinado objeto a partir da consciência que ele tem de tal objeto e por meio da representação que dele fez como sujeito em relação a si mesmo[4]. Essa proposta se torna metafísica, pois parte do pressuposto que o sujeito e o objeto em questão são e devem ser reais. Sendo assim:

> A famosa descoberta cartesiana do *cogito* — a experiência vivida de nossa incapacidade de negar nossa própria existência — envolve assim tanto aspectos epistemológicos quanto metafísicos. O aspecto epistemológico está no fato de que pelo *cogito* eu sei algo com certeza — que eu existo, de modo que algum conhecimento é possível e, portanto, segundo Descartes, podemos estabelecer uma base para reconhecer o que mais possa ser tido como conhecimento: qualquer coisa equivalente à autoevidência do *cogito* ou daí derivável. Além do mais, uma vez que experimentamos nossa existência como real, essa experiência apresenta um exemplo inicial do que a realidade

---

2. PVI, 12, tradução nossa.
3. PVI, 12, tradução nossa.
4. Pellauer, 2009, 19.

deve significar para nós. Mas por ter formulado isso inicialmente como a descoberta de um modelo epistemológico, Descartes não desenvolveu efetivamente o seu lado metafísico. Sua filosofia procurou dar conta da própria possibilidade do conhecimento, em oposição à ameaça do ceticismo, "mostrando-nos" esse conhecimento. Quando algo é conhecido dessa forma, por não poder ser posto em dúvida, sendo, portanto, certo, pode então ser dito corretamente objeto do conhecimento e, portanto, conhecido "objetivamente". Ao mesmo tempo, no entanto, esse objeto conhecido é sempre um objeto para um sujeito conhecedor, alguém que realiza e experimenta o *cogito*. Nesse sentido, no modelo cartesiano não há objetividade sem subjetividade, nenhum conhecimento objetivo sem um sujeito conhecedor do qual é conhecido[5].

Portanto, a princípio não há nenhuma objetividade sem subjetividade. Ricoeur, ao construir seu método, irá considerar profundamente essa questão. Ele compreenderá que esse sujeito, visto como um conhecedor, não é nenhuma pessoa de forma particular, mas qualquer um. O sujeito cartesiano conhece a si mesmo como existência e de sua própria existência não duvida. Entretanto, se o seu conhecimento é restrito a um objeto, existirá um problema quanto à compreensão e o conhecimento a respeito de si. Pellaeur afirma que:

> Mas, se aquilo que o sujeito conhece é sempre um objeto, há um problema quanto a seu conhecimento de si mesmo. Ele conhece a si mesmo como um objeto e, portanto, não mais como um sujeito? Ou há outro modo de conhecer, que poderíamos chamar de conhecer subjetivo, que é também um tipo de conhecimento, mas não objetivo? Em segundo lugar, há a questão de como um sujeito conhece outro sujeito[6].

Toda a problemática oriunda do modelo cartesiano será enxergada como temática relevante por Ricoeur, ao ponto dele considerar o *cogito* partido[7] e de reformular toda a discussão relacionada à individualidade,

---

5. Ibid.
6. PELLAEUR, 2009, 20.
7. Achamos melhor em traduzir a palavra *brisé* por *partido*. Sabemos que ela corresponde tanto à ideia de "quebrado" quanto à ideia de "dividido". Pensamos que a ideia de partido reúne os dois significados.

mais especificamente, a respeito de um sujeito capaz. A noção de *cogito* partido revela a ideia de uma cisão, de uma compreensão capaz de apontar a vulnerabilidade desse conceito, mostrando que ele não se trata de fundamento inabalável ou autofundado.

Esse entendimento ensina que não se pode definir o *cogito* como pura atividade, mas sim como algo encarnado e ligado à realidade. Segundo Jean Greisch, Ricoeur irá se distanciar do dualismo cartesiano[8] e passará a perceber o *cogito* de forma integral, considerando um sujeito cuja existência vivida no corpo une as dimensões voluntárias e involuntárias de suas experiências no corpo. Para Ricoeur, o ser humano não pode ser visto como um ser partido, mas como um ser integral. De acordo com ele, "a experiência integral do *cogito* envolve o eu desejo, o eu posso, o eu vivo e, de um modo geral, a existência como corpo"[9].

Conforme Lucía Herrerías Guerra, a crítica ao *cogito* cartesiano é uma das questões mais fortes em Gabriel Marcel; e Paul Ricoeur acolheu com bastante fidelidade pensamentos importantes discutidos por esse seu mestre[10]. Ele parte da compreensão de que o *cogito* deve renunciar à sua pretensão de autoposiçãq[11]; e esse entendimento será fundamental para o desenvolvimento de sua reflexão sobre o *cogito brisé* (partido).

Para resolver o problema do dualismo cartesiano, Ricoeur afirma o sujeito como o fundamento comum das estruturas voluntárias e involuntárias da vontade. Nesse sentido, não se deve relegar a corporeidade ao involuntário e o *cogito* ao voluntário. Isso porque é sempre o eu que deseja algo e padece por alguma coisa. O filósofo esclarece que "o nexo do voluntário e do involuntário não está na fronteira de dois universos do discurso do qual um seria reflexão sobre o pensamento e o outro físico do corpo"[12]. Assim, há sempre um indivíduo a desejar algo, ou melhor: um eu que deseja e se move em direção à realização de um projeto. Assegurar o sujeito no âmago das estruturas voluntárias e involuntárias é percebê-lo como um ser autônomo que deve ser visto como responsável

---

8. Greisch, 2001, 31.
9. PVI, 13, tradução nossa.
10. Herrerías Guerra, 1996, 55.
11. Thomasset, 1996, 55.
12. PVI, 13, tradução nossa.

por seus atos. Dessa forma, a compreensão do voluntário é sempre primeira. A respeito de seus escritos, Ricoeur esclarece:

> Eu me compreendo inicialmente como aquele que diz "eu quero". [...] É por isso que as diversas partes desse estudo descritivo começarão sempre por uma descrição do aspecto voluntário; em segundo lugar, consideraremos quais estruturas involuntárias são exigidas para chegar-se à intelecção desse ato ou desse aspecto da vontade; descreveremos, portanto, essas funções involuntárias em sua inteligibilidade parcial e, finalmente, mostraremos a integração desses momentos involuntários na síntese voluntária que lhes confere uma compreensão completa[13].

Toda essa questão mostra que o ser humano deve ser visto sempre como o senhor responsável pelos seus atos. Mesmo diante da experiência da falta, ele será compreendido como um ser marcado pela liberdade, que permanece mesmo diante das paixões, enquanto sem ela tal ser perderia sua própria humanidade. Sobre essa ótica, o *cogito* permaneceria integral. Portanto, em Ricoeur, o *cogito* não pode ser visto como uma autoposição.

Como aponta Jean Grondin, Ricoeur está situado dentro da tradição reflexiva que já dizia contra Descartes que o *cogito* "é um *cogito* ferido, frágil, vulnerável, que não pode servir de fundamento inabalável, mas que por isso mesmo está em busca de uma justa compreensão de si mesmo e de suas possibilidades, cuja exploração dá a vida à obra de Ricoeur"[14].

Destarte, Ricoeur irá desenvolver a compreensão do *cogito* partido (*cogito brisé*), ideia que resguarda o *cogito* do caminho da autofundação e do desejo de evidência intuitiva sobre si mesmo. Cabe a esse *cogito* aceitar que está em plena ligação com o corpo e com o mundo em seu entorno. Nesse sentido, para Ricoeur, "a consciência surge como um poder de recuo em relação à realidade de seu corpo e das coisas, como um poder de julgamento e de recusa. A vontade é não vontade"[15]. O *cogito*, enquanto

---
13. PVI, 9, tradução nossa.
14. GRONDIN, 2015, 25.
15. PVI, 21, tradução nossa.

querer, não pode se esquecer da influência das motivações, a resistência do seu corpo e das necessidades que se originam da existência.

O *cogito* partido é encontrado por Ricoeur na tradição personalista de Mounier e na tradição do existencialismo, mais especificamente no pensamento de Marcel, de Jaspers e de Sartre (com sua ideia de para si)[16]. Nessa perspectiva, a visão ricoeuriana compreenderá ser necessário reconhecer o aspecto da passividade inerente à existência encarnada do *cogito*. Como deve ser percebido, o *cogito*, não podendo ser visto como pura atividade, rompe com a ideia de uma autoposição e vê-se totalmente dependente da realidade em seu entorno e reconhece sua própria corporeidade. Há uma participação do sujeito em sua encarnação, conforme registra o filósofo: "eu participo ativamente da minha encarnação como mistério"[17]. O sujeito encontra-se ferido em seu orgulho e joga por terra toda a possibilidade de um pensamento inaugural da filosofia primeira e que tem lugar quando:

> Um sonho de pureza e de integridade apodera-se da consciência, que a partir de então se considera idealmente total, transparente e capaz de se colocar absolutamente a si mesma[18].

Esse sonho de pureza e integridade é interposto pelo caráter, o sonho de transparência sobrepõe à realidade do inconsciente e à compreensão ilusória de que o *cogito* contrapõe-se à vida enquanto involuntário absoluto. Ao fim e ao cabo, em sua inteireza ou completude, tal *cogito* não deixa de reconhecer, nem pode fazê-lo de outra maneira, as realidades do caráter, do inconsciente e da vida. Pertencendo à realidade do involuntário, suas estruturas constituintes desfazem a ilusão da autoposição absoluta, como na filosofia de Fichte, e contribuem para gerar uma quebra dentro do próprio *cogito*, o que resultará em um "*cogito* ferido, um *cogito* que se põe, mas que não se possui, um *cogito* que apenas compreende a sua verdade originária na e pela confissão da inadequação, da ilusão, da mentira da consciência imediata"[19].

---

16. GRONDIN, 2015, 25.
17. PVI, 18, tradução nossa.
18. PVI, 21, tradução nossa.
19. CI, 238.

É necessário perceber que a ideia de *cogito* partido (*brisé*) elaborada por Ricoeur não tem como objetivo propor uma substituição da noção de um "sujeito exaltado" e nem a de um "sujeito humilhado" que pode ser encontrado em sua expressão mais extrema no anticogito de Nietzsche. Segundo Ricoeur:

> Para compreender o ataque conduzido por Nietzsche contra o *Cogito* cartesiano, em especial nos fragmentos do último período, não é inútil remontar a alguns escritos contemporâneos de *Nascimento da tragédia*, em que o arrazoado contra a retórica visa subverter a pretensão da filosofia a erigir-se como ciência, no sentido forte de disciplina do fundamento. O ataque contra a pretensão fundacional da filosofia baseia-se no processo da linguagem no qual a filosofia é dita. Mas, deve-se admitir que, afora Herder, a filosofia da subjetividade abstraiu inteiramente a mediação da linguagem que veicula sua argumentação acerca do "eu sou" e do "eu penso". Focando essa dimensão do discurso filosófico, Nietzsche traz à tona as estratégias retóricas dissimuladas, esquecidas e até hipocritamente reprimidas e negadas, em nome da imediatez da reflexão[20].

Paul Ricoeur procura mostrar no anticogito de Nietzsche não o contrário do *cogito* cartesiano, mas a desconstrução da própria questão por meio da qual o *cogito* supostamente poderia dar uma resposta absoluta[21]. Percebe-se que Nietzsche estava inteirado à linguagem utilizada pelas filosofias da subjetividade e procurou mostrar a existência de uma estratégia retórica escondida, a qual o fez revelar a vacuidade da questão da subjetividade. Portanto, as afirmações "eu existo" ou "eu existo pensando" são metáforas que não estão necessariamente ligadas à existência de algo. Como aponta João Botton, essas são "metáforas destinadas a dissimular a confusão de forças subterrâneas em conflito no mundo interior. Isso faz do sujeito [...] uma multiplicidade fenomenal. A questão do mundo ou da identidade fica destituída de sentido"[22].

A ideia de *cogito* partido vai na contramão tanto da exaltação quanto do esfacelamento do *cogito*. Tal noção combate a compreensão de um en-

---
20. SA, 22-23, tradução nossa.
21. SA, 25.
22. Botton, 2017, 46.

tendimento que gira entorno de si. Mesmo partido, o *cogito*, em Ricoeur, ainda permanece. Nessa perspectiva, é necessário contrapor a autonomia do *cogito* à noção de uma passividade que acaba lhe constituindo. Segundo o autor, é a partir da própria existência ou da condição encarnada da vontade humana que se deve buscar a unidade do *cogito*. Ao propor o *cogito* partido, esse filósofo francês mostra que o ser humano não deve compreender a experiência do *cogito* como uma mera desilusão para consigo mesmo, mas sim como reconciliação; e demonstra ainda haver na condição humana um paradoxo que remete à experiência humana de uma liberdade situada e total. O *cogito*, dentro da temática do paradoxo, tende constantemente a se partir, devendo, por isso, procurar a reconciliação. A experiência humana é chamada por Ricoeur de "ontologia paradoxal" e ela busca sempre a reconciliação.

2.1. *Em direção à falibilidade humana*

Antes de darmos início em nossa apresentação da falibilidade humana, é necessário destacar algumas questões preliminares que nos remeterão rapidamente ao primeiro volume da *Philosophie de la volonté*, texto em que Ricoeur explora o campo da vida prática e afetiva da consciência por meio da análise estrutural *noético-noemática* desenvolvida por Edmund Husserl para fazer uma descrição da consciência perceptiva.

Husserl apontou o caminho ao reconhecer que o problema da vontade deveria ser totalmente renovado pelo método da análise intencional, elaborando uma contribuição significativa para a filosofia de seu tempo. Entretanto, a geração de pensadores da fenomenologia posteriores a Husserl procurava, por outro lado, construir uma elucidação da vida afetiva e prática do *cogito*[23], tal como fez Merleau-Ponty. É nesse contexto que Paul Ricoeur irá desenvolver sua fenomenologia da vontade.

A *descrição eidética* elaborada por Ricoeur, desenvolvida por meio da distinção *noético-noemática*, considera o ato voluntário como parado no tempo e o descreve em seus diferentes estratos intencionais, em suas diferentes sínteses ativas e na competência de cada uma delas. Ricoeur

---

23. CASAROTTI, 2008, 232-233.

analisa o ato voluntário tendo em vista os três estados intencionais que o compõem. Em *Le volontaire et l'involontaire*, o objetivo é elaborar uma metodologia de investigação para achar qual seria o núcleo da voluntariedade humana.

O filósofo francês procura realizar uma descrição dos elementos integrantes da liberdade humana[24] e, assim, pensar o ser humano por meio de abordagem própria, conhecida como filosofia da vontade. Essa filosofia da vontade pode ser vista como o núcleo primordial do projeto filosófico de Paul Ricoeur[25], que objetiva trazer para a ação voluntária as análises de Husserl sobre a intencionalidade da consciência.

Em Ricoeur, a pergunta pela liberdade se torna uma pergunta pela capacidade do ser humano. A necessidade de afirmar de forma positiva essa capacidade leva o filósofo a desvendar, em *Le volontaire et l'involontaire*, "as estruturas ou as possibilidades fundamentais do homem"[26]. Nesse sentido, o ser humano é entendido como esforço, *conatus*, e é esse esforço que a ontologia ricoeuriana dos possíveis pretende decifrar e revelar ao próprio ser humano.

Elaborando uma reflexão sobre a vontade, Ricoeur procura afirmar a liberdade do ser humano para além de qualquer condicionamento. O filósofo francês tem como tarefa salvaguardar a liberdade humana sem desconsiderar os inúmeros fatores que a condicionam. Na ação voluntária, onde a responsabilidade cabe ao sujeito, a ação, necessariamente, deve ser livre.

A partir daqui Ricoeur não procurará mais voltar para uma descrição pura das relações recíprocas entre o voluntário e o involuntário. Em vez disso, o passo que será dado agora, pelo filósofo, buscará, de forma mais empírica, levar em conta a existência do mal, chamado de erro ou falha. O mal será visto como algo que efetivamente assola a existência humana.

Ricoeur, em *L'homme faillible*, dará continuidade ao seu projeto inicial de elaborar uma filosofia da vontade. Dali em diante, ele não mais afirmará a vontade e o ser humano por meio de uma descrição *eidética*.

---

24. ALBERTOS, 2008, 51.
25. RENAUD, 1985, 5.
26. PVI, 7, tradução nossa.

Mas procurará compreender, a partir da ideia de falibilidade humana, como o ser humano está fadado ao mal, ou melhor, como a possibilidade do mal está inscrita dentro da própria constituição do ser humano, dado que a falibilidade decorre da fragilidade do sujeito de mediar sua constitutiva desproporção entre finitude e infinitude.

Por homem falível, Ricoeur compreende que a possibilidade do mal se faz presente no ser humano. Para Johann Michel, não é a fraqueza do ser humano que o torna mal, "mas em razão dessa fraqueza, o homem é suscetível a agir mal"[27]. Podemos afirmar que Ricoeur, em sua análise da falibilidade humana, procura mostrar o seguinte entendimento: uma vez suprimida a abstração da culpa, é necessário pensar sobre uma vontade encarnada que, em sua ação, pode ser afetada pelo mal.

A análise do problema do mal levou Ricoeur a buscar outra metodologia diferente da fenomenologia. O filósofo constatou que o método de Husserl não abarcava suficientemente tal problema e recorreu à hermenêutica para tratar dessa discussão. Para David Pellauer:

> Ricoeur havia percebido que introduzir o Erro requeria não apenas um novo método, mas também uma nova hipótese de trabalho. Percebia agora que nem fenomenológica nem mesmo empiricamente era possível dar conta diretamente da passagem da inocência das estruturas essenciais que caracterizavam a reciprocidade do voluntário e do involuntário para a existência efetiva do mal[28].

Portanto, se a existência do mal é de fato irracional, os métodos racionais não são adequados para analisá-la. É necessária uma nova abordagem que leve em consideração essa transição para a existência efetiva do erro, na acepção de falta moral.

Sobre o enxerto hermenêutico na fenomenologia com o intuito de analisar os símbolos do mal, Ricoeur buscará retomar o aforisma kantiano, considerando a máxima: "o símbolo dá que pensar", empenhando-se em um grande deslocamento com o propósito de melhor apreender os traços existenciais a partir de suas inscrições textuais. Nesse momento, ele irá implementar seu programa de desmitologização dos símbo-

---

27. MICHEL, 2006, 51, tradução nossa.
28. PELLAUER, 2008, 43.

los e descobrirá, em 1960, a grande obra publicada pelo filósofo alemão Hans-Georg Gadamer: *Verdade e método*. A respeito dessa influência, Dosse discorre:

> Verdadeira pedra angular da hermenêutica contemporânea, não se pode dizer que ele influenciará Ricoeur, visto que seu engajamento na hermenêutica dos símbolos e na hermenêutica freudiana já está bem encaminhado. Contudo, pode-se argumentar que as teses da hermenêutica pós-heideggeriana de Gadamer têm confortado Ricoeur naquilo que ele próprio qualificará mais tarde de "enxerto hermenêutico" sobre o programa fenomenológico[29].

Paul Ricoeur afirma que "os hermeneutas [foram] representados e brilhantemente renovados por Gadamer, cuja obra maior, *Wahrheit und methode* (*Verdade e método*), publicada na Alemanha em 1974, se tornou para mim uma referência privilegiada"[30]. O acesso triplo ao sentido em detrimento à travessia da experiência estética, histórica e da linguagem solidifica o desvio que Ricoeur realiza na fenomenologia. Além disso, diante do desafio imposto pelo estruturalismo, próprio do contexto intelectual francês, Ricoeur recebe, a partir da obra de Gadamer, o apoio de uma abordagem que procura recusar todo o confinamento no metodologismo epistemológico.

Como será apresentado, *Finitude et culpabilité* relata que há, no ser humano, uma situação paradoxal. O sujeito será situado entre o mal e esse, por sua vez, deve ser entendido como algo que o próprio homem introduz na realidade e cuja origem lhe antecede. Dessa forma, tal discussão se situa dentro de uma visão ética, na qual também ser humano se inserido no horizonte de uma visão trágica em que é capaz de realizar o mal, que é dado previamente e é inevitável.

Pode-se perceber aqui que o ser humano será marcado pela possibilidade do mal, pois há uma desproporção em sua existência. A dualidade do voluntário e do involuntário será retomada por meio de uma dialética mais ampla, conduzida pelas ideias de desproporção, da polaridade do finito e do infinito e da mediação. A ideia da falibilidade do ser humano

---

29. Dosse, 2001, 394, tradução nossa.
30. AI, 80.

aparece a partir da compreensão de que ele apresenta uma fragilidade em mediar sua desproporção diante da finitude e da infinitude

2.2. A patética da miséria e a falibilidade humana

A partir de agora, analisaremos o problema da falibilidade na constituição do ser humano tendo como referência a obra *Finitude et culpabilité*, mais especificamente o primeiro volume da obra chamado de *L'homme faillible* e o artigo *L'antinomie de la réalité humaine et le problème de l'anthropologie philosophique*. Nesse sentido, é necessário apresentar, ao menos em suas grandes linhas, a reflexão antropológica ricoeuriana, que parte de uma ontologia enfraquecida em busca da compreensão do ser humano enquanto *homme faillible* (homem falível).

Uma questão introdutória precisa ser apresentada para entendermos como a ideia da culpabilidade e a questão do mal vão surgir nesse momento da filosofia de Ricoeur. Vindo da tradição calvinista, esse filósofo francês procurará resistir à ênfase calvinista na ideia de pecado, buscando opô-la ao pensamento paulino da superabundância da graça, inclusive apresentando profunda resistência aos temas agostinianos e calvinistas relacionados ao conceito de pecado original, à ideia de predestinação e à individualização da culpabilidade.

A própria história de vida de Ricoeur será marcada pelo mal, seja com a morte de sua mãe e, posteriormente, com a de seu pai, seja com a morte precoce de sua irmã, vitimada pela tuberculose, seja com o suicídio de seu filho, Olivier, Ricoeur não concordaria com a ideia de que o ocorrido com sua família já teria sido programado de antemão por um ser divino. Ao experimentar um sentimento de injustiça que, malgrado sua realidade avassaladora e impotência pessoal, o filósofo não desconstruíra ou jogara por terra suas convicções religiosas.

Para isso, ele não poderia considerar que sua família fosse merecedora de um destino marcado pela sucessão de perdas. Na contramão do trágico, Ricoeur procurou enfatizar uma alegria de viver, uma sede de existir e uma indiferença opositora à experiência do caos. Nesse contexto, o horizonte da esperança surge como uma alternativa de encarar a vida e como uma possibilidade de lidar com o mal. Sob certo aspecto, toda a temática calvinista da falta, da mancha, do pecado, da experiência do mal, vivida pela guerra, assombrará Ricoeur, que fará delas seu objeto privilegiado de interrogação filosófica. Ao mesmo tempo, o filósofo se verá próximo de suas convicções religiosas e sairá em busca de uma outra chave de compreensão. A respeito disso, Dosse considera:

> É uma confrontação, uma luta consigo mesmo, na qual se empenha em uma problematização cerrada sobre os fundamentos da culpabilidade. Ele situa-se em grande parte do lado de Lutero e de sua insistência sobre a justificação pela fé, sem o preço a ser pago pela culpabilidade, e mais ainda na trilha da teologia barthiana da graça, que representa, para essa geração de protestantes franceses, uma saída da obsessão de culpabilidade[31].

O ser humano será marcado pelo mal, ou melhor, o mal se manifesta na humanidade do homem[32], enquanto o sujeito é seu autor. Para Alain Thomasset, a reflexão pura que governa as estruturas antropológicas fundamentais no *L'homme faillible* conduz ao conceito de falibilidade, segundo o qual a possibilidade do mal está inscrita no coração do ser humano porque esse apresentaria uma fragilidade afetiva[33].

Procurando compreender a realidade do ser humano em relação ao problema da falibilidade, Ricoeur afirma que "a possibilidade do mal aparece inscrita na constituição mais íntima da realidade humana"[34]. A existência humana é perpassada pelo mal em toda a sua extensão, intencionado ou não, oferecendo ao autor duas hipóteses de trabalho. Quanto à primeira, entende-se: "a ideia de que o homem é por constituição frágil, que ele pode falhar, essa ideia é, segundo nossa hipótese de trabalho, inteiramente acessível à reflexão pura, ela designa uma característica do ser do homem"[35]. A segunda hipótese ricoeuriana remete-se à "não coincidência do homem consigo mesmo"[36], cujo *gap* ou desproporção dará ao filósofo aquilo que será a *ratio* da falibilidade.

---

31. Dosse, 2001, 150, tradução nossa.
32. PVII, 14.
33. Thomasset, 1996, 103.
34. PVII, 21, tradução nossa.
35. PVII, 21, tradução nossa.
36. PVII, 21, tradução nossa.

Lidando com a temática do mal, Ricoeur recorrerá aos filósofos da existência. Devido a isso, pensamos em realizar um breve apontamento a respeito da influência de Søren Kierkegaard, Karl Jaspers e Gabriel Marcel na reflexão ricoeuriana. O que aprende Ricoeur com Kierkegaard? Percebemos que, por meio da análise da angústia, a ideia de pecado será descoberta como evento que qualificará o nosso futuro pela imanência de culpabilidade. Por meio da análise do desespero, ele, enquanto pecado, irá se apresentar já como estado e não tanto como um salto[37]. Ricoeur, analisando Kierkegaard, pontua que a observação da angústia "desemboca no conceito do pecado-evento ou surgimento; a própria angústia é uma espécie de deslocamento, de fascinação na qual o mal se encontra circunscrito, aproximado pela frente e por trás"[38]. Por outro lado, o desespero é o mal do mal, o pecado do pecado.

Nesse entendimento, o pecado entra no mundo através de um salto que se pressupõe a si mesmo na tentação. Dessa maneira, ele é visto como um salto e um estado, como uma possibilidade ôntica, e não como uma categoria moral[39]. Como aponta Ricoeur, Kierkegaard também nos ensinará que a categoria de pecado é teológica e não ética[40], está situada na esfera do contrário da fé, e não na do contrário do bem, representando um salto qualitativo da consciência de Adão e de seus descendentes, "a qual, pela angústia, por um lado, evoca as miragens das suas possibilidades e, por outro, teme-as"[41].

Em Karl Jaspers, por sua vez, Ricoeur encontrará uma mistura de fé racional, oriunda de Kant, e de mística racional, originada do neoplatonismo, bem como o sentido do paradoxo kierkegaardiano (infinito-finito, eternidade-instante, paz-drama, escolha-destino). Para Jaspers, a falta deve ser encarada como uma situação-limite fundamental e está situada, no quadro da historicidade, como a quarta situação-limite, depois da morte, do sofrimento e do combate. Tal filósofo nunca irá falar de pecado, mas sim de falta. Essa apresentará um sentido restrito e um sentido

---

37. Teixeira, 1977, 46.
38. L2, 17.
39. Teixeira, 1977, 46.
40. L2, 21.
41. Teixeira, 1977, 47.

amplo[42]. No restrito, será entendida como um determinado ato da liberdade, podendo ser vista como o mal ético e o mal existencial, inevitável na intersubjetividade humana e identificado com o mal não intencional presente nas implicações de um ato livre. Já no sentido amplo, a falta é entendida como a situação-limite, "que perigosamente se aproxima do mal metafísico, sem, contudo, com ele coincidir"[43].

Por seu turno, a influência de Marcel, como já foi apontada no primeiro capítulo deste livro, vai na direção da descoberta de um fundamento ontológico para a reconciliação, "da exploração da existência como meta-problemática e como mistério, do 'moi' como um 'je', dos 'tus' como indicadores dum 'Tu' absoluto"[44]. Para Marcel, a existência é vista como corpórea. A respeito dessa percepção, Ricoeur pontua e relata: "a encarnação não é de modo algum um túmulo, embora ela constitua, como se dirá em seguida, uma prova; há em Gabriel Marcel uma alegria de viver, uma glória da criação que os seus amigos sempre souberam discernir e saudar"[45]. A encarnação, por um lado, é refratária, pela sua densidade e opacidade, aos esquemas objetivos que se encontram no domínio do objetivável; por outro lado, a existência assinala a inserção do sujeito dentro do horizonte do Sagrado e isso deve ser visto como o domínio do mistério. Ricoeur acusa as teodiceias de tentarem demonstrar Deus para depois justificá-lo, com efeitos de uma justificação racional para o mal e para a existência. Essa acusação ricoeuriana é encontrada no pensamento de Gabriel Marcel.

Em relação à influência sofrida por Ricoeur por parte dos filósofos da existência, é necessário pontuar que esse pensador francês será contrário a qualquer tipo de ontologização do mal. Isso porque ele objetivará salvaguardar a determinabilidade do mal, colocando-o dentro do horizonte da liberdade. Ricoeur não assumirá a opção fundamental de alguns existencialismos, baseada em uma historicidade radical e em uma extrema subjetividade da existência.

---

42. Ibid., 48.
43. Ibid., 48.
44. Ibid., 48.
45. L2, 61-62.

É importante pontuar que, em relação ao problema do mal e da culpabilidade, Ricoeur recorrerá ao pensamento de Jean Nabert, como já foi apresentado no primeiro capítulo, chegando a expressar publicamente a sua "dívida" para com esse autor. Nabert, em sua obra *Essai sur le mal*, mostra que na imagem do mal reside o dilaceramento intenso do ser que se coloca contrário a qualquer reconquista de posse de si mesmo. Nesse entendimento, o emprego do método reflexivo faz aparecer o caráter insondável do mal.

Nabert realiza a travessia do que é qualificado como o injustificável, o que excede e coloca em suspeição o racionalismo sob sua dupla forma moral e especulativa. Assim, a consciência não tem a capacidade de se apropriar de forma total da causalidade produtora da ação faltosa. Ricoeur será seduzido pela tentativa protagonizada por Nabert de utilizar recursos do próprio racionalismo para, assim, ultrapassá-lo. Na categoria do testemunho pensada por Nabert, Ricoeur encontrará o lugar de confrontação entre as fraquezas da travessia da experiência e a consciência fundadora, assim como o lugar entre filosofia e teologia. Segundo o pensador, esse "avanço do testemunho sobre a reflexão é, se o querermos, o presente que o religioso oferece ao filosófico"[46].

Paul Ricoeur também irá recorrer ao pensamento de Kant para compreender que o problema do mal é colocado no horizonte da liberdade humana. O mal radical é tema pertinente à moral kantiana e essa aponta para a possibilidade da liberdade se insurgir contra a própria lei moral. Na obra *A religião nos limites da simples razão*, Kant buscou entender tal questão, tratando da situação de dependência dos valores racionais por meio do influxo das sugestões da sensibilidade[47]. É a inversão de hierarquia que perverterá o querer tomado nessa dualidade entre razão e sensibilidade.

Essa propensão de valorizar a ordem sensível está na base da inclinação inexorável ao mal na condição humana. Kant discute se o homem é ou não por natureza moralmente bom[48]. O pensador alemão situa o mal em uma "regra que o próprio arbítrio para si institui para o uso da liber-

---
46. CC, 242, tradução nossa.
47. Cf. KANT, 1992.
48. Ibid., 28.

dade"⁴⁹, ou seja, nas máximas da vontade. "Portanto, dizer que o homem é bom ou mal por natureza significa referir o seu primeiro fundamento de adoção e aceitação de máximas boas e más sempre a uma máxima ulterior e não à inclinação natural"⁵⁰. A ideia kantiana de mal moral influencia Ricoeur e leva o pensador francês a trabalhar com a temática da esperança no horizonte de sua antropologia filosófica, pontuando que a disposição ao bem é mais originária que a disposição ao mal. Em tese, "se o homem se tornou mau por sedução, então ele não é corrupto essencialmente"⁵¹.

Após essa breve apresentação das influências, tema e contexto de produção ricoeuriano, levantamos a seguinte questão: de que forma o ser humano pode ser visto como o autor do mal? Essa pergunta remonta a um grande dilema que atravessa toda a história da filosofia, a saber, o dilema da liberdade da vontade e das consequências intencionadas ou não da ação humana. Cláudio Reichert do Nascimento analisa o delineamento teórico considerado por Ricoeur para lidar com tal demanda. Segundo ele:

> [...] para procurar determinar este "lugar" do mal na realidade humana, Ricoeur defende a necessidade de tratar a questão como um assunto da antropologia filosófica, porque o mal estaria vinculado à possibilidade de o homem falhar e esta possibilidade é vivida na fragilidade da afetividade humana. Significa dizer que, embora a possibilidade de falhar seja considerada como um aspecto ontológico do homem em geral, ela é vivida na singularidade existencial de cada homem⁵².

Portanto, Ricoeur compreende que há no ser humano uma desproporção na sua própria constituição. O filósofo reconhece isso como tema já tratado, por ele, anteriormente. E, assim, explica:

> Esse problema foi o que eu coloquei no centro de meu ensaio sobre *O homem falível*: o problema da desproporção íntima do homem consigo

---

49. Ibid., 27.
50. GUIMARÃES, 2020, 72.
51. L3, 27, tradução nossa.
52. NASCIMENTO, 2014, 29.

mesmo ou da estrutura antinômica do homem, distendido entre um polo de infinitude e um polo da finitude. [...] Por que eu formulei esse problema do homem como ser do meio? Por seu valor de abordagem quanto a uma dificuldade considerável da filosofia, a do mal. De fato, existe algo de misterioso e, talvez, de imperscrutável (*unerforschbar*), diz Kant em *Ensaio sobre o mal radical*, na origem do mal; talvez fosse preciso até dizer que compreendê-lo seria suprimi-lo; no entanto, se o mal é impenetrável como acontecimento, talvez exista um entendimento do limiar que permita compreender em que sentido o homem é falível. Ora, a falibilidade está implicada na desproporção que faz do homem um ser frágil. Desproporção, intermediaridade, fragilidade, falibilidade constituem uma sequência plena de sentido[53].

Portanto, a falibilidade humana decorre da fragilidade que o ser humano tem de mediar sua constitutiva desproporção entre finitude e infinitude. Ela está relacionada com a ideia de desproporção, porém não com a de uma justificativa para o mal, que requer sua compreensão, inteligência e algo mais. Isso é notório porque o sujeito é visto como um ser de ação e isso o força a decidir, a escolher. A respeito disso, outra evidência a ser pontuada é que o indivíduo muitas vezes age e escolhe mal, sendo levado à ação má e à fragilidade afetiva.

A ideia de desproporção revela que existe uma não-coincidência do homem consigo mesmo. Isso é a *ratio* da falibilidade. Para pensá-la, Ricoeur recorrerá ao paradoxo cartesiano do homem finito-infinito[54]. Ou seja: ele partirá de Descartes (o início da *IV Meditação*) e do pensamento o qual situa o ser humano entre o ser e o nada, como se esse "entre" fosse compreendido e visto como o lugar ontológico do indivíduo.

Para Jean Greisch, Ricoeur "recusa igualmente a interpretação cartesiana desta mistura em termos de uma 'psicologia das faculdades', na qual a finitude é representada pelo entendimento humano e a infinitude pela vontade"[55]. O que interessará a Ricoeur será a noção de que o indivíduo deve ser visto como um ser de mediação, mais especificamente "o homem não é intermediário porque está entre o anjo e a besta; é nele

---
53. EC3, 22-23, tradução nossa.
54. PVII, 22.
55. GREISCH, 2001, 56, tradução nossa.

mesmo, de si a si, que ele é intermediário [...]. Sua característica ontológica de ser intermediário consiste precisamente nisto: que seu ato de existir é o ato mesmo de operar mediações"[56]. Ricoeur não aceita a ideia de uma antropologia da finitude, ele parte do entendimento de que o ser humano deve ser visto em sua totalidade dentro do horizonte da finitude e da infinitude.

Dito isso, é evidente que, para além da discussão a respeito da liberdade humana face à natureza, Ricoeur amplia sua problematização em direção a uma antropologia filosófica e faz isso com o objetivo de construir uma abordagem sobre o que é o ser humano, tendo como foco, nesse empenho, a ação. Mais tarde, essa antropologia filosófica conduzirá o pensador francês à questão do ser humano capaz (*homme capable*). Esse será compreendido como um ser social que vive no mundo organizado por instituições sociais. Entretanto, antes disso, Ricoeur apresentará uma compreensão da antropologia da condição humana expressa nos termos daquilo que ficou conhecido como *pathétique de misère* (patética da miséria). Essa, por sua vez, descreve a condição humana a partir do entendimento de que o ser humano não coincide exatamente consigo mesmo.

Paul Ricoeur parte do entendimento de que, antes de se tornar um conceito filosófico, a ideia da falibilidade está presente no indivíduo como uma pré-compreensão não filosófica[57]. Essa percepção firma-se como o ponto de partida da antropologia ricoeuriana, a considerar que a reflexão filosófica não surge do nada, não começa do zero. Assim, a pré-compreensão sobre a falibilidade humana deve ser buscada na patética da miséria[58]. Como observa Domenico Jervolino:

> Nesse primeiro volume (*L'homme faillible*), que é um autêntico tratado de antropologia filosófica, [...] a reflexão é convocada para esclarecer a pré-compreensão do homem falível que se exprime naquilo que o nosso autor denomina "o patético da miséria". Esse *pathos*, que é como a matriz de toda a filosofia da desproporção, atinge a sua perfeição expressiva em alguma das "belas expressões" do

---

56. PVII, 23, tradução nossa.
57. PVII, 24.
58. PVII, 24.

mito e da retórica: no mito platônico da alma como mistura; na retórica pascaliana do homem situado entre dois infinitos, que antecipa de algum modo o conceito kierkegaardiano da angústia[59].

Em relação à patética da miséria, Ricoeur pensa que:

> [...] o interesse é ainda de método, pois a antropologia filosófica encontra antes dela uma compreensão pré-filosófica, uma compreensão patética e mítica desse tema da desproporção do homem, entendido como ser do meio, frágil e falível; antes da filosofia do misto, há o que eu chamarei o *pathos* ou patético da miséria; esse problema permite que se surpreenda o nascimento da filosofia no interior da não-filosofia, no interior da pré-filosofia; o *pathos* da miséria é a origem não filosófica, a matriz poética da antropologia filosófica. Assim, a escolha dessa perspectiva permite compreender como a filosofia tem sempre um pressuposto, embora ela esteja à procura do ponto de partida; o problema é de fato reduzir esse pressuposto, mas de maneira que se possa conservá-lo e compreendê-lo; nisso consiste a busca do ponto de partida, embora a filosofia não comece nada absolutamente; antes dela já existe uma linguagem completa, a do mito, a do símbolo, que já disse como enigma tudo o que a filosofia jamais poderá trazer à *lumen naturale* [luz natural][60].

O filósofo francês irá recorrer ao pensamento antropológico de Platão, de Pascal e de Kierkegaard para mostrar a pré-compreensão humana sobre a falibilidade. A partir da antropologia platônica, Ricoeur mantém a convicção de que a alma humana não é uma ideia imperecível e nem perecível, mas sim uma mistura entre as duas coisas. No livro IV da *República*, ela é dividida em três partes que correspondem, de forma alegórica, às três ordens hierárquicas da cidade e as refletem: aos magistrados (chefes), guerreiros e trabalhadores (povo) correspondem, na tripartição da alma, às partes intelectiva, irascível e desiderativa.

A imagem estática da hierarquia do estado encontra, assim, uma expressão dinâmica, oriunda da tensão das forças que a constituem. A alma surge então como um campo de forças que sofre dupla tração,

---

59. Jervolino, 2011, 33-34.
60. EC3, 24, tradução nossa.

tanto da razão quanto do desejo (*República*, 439c)⁶¹; e a sua parte irascível é compreendida na figura de uma "mescla" ou de uma mistura. Ricoeur, ainda, recorrerá aos mitos do *Banquete* e do *Fedro* para mostrar "as figuras não filosóficas ou pré-filosóficas de uma antropologia da falibilidade"⁶². Para ele:

> A miséria é uma limitação indivisivelmente originária, e, como mal original, podemos ler alternadamente estes grandes mitos como mito da finitude e como mito da culpabilidade⁶³.

O pensador francês, analisando os mitos do *Banquete* e do *Fedro*, observa que:

> [...] o mito da "mistura", no *Banquete*, relata o nascimento de Eros a partir de um princípio de abundância, Poros, e de uma matriz de indigência, Penia. Essa pobreza original é um princípio mau? Isso seria crível, se aproximássemos esse mito do *Banquete* ao do *Fedro*, que parece ser um mito de "degradação": a queda das almas em um corpo terreno parece colocar na origem do homem uma infelicidade de existir que é indiscernível da encarnação, da existência sensível e histórica. E, no entanto, mesmo no *Fedro*, é possível distinguir um mito da queda propriamente dito [...] e um mito prévio de mistura, todas as almas do cortejo celeste conduzem um carro alado; essa mistura, antes de qualquer queda, já abriga uma desgraça originária, a presença de um cavalo rebelde; a fragilidade parece muito anterior à degradação. Assim, o tema da alma intermediária permanece ligado, por um lado, à expressão simbólica e mítica da "mescla" e depende, por outro lado, da confusão, da indivisão primitiva entre limitação originária e mal moral⁶⁴.

Destarte, a vulnerabilidade da alma presente na mítica platônica é vista como o primeiro modo de como se mostra a falibilidade do ser humano, a partir do horizonte da compreensão espontânea ou da pré-compreensão da miséria humana.

---

61. PVII, 28.
62. PVII, 29, tradução nossa.
63. PVII, 29, tradução nossa.
64. EC3, 25, tradução nossa.

Na sequência, Ricoeur apresenta o segundo testemunho da patética da miséria a partir do pensamento de Pascal. Os célebres fragmentos que descrevem o ser humano como um meio e a desproporção entre dois infinitos tendo um duplo interesse[65]. Essa expressão da pré-compreensão da falibilidade habita na retórica pascaliana da finitude e da infinitude. Ricoeur começa sua análise a partir do fragmento 72 dos *Pensamentos* de Pascal, que tem o nome de *Desproporção do homem*[66].

Ainda ali, o ser humano será descrito como sujeito situado entre dois abismos, o do infinito e o do nada. Pascal impulsiona suas ideias a partir da seguinte conjectura: "O que é o homem dentro da natureza? Nada em relação ao infinito, tudo em relação ao nada, um meio entre nada e tudo"[67]. No fragmento 139, a desproporção vivenciada pelo ser humano se torna mais dilacerante. Pascal, ao falar sobre o divertimento, pensa o quanto a realidade humana se revela como uma dissimulação da infelicidade natural com respeito à condição fraca e mortal, e tão miserável que nada pode consolar o ser humano quando o mesmo pensa em sua condição.

De forma paradoxal, esse humano, ao buscar diversão, quer, justamente, superar essas frustrações ou lacunas e ser feliz. Ricoeur chamará essa situação paradoxal de condição dissimulante-dissimulada, indicando que o ser humano, por um lado, procura dissimular a miséria de sua finitude no divertimento e, por outro lado, usa essa oportunidade para dissimular seu desejo de felicidade. Em síntese: "uma retórica da miséria não pode ir além desse paradoxo de uma condição dissimulante-dissimulada"[68].

Kierkegaard também sustenta que o homem é a "síntese consciente de infinitude e finitude"[69]. Em sua obra *O desespero humano*, a consciência (o si) é definida, de um modo um tanto quanto contornado, considerando uma relação estabelecida consigo mesmo (a liberdade) que, simultaneamente, é estabelecida com outrem (Deus). Para Ricoeur, o que

---

65. Greisch, 2001, 58-59.
66. PVII, 31.
67. Pascal apud Ricoeur, PVII, 32, tradução nossa.
68. PVII, 34, tradução nossa.
69. EC3, 27, tradução nossa.

torna instável essa relação com o outro absoluto é o fato de que essa, ao ser estabelecida consigo mesmo, evidência a máxima de Kierkegaard: "o homem é uma síntese de finito e de infinito, de temporal e de eterno, de liberdade e de necessidade, é, em suma, uma síntese"[70].

Em Kierkegaard, a infinitude é entendida como o imaginário fornecedor de possibilidades ilimitadas. Ela é a realização finita do sujeito na vida em família, em sua profissão e no Estado. Portanto, o desespero surge a partir do momento em que se procura trair o finito por meio de uma existência fantástica, sem dever e sem vínculo, ou até mesmo em trair o infinito através de uma existência obediente, trivial e filisteia.

Guilhem Causse observa que Ricoeur, em sua investigação a respeito da pré-compreensão da falibilidade humana, encontra o homem como uma mistura (segundo Platão) ou complexo (segundo Pascal) de finitude (tensão entre finito e infinito) e de culpabilidade (discordância do finito e do infinito)[71]. A imagem da falha, graças a seu significado duplo do próprio e figurado, designa, em um único movimento, essas dimensões.

Em Kierkegaard, há a intuição de uma mescla instável que marca essa dualidade do homem. O discurso desse pensador, conforme Ricoeur, pode ser visto como retórico, como uma confissão, como algo que é chamado do homem a homem[72]. Posto isso, na patética da miséria, é evidente uma espécie de desproporção na existência humana, expressa por meio da tensão entre nossa particularidade e nossa habilidade para transcender nossos pontos de vista particulares. A tarefa da reflexão pura, nesse sentido, é entender a falibilidade e, compreendendo-a, articulá-la com as figuras distintas da nebulosa da miséria.

2.3. Compreendendo a síntese transcendental

A patética da miséria proporciona à filosofia a substância de sua mediação e não seu ponto de partida. A análise transcendental é o caminho pelo qual Ricoeur irá submeter a pré-compreensão da patética

---

70. KIERKEGAARD, 1979, 195.
71. CAUSSE, 2018, 75.
72. EC3, 27.

da miséria ao método reflexivo, consistindo em "uma reflexão que não parte do eu, mas do objeto diante do eu, para, partindo dele, remontar às suas condições de possibilidade"[73]. Sendo assim, o desafio a ser transposto será transitar do mito da mistura e da retórica da miséria ao raciocínio filosófico, isto é: passar do mito ao *logos*. É essa passagem que ocorrerá por meio da síntese transcendental[74].

Conforme enunciamos, Ricoeur recorrerá também ao pensamento de Kant, mais especificamente à função intermediária da imaginação kantiana, para tratar da mediação exercida pelo ser humano, considerando a finitude e a infinitude[75]. Ao assumir tal empenho, o filósofo francês afirmará: "a primeira desproporção suscetível de investigação filosófica é essa que o poder de conhecer faz aparecer"[76]. A respeito disso, da abordagem ricoeuriana, o professor David Pellauer discorre:

> Sua questão seguinte é se podemos descobrir o que torna possível essa síntese "sobre a coisa", questão que introduz o momento de reflexão propriamente transcendental voltado para as condições de possibilidade. Repetindo Kant, começa por dizer que essa síntese depende de uma "representação", que é o resultado do que Kant chamou de esquema transcendental através do qual nossa imaginação dá uma imagem a nossos conceitos. Ricoeur concorda com Kant que esse esquema é "uma arte escondida nas profundezas da alma humana, cujos meios reais de atuação provavelmente a natureza jamais nos permitirá descobrir [...]" (KANT, 961: A 141). A ideia de uma síntese transcendental, portanto, não é plenamente adequada para explicar o que está em jogo na desproporção constitutiva da condição humana[77].

A ideia de uma síntese transcendental nos revela uma consciência, em geral, de uma possibilidade, mas permanece deficiente diante da substancial riqueza pela qual o mito e a retórica dão uma patética compreensão. Uma reflexão de estilo transcendental tem como objetivo partir do

---

73. PVII, 25, tradução nossa.
74. EC3, 28.
75. GREISCH, 2001, 60.
76. PVII, 36, tradução nossa.
77. PELLAUER, 2009, 48.

objeto, mais precisamente da coisa. "É sobre a coisa que ela", a reflexão, "discerne o poder de conhecer"[78]. Essa compreensão é necessária porque a imaginação transcendental não revela a unidade intrínseca do entendimento e da sensibilidade senão em sua projeção sobre a "coisa", sobre o "objeto"[79]. Ou seja: a coisa e o objeto na realidade de seu aparecer, ou fenômeno.

Portanto, a primeira desproporção do ser humano, passível de uma investigação filosófica, é aquela em que o poder de conhecer faz aparecer. "A desproporção entre o verbo que diz o ser e o verdadeiro e o olhar cravado no aparecer e na perspectiva constitui, para a reflexão, a última manifestação da cisão entre o entendimento e a sensibilidade"[80]. Logo, é por partir da coisa que a meditação torna-se reflexão transcendental; "uma meditação imediata sobre a não-coincidência entre si e si-mesmo perde-se imediatamente no patético, e nenhuma introspecção lhe pode conferir a aparência de rigor"[81].

A reflexão busca fazer o desvio pelo objeto. Ela se faz nele. E é nessa medida que ela pode ser vista como transcendental, pelo fato de fazer aparecer no objeto aquilo que, no sujeito, realiza a síntese. Toda a investigação referente às condições de possibilidades de uma estrutura do objeto quebra com o patético, colocando o problema da desproporção e da síntese na dimensão filosófica, cuja tarefa, por sua vez, será unificar o diverso e restabelecer a comum medida das coisas[82].

Ricoeur compreende que o primeiro passo que ele necessita dar em direção a uma ontologia da desproporção deveria ser a análise do próprio corpo. Esse caminho é apresentado como a perspectiva finita. Não é pelo fato de o humano ser finito por meio do seu corpo que isso implicará um fechamento para a realidade. Nesse contexto, o ponto central é entender que, primeiramente, o sujeito se encontra jogado no mundo. Ricoeur, a partir de si, assim analisa: "minha finitude somente se torna um problema quando a crença de que alguma coisa me aparece é verda-

---
78. PVII, 36, tradução nossa.
79. EC3, 28.
80. EC3, 29, tradução nossa.
81. PVII, 36, tradução nossa.
82. PVII, 36.

deiramente abalada [...], então eu mudo minha atenção do que aparece para aquele a quem isso aparece"[83].

Jean Greisch entende que, para filósofo francês, a finitude é manifesta do ponto de vista da perspectiva[84]. Sob essa ótica, o corpo se abre ao mundo e ao outro, ou seja: é sempre sobre o mundo e a partir da manifestação do mundo percebido e acessível que o ser humano vê a abertura de seu corpo, como mediador da consciência intencional. Ricoeur, em sua abordagem em relação à corporeidade, move-se em direção ao pensamento de Merleau-Ponty e não em direção ao pensamento de Michel Henry, o qual considera o corpo como o guardião da interioridade radical da vida que designa o termo da auto-afecção[85].

Destarte, ele entende que a mediação corporal não apresenta inicialmente a finitude, mas, sim, abertura ao mundo[86]. Convencido disso, Ricoeur recorrerá a Kant para mostrar que "o mundo não é, inicialmente, o limite da minha existência, mas seu correlato"[87]. O próprio corpo é abertura, ele é o intermediário entre o eu e o mundo e esse, por sua vez, será o desencadeador de todo esse processo. A abertura ao mundo é percebida pela sua própria manifestação. Isso pode ser observado em Kant e atestado na primeira *Crítica*: o sujeito recebe os objetos e, no mesmo passo, identifica a finitude com a abertura[88]. Como foi apontado, o mundo não pode ser compreendido como o limite da existência, mas sim como seu correlato.

Ricoeur pensa que a perspectiva pode ser compreendida pela noção do ponto de vista. A perspectiva finita consiste "na limitação perspectivista da percepção, ora, toda visão de [...] é um ponto de vista sobre [...]"[89]. Não se deve compreender a perspectiva finita como um fechamento, o sujeito não é jamais prisioneiro do seu ponto de vista. Segundo Ricoeur:

> A finitude originária consiste na perspectiva ou no ponto de vista; ela afeta nossa relação primeira com o mundo que é a de "receber"

---

83. PVII, 37, tradução nossa.
84. GREISCH, 2001, 61.
85. Ibid.
86. PVII, 38.
87. PVII, 38, tradução nossa.
88. ALBERTOS, 2008, 89.
89. PVII, 39, tradução nossa.

seus objetos e não de criá-los, ela não é exatamente sinônimo de "receptividade", que consiste em nossa abertura ao mundo. Ela é, portanto, um princípio de estreiteza, um fechamento na abertura[90].

A ligação entre abertura e perspectiva, característica da "receptividade" própria da percepção, estará presente no decorrer de toda a reflexão que Ricoeur irá realizar, evidenciando não uma, mas outras modalidades de finitude. Quando reconhecemo-nos e podemos nos referir a nós mesmos como uma perspectiva finita sobre as coisas, transcendemos nossa finitude. Isso porque o significado do que é identificado ou referido como objeto vai além de qualquer perspectiva sobre ele. Essa ultrapassagem será chamada por Ricoeur de o verbo infinito.

A ultrapassagem proporcionada pelo verbo infinito nos mostra o ser humano finito como aquele que fala sobre a sua finitude, ou seja: da sua condição inerente desse estado finito[91]. Ricoeur procura se afastar do endosso cartesiano entre o entendimento finito e a vontade infinita. Para ele, a transgressão da finitude ocorre a partir do momento em que o ser humano revela sua capacidade de significação[92] e, por meio desse poder, abre-se ao mundo.

Essa marca do humano é fundamental, pois se percebe que ele pode ser visto como um ser hermenêutico que procura dar significado e sentido em suas ações na realidade. O ser humano é capaz de realizar um julgamento sobre todas as coisas, ele também apresenta a capacidade de se antecipar em relação à coisa mesma, procurando nela esta perspectiva, pessoal e coletiva, bem como espacial e temporal, perspectiva humana, em suma. Ricoeur chama esse duplo movimento de se situar e de se reportar às coisas, perguntando por seu sentido, de "intenção de significar"[93].

A dialética do nome e da perspectiva é, por identidade, a dialética da infinitude e da finitude. Ciente disso, Ricoeur recorrerá às reflexões de Husserl (da *Primeira investigação lógica*) e ao pensamento de Hegel (da *Fenomenologia do espírito*) para sustentar suas premissas. A dialética do

---
90. PVII, 42, tradução nossa.
91. PVII, 42.
92. GREISCH, 2001, 62.
93. PVII, 44.

finito e do infinito está ancorada na dialética originária do significar e do perceber, do dizer e do ver. Husserl e Hegel discorrem sobre tais noções, cada um à sua maneira. Entretanto, o importante, para Ricoeur, é a ideia de que o ato de significar provoca um processo de transcendência da significação em referência à percepção. Isso ocorreria, segundo o filósofo francês, devido ao fato de o sujeito visar "a coisa em seu sentido, para além de todo ponto de vista"[94].

Ricoeur recorrerá também ao pensamento de Aristóteles (do *De interpretatione*) e o fará com o objetivo de mostrar como o verbo (*logos*) apresenta o poder de afirmar uma determinada realidade ou negá-la[95]. Quando se diz, por exemplo, "Sócrates caminha", afirma-se a existência presente de um ato, o de caminhar, esse ato é atribuído ao sujeito, Sócrates. Assim, o poder de afirmar estaria relacionado à intenção e à verdade. Em seus tratados, Ricoeur se mostra mais sensível em relação à dimensão voluntarista do enunciado, que reflete um poder de afirmação potencialmente infinito. Logo, não se procura separar verdade e liberdade, ambas se encontram reunidas no mesmo ato de afirmação. Liberdade e verdade constituem o casal da *noese* e do *noema* constitutivo da afirmação do ser humano.

Há a necessidade de se pensar em um novo termo para lidar com o problema da desproporção a ser resolvido. Essa, presente entre a finitude da perspectiva e a infinitude do verbo, irá nos conduzir em direção à imaginação pura com o objetivo de sintetizar essa desproporção. Esse será o papel da imaginação pura. É somente através da via transcendental que a ela poderá ser refletida. Ricoeur entende que essa desproporção "é de uma só vez a dualidade do entendimento e da sensibilidade, à maneira kantiana, e a dualidade da vontade e do entendimento, no sentido cartesiano"[96].

A imaginação pura é refletida por meio da via transcendental e não se comunica por si mesma, mas somente na coisa. Contudo, surge a pergunta: o que é a coisa? Ricoeur afirma que a coisa "é a unidade já reali-

---
94. PVII, 49, tradução nossa.
95. PVII, 49.
96. PVII 55, tradução nossa.

zada em um face a face da palavra e do ponto de vista, é a síntese executada externamente"[97]. Essa síntese recebe o nome de objetividade.

Há uma recusa da parte de Ricoeur em reduzir o problema da síntese a um problema epistemológico concernente às condições de possibilidade do tipo de objetividade que é reivindicada pelas ciências. A lógica transcendental levanta a questão da objetividade e de suas condições de possibilidade. Como Heidegger também percebeu, essa questão nos arranca da epistemologia para nos abrir a uma interrogação ontológica em relação ao mundo do ser e da coisa. Para Ricoeur é necessário falar tanto de uma imaginação quanto de uma imaginação pura, porque as duas noções complementares da perspectiva e da transgressão são duas variáveis de uma mesma função, a abertura[98].

O que despertará o interesse de Ricoeur pela teoria da imaginação transcendental é que o "terceiro termo" (imaginação pura) não apresenta um para si mesmo. Ele se diferencia da perspectiva finita e do verbo infinito, a imaginação pura só é refletida por meio da via transcendental[99]. A síntese imaginativa é obscura, "o esquematismo é 'uma arte escondida nas profundezas da alma humana'"[100]. A imaginação transcendental, que pode ser vista como *lumen naturale*, permanece sendo um enigma. Podemos compreender o que significa a receptividade, o ser afetado, o significado de uma determinação intelectual por meio do entendimento, mas todas essas faculdades não podem misturar suas funções. Nós não temos a capacidade de entender como uma coisa e outra se reúnem na constituição do objeto.

Entretanto, Ricoeur pensa que conhecer os seres não é somente deixá-los se manifestarem, mas também determiná-los intelectualmente. É por causa dessa questão que as filosofias da finitude não solucionam o problema. Precisa-se de uma filosofia da síntese, da síntese da finitude e da racionalidade. A síntese transcendental deve constituir o primeiro passo em direção a uma antropologia filosófica.

Ela pode ser vista como a tentativa da antropologia filosófica de ultrapassar o mito da mistura e a retórica da miséria no discurso filosó-

---

97. PVII, 55, tradução nossa.
98. Greisch, 2001, 63.
99. PVII, 59.
100. PVII, 59, tradução nossa.

fico. Tudo considerado, há um suplemento no mito da mistura e na retórica da miséria que uma reflexão estritamente transcendental de forma kantiana não permite levar ao nível da razão. É na síntese transcendental que essa ultrapassagem deve acontecer, sabendo que, em termos kantianos, tal síntese — uma síntese teórica em suma, como a patrocinada pela primeira crítica — jamais nos dará a união do finito e do infinito. Agora, portanto, é necessário mostrar como a síntese transcendental se torna o lugar para se compreender aquilo que será conhecido como a síntese prática.

2.4. O caráter, a felicidade e o respeito: a síntese prática

Como foi apontado anteriormente, a ideia de uma síntese transcendental não consegue, de forma adequada, realizar uma explicação sobre o que está em jogo na desproporção presente na condição humana. É por causa disso que Ricoeur, ainda numa veia kantiana, irá se voltar para a questão da síntese prática. Essa "vai além da abstração de uma síntese transcendental porque é motivada por uma preocupação para com a totalidade, isto é, com uma existência que incluirá também as definições afetivas e práticas de nossa existência"[101]. Essa busca pela totalidade não pode ser vista como uma construção dada, mas antes como uma tarefa a ser realizada.

Portanto, a segunda etapa de uma antropologia filosófica da desproporção compreende o passo do teórico ao prático. Conforme Ricoeur, "essa passagem é de uma teoria do conhecimento a uma teoria da vontade, do eu penso ao eu quero, com todo seu ciclo de determinações específicas: eu desejo, eu posso"[102]. A síntese prática apresenta uma noção completa de pessoa. Como veremos a seguir, ela mostra a transposição realizada por Ricoeur em relação à desproporção humana em direção à práxis. Em *Finitude et culpabilité*, a síntese prática se apresenta composta por três elementos: o caráter, a felicidade e o respeito[103].

---

101. Pellauer, 2009, 48.
102. PVII, 64, tradução nossa.
103. A síntese prática pode ser entendida como poética ou poético-narrativa. Ricoeur não desenvolve essa compreensão de forma clara em *Finitude et culpabilité*, mas sim nos três

O caráter resume os aspectos da finitude prática que pode ser compreendido a partir da noção transcendental da perspectiva. Para desenvolver essa análise, Ricoeur recorrerá ao pensamento de Bergson. Ricoeur aplica ao caráter a noção de perspectiva. Isso porque "todos os aspectos da finitude 'prática' que nós podemos compreender a partir da noção transcendental da perspectiva finita podem ser resumidos na noção do caráter"[104]. Compreende-se por caráter a abertura finita da existência tomada em bloco, como um todo, convergindo nele vários aspectos da finitude, acrescentando-lhe o conceito de totalidade. O caráter é a limitação inerente à função mediadora do corpo, o estreitamento da abertura[105]. Em outras palavras, ele pode ser visto como uma generalização da noção de perspectiva e não deve ser entendido como algo rígido, definitivo, encerrado dentro de uma fórmula caracterológica. Nesse sentido, a todo momento Ricoeur procura fugir de uma compreensão do caráter que esteja atrelada a algo relacionado ao destino ou a uma realidade imutável do ser humano. Assim se expressa o filósofo francês:

> a noção de perspectiva foi extraída da noção de caráter; foi na realidade uma abstração; supunha-se aí que o homem só tivesse coisas diante de si. A perspectiva é o ponto de vista sobre a coisa em sua qualidade de coisa; desse modo, ela não constitui a limitação em todos os aspectos, mas somente a limitação da percepção. No entanto, temos na perspectiva e na percepção um modelo para abordar a limitação como caráter[106].

Ricoeur aplica ao caráter a noção de perspectiva na esfera da práxis e isso pode ser visto como o primeiro aspecto da finitude. O caráter considera o aspecto afetivo da perspectiva, algo que acaba motivando nossa disposição prática à ação. Essa perspectiva afetiva se expressa na forma de uma abertura em relação ao mundo, em que o sujeito, sob a influência do desejo, se coloca em uma posição de abertura diante do mundo,

---

volumes de *Temps et récit*. Aqui, entendemos que de forma bastante embrionária essa proposta já começa a aparecer.
104. PVII, 67, tradução nossa.
105. ALBERTOS, 2008, 93.
106. EC3, 35, tradução nossa.

mesmo que essa seja limitada. Nesse entendimento, a finitude do caráter não pode ser vista como algo imutável.

Aqui podemos fazer um paralelo com o pensamento de Montaigne, considerando o terceiro livro de seus *Ensaios*[107], em que consta a história de um homem pobre que, ao perceber sua imobilidade e perene situação de penúria, planeja furtar para obter riquezas, mesmo sabendo ser errado. Plano esse que ele executa meticulosamente visando tão somente enriquecer e remediar sua condição. Trata-se de um indivíduo moralmente fraco, tanto em termos aristotélicos, quanto em termos kantianos. Ao conseguir executar seu plano, vencendo a situação a que, por nascença, estava condenado, ele procura remediar os males feitos, retribuindo aqueles que tinha furtivamente subtraído, sem se arrepender de nada.

Para Montaigne, esse indivíduo apresenta uma fraqueza e uma falta de vontade, uma vontade fraca que, em suma, faz paralelo à *akrasia* aristotélica e, nesse sentido, a atitude dele poderá ser eticamente condenada sob um certo ângulo: o da virtude, por exemplo. No entanto, uma condenação absoluta não faria sentido porque isso ignoraria a falibilidade de nossa condição. Isso ocorre no caso desse homem que não suportava a marginalização à qual estava condenado.

Nos dois entendimentos apresentados, e especificamente no caso de Montaigne, está-se diante de uma situação de início anterior à moral, ou pré-moral, que, de resto atinente à psicologia, ocupa-se, à sua maneira, de caracteres e de afetos considerando, porém, implicações morais ou éticas. Isso, por fim, leva a ética a buscar, em seus julgamentos, o fundamento das ações morais numa ontologia, no sentido de uma reflexão filosófica sobre a condição humana.

Ricoeur concordaria com Montaigne a respeito de perceber que as fragilidades de nossa condição, variando com os contextos e as situações, levariam a repensar os fundamentos antropológicos da ação moral e, por extensão, da ética filosófica. Nesse percurso, Montaigne contribui circunscrevendo suas reflexões ao tema do arrependimento (pois o ladrão não se arrepende e ele, a se considerar o contexto, não estaria errado). Já a contribuição de Ricoeur, diz respeito à expansão que esse

---

107. MONTAIGNE, 1987, 158-159.

filósofo faz na direção de um embasamento moral e antropológico mais amplo, reduzindo, em termos ontológicos, a uma as duas vertentes do homem *faillible* e do homem *capable*. Isso implica dizer que tanto para Ricoeur quanto para Montaigne o caráter não pode ser visto como uma fortaleza, nem a regra moral como uma lei universal heterônoma, sobrepairando acima dos humanos e obrigando a todos igualmente e em quaisquer circunstâncias, mas sim como algo plástico, que, ao mesmo tempo, obriga e também muda a partir das situações. Diante disso, o ser humano pode ser visto como aquele que realiza tanto o bem quanto o mal; e é por isso que se faz necessária a ética.

Portanto, a motivação encontra uma nova espécie de receptividade na qual a nossa finitude é marcada. Nossas ações são executadas a partir dos motivos que nos impulsionam a realizá-las. Sempre que o ser humano age, ele o faz por meio de impulso, de motivo. A liberdade humana avança por programas motivados[108], o sujeito realiza seus atos na medida em que aceita suas razões. Conforme Ricoeur:

> Pode-se dizer que há uma perspectiva do desejo; essa perspectiva está ligada a sua própria intenção; todo desejo é falta de..., impulso na direção de..., nesse sentido, existe uma clareza; no entanto, se ele é claro como desejo disto ou daquilo, é confuso como maneira de eu "me" sentir ou "me" encontrar bem ou mal; nele, meu corpo não é abertura para o mundo, atravessado por todas as intenções às quais serve de órgão: ele é obscura reflexão sobre ele mesmo, presença muda para si mesmo, singularidade indizível e incomensurável do ponto de vista[109].

É nesse ponto que o egoísmo percebido como vício encontra uma ocasião e, como uma tensão da diferença, ele realiza uma preferência. Entretanto, essa referência enraíza-se dentro de um sentimento inocente da distinção. "Esse apego à própria constituição é o baixo contínuo de todas as aspirações afetivas, múltiplas e diversas por seus objetos"[110].

Ricoeur mostra que o segundo aspecto da finitude prática deve ser encontrado no hábito. Em *Le volontaire et l'involontaire*, o filósofo francês

---

108. PVII, 69.
109. EC3, 35, tradução nossa.
110. EC3, 36, tradução nossa.

considera o hábito uma figura de poder sobre o corpo, mas dentro do horizonte da síntese prática. O hábito se torna possível pelo fato de o ser humano apresentar o poder de mudar a si mesmo através de seus atos. O poder ulterior do indivíduo não se encontra na situação de começar, mas na de continuar. Assim, por meio dessa afecção continuada de mim mesmo, surge uma espécie de natureza humana. A finitude prática reflete-se no conceito de hábito que pode ser visto como o resultado do aprendizado e da contração. O hábito é fundamental para o ser humano, dado que a vida necessita de um mínimo de continuidade e de estabilidade e que o ser humano não parte do nada. Por isso, encontra-se no hábito uma abertura ao mundo em que se pode perceber tanto a capacidade de o indivíduo possuir novas habilidades quanto a de abandoná-las.

Em suas reflexões, Jean Greisch afirma que "é inicialmente o hábito que torna possível a coesão da vida, da qual fala Dilthey"[111]. Essa análise encontrará eco nas páginas de uma das grandes obras de Ricoeur, intitulada *La mémoire, l'histoire, l'oubli*, a qual tratará da "memória-hábito" (*mémoire-habitude*). Em suma, uma vez que a vida não começa do zero, o hábito é possível pelo fato de os seres humanos terem o poder de se mudarem através dos seus atos. Ricoeur expõe que:

> Um passo a mais rumo à ideia de caráter nos seria fornecido por uma reflexão sobre o eu posso que já não está ligada ao aspecto obscuro, como no desejo, mas aos aspectos de inércia de todos os hábitos. Ravaisson viu a significação filosófica deles: o hábito representa o lado constituído do *ego*; todo hábito é contraído; uma vez contraído, mantém uma forma adquirida, e essa forma afeta o eu posso e lhe confere uma perspectiva prática sobre o mundo, que é o *ego* como "habitualidade"[112].

Para Ricoeur, a finitude prática é a forma de preservação do hábito. Essa é compreendida, em primeiro lugar, como "perspectiva, depois dileção por si [do latim *dilectione* = estima, donde autoestima], [e] depois inércia ou forma de preservação"[113]. A ideia de perspectiva "para lá do seu

---

111. GREISCH, 2001, 67, tradução nossa.
112. EC3, 36, tradução nossa.
113. PVII, 75, tradução nossa.

núcleo de sentido, isto é, para lá do seu uso na fenomenologia da percepção, dir-se-ia que o amor de si-mesmo e a figura habitual que a minha existência 'contrai' constituem a perspectiva afetiva e prática da minha existência"[114]. Os diversos aspectos da finitude-perspectiva, dileção originária de si mesmo, perseverança e inércia se agrupam na noção de caráter. Logo, o que o caráter lhes acrescenta é a consideração de uma totalidade, a totalidade finita da minha existência.

O caráter é, portanto, a totalidade dos muitos aspectos da finitude, que se remete tanto à lista das virtudes de Aristóteles, quanto à problemática propriamente cartesiana e moderna. Tal consideração levou Ricoeur a pontuar que:

> O caráter é o total desses diversos aspectos da finitude que Descartes havia reduzido ao entendimento e cujos diversos momentos acabamos de enumerar: perspectiva, imediatismo afetivo do vivente consigo mesmo ou dileção originária de si mesmo, perseverança e inércia. O que o caráter lhes acrescenta é a consideração de uma totalidade, a totalidade finita de minha existência[115].

A finitude do caráter significa a abertura limitada do campo de motivação de um determinado sujeito, a qual evidencia o ser humano como tendo acesso a todos os valores de todos os homens e de todas as culturas. O campo de motivação de um sujeito é aberto para o outro, de modo que as coisas do humano não lhe são alheias e em tudo encontrando mais de um caminho e eleição.

Contudo, é necessário frisar que a humanidade do sujeito só se torna acessível para um outro se for considerado o ângulo existencial do caráter do ser, e, dessa maneira, existe um "cada um", "cada um" é ser humano, mas o ser humano advém de "cada um". Nessa altura, podemos perceber como a ideia de alteridade já se encontra presente na própria análise que Ricoeur desenvolve em relação ao problema da finitude do caráter dentro do horizonte da síntese prática. Ainda nessa análise, não podemos esquecer também do mau caráter e nem dos vícios morais

---

114. PVII, 75, tradução nossa.
115. EC3, 36-37, tradução nossa.

presentes na existência humana. O ser humano é capaz de atos traiçoeiros e de atos desleais.

Em Ricoeur, um sujeito é reconhecido como humano a partir do momento em que um outro indivíduo o reconhece enquanto tal, desse modo, nessa relação de reciprocidade, um sujeito reconhece o outro enquanto outro. Nossa humanidade consiste nessa acessibilidade para o humano que está fora de nós. Portanto, podemos perceber como a ética se encontra presente já na primeira fase da antropologia ricoeuriana (*homme faillible*), na qual o ser humano é um ser de interação com o outro, em que sua identidade se estabelece no processo de relação com o outro e a ética se ocupa de relações interindividuais.

Destarte, o caráter representa a forma inimitável de como é exercida a minha liberdade de ser humano, que jamais pode ser visto como algo em si mesmo e que "abarca a humanidade" de uma "existência própria como a origem" de um "campo de motivação". Vislumbro-o "somente por alusão, no sentimento da diferença que [...] faz distinto de todo o outro"[116].

Portanto, o caráter humano jamais pode ser compreendido como pleno em si mesmo, ele é construído, como nos referimos de forma indireta, em parte por relacioná-lo à sensação de alteridade, que, por sua vez, faz com que tenhamos a experiência de nós mesmos como diferentes de todos os outros. O caráter humano é experimentado como algo dado, mas também libertador porque faz com que o sujeito atue na realidade. Isso tudo se refere ao fato de que existimos, "e não a um resultado de algo que fazemos, fato que captamos através de nossa interação com os outros"[117].

A existência do ser humano sempre será vista como uma realidade aberta, mesmo limitada pela finitude do caráter e sua disposição, como a do reto agir. Dentro da existência, o princípio de ilimitação apresenta a capacidade de ampliação do desejo. Esse, ao voltar para si, abre-se para a felicidade que culmina no infinito. Em outras palavras, a felicidade está relacionada com a preocupação humana sobre a totalidade, com a ne-

---
116. EC3, 37, tradução nossa.
117. PELLAUER, 2009, 49

cessidade de o ser humano ser visto como uma pessoa inteira. Ela, ainda, coloca em movimento a relação dialética entre finitude e infinitude na própria constituição do ser humano. Em suma: a felicidade é o horizonte em todos os aspectos e em todos os efeitos.

Como pode ser apontado, a felicidade serve a cada um dos nossos pontos de vista e a cada um dos nossos atos. Ricoeur retoma a noção aristotélica de felicidade, tendo, como termo correlato, a ideia do Bem. Ele faz isso para enfatizar que as ações humanas são dotadas por uma busca de sentido que vai além delas mesmas. Quando o sujeito age, sua ação tem como objetivo alcançar um sentido, conforme Aristóteles "o Bem para onde todas as coisas tendem"[118]. Logo, a ideia de felicidade surge como o equivalente prático à ideia de sentido. A ação humana para Aristóteles apresenta um fim em si mesmo, esse fim último pode ser visto como a procura do próprio Bem, glosado como a busca da felicidade.

Posto isso, o caráter e a felicidade somente podem ser concebidos conjuntamente, como uma antinomia constitutiva da realidade humana, a saber: o caráter, como apontado anteriormente, é a orientação perspectivista do campo total da motivação, já a felicidade é entendida como o termo ou o fim para o qual toda a minha motivação está orientada. Como a felicidade não é o resultado de um ato particular e, também, não é o somatório de um determinado conjunto de ações, ela só pode ser compreendida como aquilo que constitui o campo de sentido que move todo o agir do ser humano[119]. Para Jean Greisch, ela deve ser pensada "como um horizonte de sentido"[120]. Sendo assim, a partir desse entendimento, o que surge e se discute é a possibilidade de alcançar ou não essa ideia de felicidade, bem como saber se ela está associada ao bem ou bem pessoal: patamar o qual buscamos de modo próprio até o fim de nossos dias.

Esse debate reintroduz a noção da desproporção, que é percebida no fato de o nosso caráter sempre nos barrar a compreensão de todo o alcance da possibilidade do ser humano, tudo o que é humano, "ideias, crenças, valores, signos, obras, instrumentos, instituições" está ao al-

---

118. ARISTÓTELES, Ethica nicomachea, I, 1, 1094a, 1-4, apud RICOEUR, PVII, 81-82, tradução nossa.
119. PVII, 83.
120. GREISCH, 2001, 69, tradução nossa.

cance, "segundo a perspectiva finita de uma forma de vida absolutamente singular"[121]. Portanto, a felicidade é o alvo da ação humana e, em alguns casos ou em muitos, nós percebemos que caminhamos na direção dela. Mas o que dizer quando falhamos nessa procura e tudo vai de roldão em nossas vidas?

Uma segunda pergunta que surge nesse momento é: o que pode produzir a síntese entre o caráter e a felicidade? Para respondê-la, Ricoeur recorre a Kant com o objetivo de mostrar que o alvo dessa síntese é o eu, "um eu que não é necessariamente o eu que experimentamos"[122]. Deve-se entender esse eu como a pessoa em que o sujeito se representa para si mesmo como um projeto a ser realizado, uma pessoa cujas ações seriam coerentes com sua existência. O contentamento não é chamado por Kant de felicidade, mas sim de totalidade incondicionada do objeto da razão pura prática[123]. É esse "objeto total" da razão prática que demanda que a ideia de felicidade seja recuperada. Isso apontaria para a exigência da totalidade. Contudo, questiona-se: como esse arcabouço se relaciona com a pessoa enquanto síntese? A respeito disso, Ricoeur discorre:

> Kant é aqui um bom guia, pois ele viu bem que a pessoa era antes uma exigência que uma realidade. Ora, essa exigência é exatamente a reconciliação entre a felicidade e um caráter. Mas quem não vê que esse conceito de pessoa, longe de anular a tensão da felicidade e do caráter, do infinito e do finito, a pressupõe? De fato, eu não vejo a pessoa, mas devo tratar ao outro e a mim mesmo como pessoas[124].

É diante dessa questão que a noção de respeito surge, ou seja, é partindo da ideia de pessoa que se deve colher a noção de respeito, tanto para um sujeito quanto para os outros. Segundo Ricoeur, o pensamento a ser considerado é: "Eu não sou, a título imanente, uma pessoa: devo respeitá-la 'em' outrem e 'em' mim"[125]. Posto isso, a síntese do caráter e da felicidade encontra-se, de acordo com Ricoeur, na pessoa, sendo ela "uma sín-

---

121. PVII, 85, tradução nossa.
122. Pellauer, 2009, 50.
123. PVII, 84.
124. EC3, 39, tradução nossa.
125. EC3, 39, tradução nossa.

tese projetada, uma síntese que se alcança na representação de uma tarefa, de um ideal da pessoa"¹²⁶. A partir daí, compreende-se que o si antes de ser vivido é visado e não se pode haver a experiência em si e para si.

No horizonte da ética, o respeito realiza o papel que a imaginação transcendental desempenha no campo do conhecimento. Da mesma forma que a essa só buscava reconciliar o entendimento e a sensibilidade por meio da síntese do objeto, o respeito procura reconciliar "em" mim e "em" outrem aquilo que pode ser conhecido como a finitude do desejo, e a infinitude da razão e da felicidade, aspectos que dizem respeito à possibilidade do aparecimento da própria ideia do homem, que é a mediação da razão prática e da sensibilidade. Sendo assim, a ética se firma como noção fundamental dentro da antropologia desenvolvida por Ricoeur, na medida que o sujeito é percebido como ser de relação com o outro e tem a ideia do respeito como algo necessário para a relação e o reconhecimento humano.

A segunda fórmula do imperativo categórico nos ensina que a pessoa deve ser sempre tratada como fim em si e não como um mero meio, pois representa a síntese prática da finitude e da aspiração infinita. Nessa perspectiva, por um lado, a pessoa pode ser vista como um indivíduo dotado de um caráter determinado, e, por outro, nessa pessoa finita. Nesse sentido, o que deve ser respeitado é a própria humanidade do ser humano. O sentimento de respeito mostra como a pessoa pode ser vista como uma síntese da razão e da existência, do fim e da presença. Ricoeur busca em Kant, especificamente na *Fundamentação da metafísica dos costumes*, a ideia de pessoa como objeto desse respeito, a qual corresponde a uma tarefa e a um projeto: o da dignidade humana.

Portanto, "a humanidade é a personalidade da pessoa, [...] é o modo de ser no qual se deve pautar toda aparição empírica disso que chamamos de ser humano"¹²⁷. O caráter não deve ser concebido como uma coisa, mas como uma perspectiva sobre a humanidade¹²⁸. A semelhança

---

126. PVII, 86, tradução nossa.
127. PVII, 87, tradução nossa.
128. Ricoeur em *Soi-même comme un autre* procura conceber o caráter dentro do horizonte da problemática da perspectiva e da abertura, como o polo finito da existência. Para Ricoeur, a mudança de tônica tem a virtude de colocar novamente em questão o es-

humana abarca a alteridade mútua dos caracteres singulares. A polaridade prática do caráter e da felicidade constitui a base antropológica de todo o dualismo ético. Pode-se afirmar que o respeito é a síntese frágil pela qual a forma da pessoa se cristaliza e permanece a mesma. Conforme Ricoeur:

> O respeito é o que torna possível a representação prática do homem como pessoa plena de valor e rica de sentido. Mas eu não coincido com essa representação prática, eu devo tratar a mim e ao outro como um fim. Em si mesmo, o respeito continua a ser a frágil sutura da moralidade e da sensibilidade; não se pode falar dele senão em termos de paradoxo: é a razão que se faz móbil psicológico, é a sensibilidade que se deixa influenciar pela razão[129].

É através de um sentimento que se opera a síntese do racional e do sensível; ou seja: tal síntese remete-se ao sentimento de ser ferido por meio do dever que requer sacrifícios de sensibilidade para alcançar certo nível de um ser racional. Contudo, o ser humano não reflete esse sentimento sem rompê-lo mais uma vez e sem representar, para ele mesmo, sua personalidade sob o signo de um pertencimento duplo, à ordem sensível e à ordem inteligível[130]. Por fim, nesse pertencimento duplo se percebe inscrita tanto a possibilidade de uma discordância quanto a "falha" existencial, que constitui a fragilidade do ser humano, e o "respeito, [...] síntese frágil na qual se constitui a forma da pessoa"[131].

A seguir, em nossa tentativa de analisar a fragilidade da mediação humana, caminharemos ainda mais em direção à análise da fragilidade afetiva.

---

tatuto de imutabilidade do caráter, presente em análises anteriores do próprio autor (SA, 145). Ricoeur pensa que o caráter "é a mesmidade no sempre-meu" (SA, 145). Logo, o caráter será visto por Ricoeur em *Soi-même comme un autre* como aquilo que designa o conjunto das disposições duráveis pelas quais se reconhece uma pessoa. O caráter constitui o campo da mesmidade em relação ao campo da ipseidade.

129. EC3, 40, tradução nossa.

130. Em termos gerais, podemos perceber que Paul Ricoeur busca elaborar de forma inicial uma formulação ética em sua filosofia da vontade. Pensamos que essa tentativa pode ser compreendida como um esboço mal desenhado daquilo que mais tarde tomaria uma forma mais definitiva no esquema de *Soi-même comme un autre*.

131. PVII, 96, tradução nossa.

2.5. Em direção à fragilidade afetiva e à falibilidade

A compreensão da miséria, que constitui o ponto de partida de toda a reflexão em torno da falibilidade humana, é uma compreensão da patética. Ricoeur agora vai dos domínios do humano, da razão e da práxis em direção ao sentimento através da fragilidade afetiva. Seu intento é descobrir qual seria o lugar do sentimento em uma antropologia da finitude. Como se pode perceber, o sentimento é o ponto mais íntimo do sujeito, o lugar onde a desproporção está concentrada, o ponto de culminância ou de intensidade da falibilidade do ser humano. Contudo, qual seria a relação que uma filosofia do sentimento poderia estabelecer com a investigação sobre a falibilidade humana?

Com o objetivo de responder essa questão, Ricoeur busca em Platão um caminho para lidar com ela. É a partir da ideia platônica de *thymos* que o filósofo francês desenvolverá sua análise.

Nós reencontramos aqui a preciosa ideia de Platão sobre o *thymos*, função mediadora por excelência: o sentimento é o privilégio da região mediana, a zona de transição entre a simples vitalidade e a pura espiritualidade; "do *bios* ao *logos* por via do *pathos*", escreve Stephan Strasser em um livro notável sobre o *Gemut*; ou melhor ainda, para fazer ressoar Platão: "do *bios* ao *logos* por via do *thymos*". Como Platão, de fato, havia bem visto, o *thymos* é ambíguo: ele combate ora com a razão, da qual é a energia e a coragem, ora com o desejo, do qual ele é a potência de empreendimento, de irritação e de cólera[132].

Percebe-se que os aspectos afetivos são provocados, em nós, por meio da percepção das coisas originadas nas disposições práticas de nossa vontade, a partir das quais se estabelece a relação entre motivo e ação. As ações humanas são desenvolvidas a partir dos motivos que as norteiam, impulsionando suas realizações; ao mesmo tempo, as motivações humanas se relacionam com a vida afetiva do sujeito, produzindo o sentimento de atração ou aversão.

Nesse âmbito, há uma questão a ser lembrada: a antropologia da falibilidade nos revela que a passagem pelo sentimento, conduzida pela ra-

---

132. EC3, 42, tradução nossa.

zão, capacita a filosofia a elevar o *pathos* da miséria ao nível do discurso filosófico, encontrando seu correlato numa filosofia do coração. Para Ricoeur, o coração é o lugar e o nó da intimidade do sentimento. É nele que se realiza a desproporção da intimidade do sentimento. Ele é a plenitude e a riqueza da patética da miséria[133].

No intuito de apresentar a correlação existente entre sentimento e conhecimento, Ricoeur elaborará uma fenomenologia com o objetivo de apontar a reciprocidade do sentir e do conhecer, colocando-se num terreno distante do empirismo clássico, que teimava em reduzir o sentimento à sensação.

De acordo com Husserl e Sartre, há, no sentimento, uma estrutura intencional. Nesse viés, Ricoeur sustenta que somente uma análise intencional poderia colocar em evidência a reciprocidade do sentir e do conhecer. Ele afirma: "O conhecer coloca diante de mim um determinado objeto que constituirá uma dualidade entre sujeito e objeto, já o sentimento está relacionado ao objeto, o objeto motiva o sentimento e invade o sujeito"[134]. Concernente a esse pensamento, Cláudio Reichert do Nascimento expõe:

> A intenção em direção ao objeto e a afecção sentida em sua percepção é a fonte da amplitude da dialética do sentir e do conhecer. Por um lado, pela representação que fazemos da coisa, ela nos aparece como algo oposto a nós, a mim, por outro lado, o sentimento atesta e revela os sentimentos sentidos como uma articulação referente à realidade que nos desagrada, nos harmoniza, e sobre a qual fazemos a representação afetiva sobre o modo do "bom" ou do "mal"[135].

O ser humano quando sente, além de ser atravessado pelo objeto, é atravessado pelo mundo. Paul Ricoeur aponta que "esta relação com o mundo, irredutível a toda polaridade objetal, podemos bem nomeá-la [...] antipredicativa, pré-reflexiva, pré-objetiva, ou também hiperpredicativa, hiper-reflexiva, hiperobjetiva"[136]. Para o filósofo, o sentimento é

---

133. ALBERTOS, 2008, 103.
134. PVII, 101, tradução nossa.
135. NASCIMENTO, 2014, 37.
136. PVII, 101, tradução nossa.

o lugar de todas as nossas máscaras, de todas as dissimulações, de todas as mistificações[137]. É também uma forma de conhecer a realidade, que manifesta, por meio dos acentos afetivos visados nas coisas, a intencionalidade mesma das tendências[138]. Essa abordagem pode ser compreendida como um dos eixos de toda a reflexão elaborada por Ricoeur. Nela, o sentimento se firma como a unidade de uma intenção e de uma afecção[139]. A partir desse ponto, Ricoeur caminha em direção à consideração do ser humano, valorando a afirmação de Maine de Biran: *Homo simplex in vitalitate, duplex in humanitate*.

Assumida tal perspectiva, o ser humano passa a ser visto como uma dualidade. Por um lado, ele é *homo simplex in vitalitate*. Por outro, é *duplex in humanitate*. Há uma oposição entre *bios* e *logos* que está relacionada com o conflito entre a vida e o espírito, "entre os afetos sensíveis motivados por valores que são revelados pelo corpo e os afetos ativos que são valores motivantes do querer e nos impulsionam para fora, em direção de..."[140]. Percebe-se que é dentro dessa discordância que a dualidade do ser humano é expressa (*duplex in humanitate*) em conjunto com a unidade de sua vitalidade (*homo simplex in vitalitate*).

A dualidade do ser humano não estabelece uma contradição em relação à sua simplicidade, mas há uma tensão na relação que se forma entre a dualidade e a simplicidade. Essa tensão indica a desproporção que constitui o ser humano e a sua necessidade de mediação. Retomando a filosofia platônica, Ricoeur compreende que o *thymos* (coração) é onde se dá o entrelaçamento afetivo entre desejo vital e o amor intelectual, ou melhor, entre a finitude e a infinitude. Ele é o signo da região mediada da vida afetiva de um sujeito que se decompõem entre as afecções vitais e as afecções espirituais. Conforme Ricoeur, o coração é o lugar que constitui o sentimento humano por excelência[141]. Assim, é a afetividade que realiza a mudança entre o viver (*bios*) e o pensar (*logos*). Condizente a isso, Nascimento esclarece:

---

137. PVII, 104.
138. PVII, 102.
139. PVII, 105.
140. Nascimento, 2014, 39.
141. PVII: 108.

O Si (o sujeito) constitui-se nesta região afetiva intermediária na qual se conjugam o viver e o pensar. As afecções específicas do viver e do pensar são consideradas a partir da *epithumia* (desejo) e do *Eros* (amor intelectual) e é apenas com a ideia de um coração ambíguo e frágil que o desejo imprime o aspecto da diferença e de subjetividade que caracteriza o Si enquanto tal. Por sua vez, o Si ultrapassa-se no sentimento de fazer parte de uma comunidade ou de uma ideia, entretanto, Ricoeur ressalta que este "entre-dois" (por um lado, o aspecto de diferença e de subjetividade voltado para si mesmo; por outro lado, o sentimento de pertencer à comunidade ou a de uma ideia que se dirige para o que está fora) tem de ser percebido como algo que está para além da preferência que o Si venha a ter a ponto de torná-lo hostil e mau. A preferência de si caracteriza a falta ou um aspecto dela e encontra-se na constituição da diferença da estrutura da falibilidade que a torna possível sem que seja inevitável[142].

A humanidade do homem se torna dupla porque há a polaridade do *bios* e do *logos*. Para Ricoeur, "a humanidade do homem reside no desnivelamento, na polaridade inicial, na diferença da tensão afetiva entre as extremidades na qual se situa o coração"[143]. Ainda em diálogo a respeito da desproporção humana, esse teórico francês analisa como surgem as extremidades do viver e do pensar; e o faz a partir da noção de afecções constituídas pelo desejo e pelo amor.

Para Ricoeur, levando em conta Pellauer, os movimentos da necessidade, do desejo e do amor chegam ao fim pelo prazer e pela felicidade: "O sentimento é como o conhecimento, mas também diferente dele, o que aponta para uma espécie de conflito interior em nós"[144]. É nesse momento que os graus de sentimento entram em cena, indo do amor do mundo ao desejo, passando, ainda, pela necessidade e com a possibilidade de se confundir prazer com felicidade.

O prazer deve ser sempre compreendido como finito[145] e a perfeição da felicidade é infinita. Ela é desejável por si mesmo e não em re-

---

142. Nascimento, 2014, 40.
143. PVII, 109, tradução nossa.
144. Pellauer, 2009, 51.
145. PVII, 111.

lação a outra coisa. Ricoeur entende o prazer em conformidade com o pensamento de Aristóteles. Em síntese: a felicidade não pode ser vista como algo que se opõe ao prazer e nem que o pressupõe. Por esse entendimento, "Aristóteles não constrói diretamente a ideia de felicidade sobre aquela do prazer"[146].

Se, por algum motivo, o ser humano tomar o prazer por felicidade, preferindo-o, encontra-se aí o desenvolvimento de uma má opção e, por decorrência, a possibilidade do mal, que se encontra entrelaçada tanto no nível afetivo quanto no cognitivo. Essa reflexão de Ricoeur revela que o sentimento se realiza na própria existência. O coração é, ao mesmo tempo, órgão e símbolo do esquema ontológico[147]. Contudo, fisiologia à parte, há que se resgatar a tópica da filosofia grega em seu contexto original, em um tempo quando os mecanismos dos afetos não eram tão precisos assim. É esse cenário, resgatado por Ricoeur quando esteve às voltas com as doutrinas de Platão e de Aristóteles, que exige coerência e não deve ser tomado ao pé da letra.

A desproporção que existe entre o princípio do prazer e o princípio da felicidade faz aparecer a significação propriamente humana do conflito. Tudo considerado, somente o sentimento pode revelar a fragilidade como conflito. Dessa consciência, Ricoeur buscará caracterizar a região limítrofe que se estabelece entre um estado inocente primordial e a existência afetiva através da discussão a respeito das paixões, a qual surgirá ao longo da história da filosofia, em seu começo, com Platão, passando por Tomás de Aquino e Descartes e chegando a Kant. Tendo Kant mais uma vez como referência, Ricoeur sustenta:

> Para orientar-nos nessa via do *thymos*, eu proponho adotar o fio condutor que Kant forneceu em sua *Antropologia de um ponto de vista pragmático*, ao distinguir três espécies de paixões, as do ter (*Habsucht*), do poder (*Herrschsucht*) e do valer (*Ehrsucht*). Não que possamos partir como que de um fato, e de um fato aberrante, dessas paixões contingentes. Elas nos convidam antes a discernir, em sua transparência, autênticas demandas, que pertencem à constituição primordial do

---
146. PVII, 112, tradução nossa.
147. PVII, 120.

homem. É por meio dessas demandas — por meio desse *Suchen* mais primitivo que o *Sucht* do *Habsucht*, do *Herrschsucht* e do *Ehrsucht* — que se constitui a imagem frágil de um si humano. Mais que isso, essas demandas remetem, por sua vez, a uma estrutura transcendental que lhes vem de certos "objetos" (no sentido em que Hegel fala do Espírito "objetivo"), designados pelas palavras ter, poder e valer; elas dominam a temática mais radical de uma economia, de uma política e de uma cultura. Se, portanto, soubermos depreender reflexivamente as demandas em que se constitui o ser-si do homem das esferas objetivas sucessivas que são sua expressão no mundo, a teoria filosófica do sentimento não atolará na arbitrariedade de uma "psicologia das paixões", mas receberá uma estrutura transcendental *a priori* totalmente comparável à que Kant conferiu ao respeito[148].

Ter (*avoir*), poder (*pouvoir*) e valer (*valoir*) constituem o *thymos* do ser humano entre a vida do corpo e a vida do espírito. O ter se fundamenta naquilo que é "meu", o poder se apoia na capacidade de comandar os outros e o valer na dependência da opinião dos outros, em vez de ser derivada das relações de mútuo reconhecimento e respeito. Ao analisar essas três demandas, Ricoeur percebe uma fragilidade concernente à forma como essas demandas poderão ser satisfeitas. É aqui que surge a noção de que demandas vitais terminam no prazer e no fim da dor, já demandas espirituais terminam na felicidade e na ascese do corpóreo. Logo, o si nunca está assegurado e a demanda da qual ele busca a si mesmo é, de certa forma, seu fim. Enquanto o prazer é visto como repouso provisório, a felicidade é entendida como um descanso duradouro, um movimento no repouso.

A ação do ser humano na medida em que se desenrola sob o signo das três demandas basilares do ser-si já não mostra uma estrutura fechada, cíclica e finita. Ela é um movimento perpétuo. Disso depreende-se que a estrutura fim-meio sofra uma espécie de alongamento[149], mas sem término da ação. Assim, a vida humana se depara com o perigo constante de esquecer ou de perder seu objetivo, e isso se dá devido ao caráter indeterminado da tripla demanda em que o eu busca a si mesmo.

---

148. EC3, 42-43, tradução nossa.
149. EC3, 45.

É através do *thymos* humano que há a dupla tração do prazer e da felicidade, da realização finita e da realização infinita. Todavia, é no indefinido da demanda de posse, de dominação e de valorização de e pelo outrem, que se deve interpretar o drama existente entre o finito e o infinito. O nome que se estabelece para se falar a respeito da fragilidade específica do sentimento humano é o "conflito". Ricoeur compreende a fragilidade afetiva como modo da desproporção que se manifesta no âmbito dos afetos e, de forma mais específica, no interior do coração. O filósofo afirma: "O conflito está inscrito na desproporção da felicidade e do prazer, e na fragilidade do coração humano"[150]. Longe de ser algo acidental e de segunda ordem, o conflito é situado no centro da antropologia filosófica.

Destarte, é necessário perceber que por meio do homem falível se compreende "que a possibilidade do mal moral está inscrita na constituição do homem"[151]. Devemos perceber que a finitude não é geradora do mal na existência do ser humano. O ponto aqui é entender que o problema não se encontra no fato de os indivíduos serem finitos, mas sim na perspectiva de que o ser humano não coincide consigo mesmo. O sujeito está dilacerado, não há coincidência de si a si. Como consequência, o que podemos frisar é que a possibilidade do mal é inerente à condição do ser humano.

Ao continuar a discorrer sobre essa temática, Ricoeur retoma a tríade kantiana das categorias da qualidade — realidade, negação e limitação — e as transpõe em uma nova tríade: a afirmação originária, a diferença existencial e a mediação humana. Essa nova categorização perpassa os três momentos da progressão que vai do conhecer ao sentir, passando pelo agir. Para Ricoeur, "o homem é a Alegria do Sim na tristeza do finito"[152]. É através da esfera do sentimento que se pode perceber que o ser humano é revelado como um conflito originário[153].

A possibilidade da falha significa que, a um nível mais periférico, a falibilidade oferece ao mal a ocasião de se manifestar. Em um segundo nível, essa possibilidade indica que a falta deve ser pensada a partir da

---

150. EC3, 46, tradução nossa.
151. PVII, 149, tradução nossa.
152. PVII, 156, tradução nossa.
153. PVII, 157.

falibilidade. E, por último, a possibilidade designa uma capacidade, o poder de falhar. Nesse sentido, a falibilidade consistiria na exposição ao mal. Devemos reconhecer que o ser humano pode tanto falhar em sua existência quanto fazer dela uma bagunça. Sendo assim, o mal se torna uma ameaça possível na existência humana, senão mais do que isso, uma efetividade.

O homem será fortemente marcado em sua existência pela falibilidade, mas isso não o impedirá de buscar o bem através de suas ações. Sendo um ser inconcluso e aberto, ele pode tanto realizar o bem quanto realizar o mal por meio de suas escolhas. Ao sustentar essa visão, Ricoeur afirma em seus estudos a chamada antropologia pascaliana.

2.6. O ser humano diante do mal

Após desenvolvermos uma análise mostrando como o ser humano é marcado em sua constituição pela falibilidade, daremos início a uma reflexão sobre a possibilidade do mal na existência humana, e mais ainda sobre sua realidade avassaladora. Nesse momento, percebemos o início da virada hermenêutica de Ricoeur. Não é nossa intenção realizar uma apresentação exaustiva dos principais temas presentes na obra *La symbolique du mal*, mas antes analisar alguns pontos fundamentais para a compreensão da já introduzida questão do mal.

Recorreremos a *O conflito das interpretações* para expormos, da melhor forma possível, como Ricoeur compreende o problema do mal e do pecado, ao associar questões de ordem filosófica e bíblico-religiosa. Foi a temática da culpabilidade que o levou a buscar outra abordagem metodológica diferente da fenomenologia, visando analisar o problema do mal.

Paul Ricoeur, em *La symbolique du mal*, apresentou um estudo baseado na interpretação e na análise dos símbolos e dos mitos. Nesse percurso, nota-se um desvio no pensamento de Ricoeur: ele se volta para a hermenêutica, ou melhor, se dedica ao enxerto da hermenêutica na fenomenologia, fazendo do mito e da desmitologização tanto uma exigência da razão quanto um resíduo inescapável. Assim, por meio da hermenêutica, Ricoeur começa a analisar os grandes símbolos e mitos que narram o surgimento do mal.

Durante esse empenho, percebe-se uma mudança metodológica no pensamento ricoeuriano. "Colocando-se na escola dos mitos, Ricoeur reconhece sua dívida para com a fenomenologia da religião, mais particularmente a de Mircea Eliade"[154]. Ricoeur aprendeu com Mircea Eliade a olhar para as narrativas míticas como fontes reveladoras das possibilidades humanas, portanto, outra coisa que um passado revoluto de nossa humanidade. O filósofo francês buscará realizar uma interpretação existencial dos relatos míticos com o objetivo de esclarecê-los à luz do que eles significam para a compreensão do ser humano, sujeito e objeto da filosofia reflexiva.

A tese central do pensamento de Ricoeur em relação ao mal é a de que ele não faz parte da constituição ontológica da espécie humana, como uma mancha herdada; mas antes dos indivíduos humanos em particular como a herança ou um resíduo, resultante das tantas vontades más que os antecederam. O mal é, então, presença, desvio, quebra de pacto, involuntário. Ele seria um acontecimento que tem como característica a suspensão e o colapso do sentido de uma vida. Ou seja: algo que somente se torna acessível por meio de uma ordem temporal e dentro de uma trama significante.

Nesse alinhamento, se a falta não for pensada na ótica de um acidente ou como a perda da inocência, já não poderia ser entendida como tal; e o mal seria visto como constitutivo, ou melhor, como categoria fundamental da existência — percepção que, a princípio, Ricoeur jamais concordaria e que Agostinho e Kierkegaard, anteriormente, já haviam explicitado discordância. Ricoeur mostra que o homem falível agora será visto como o homem culpado, tanto é assim que, na introdução da *La symbolique du mal*, ele suscita o seguinte questionamento: "Como fazer a transição entre a possibilidade do mal humano e a sua realidade, entre a falibilidade e a falta?"[155]. Durante a construção da resposta, o pensador francês assumirá a tentativa de captar essa passagem em ato, dentro do tempo exato no qual se efetua, buscando repetir em nós mesmos a confissão do mal humano realizada por intermédio da consciência re-

---

154. GRONDIN, 2015, 49.
155. PVII, 167, tradução nossa.

ligiosa[156], sob cuja reincidência iremos encontrar o ser humano nos consultórios de psicologia e das clínicas psicanalíticas.

Conforme Ricoeur, psicanálise e psicologia à parte, o filósofo tem o papel de repetir ou, melhor, de retomar pelos meios da filosofia — meios conceituais e do aparato crítico do pensamento, em suma, da reflexão — a confissão do mal a partir da consciência religiosa. O filósofo francês ainda sustenta:

> Mas se a "repetição" da confissão do mal humano pela consciência religiosa não funda uma filosofia, essa confissão, no entanto já contribui para delimitar o seu interesse específico, pois que essa confissão é uma palavra, uma palavra pronunciada pelo homem sobre si mesmo; ora, toda a palavra pode e deve ser "retomada" no discurso filosófico. Diremos em breve qual é o lugar filosófico, se é que podemos exprimir assim, dessa "repetição" que já não é religião vivida e que ainda não é filosofia. Digamos antes o que diz essa palavra a que chamamos a confissão do mal humano pela consciência religiosa[157].

Portanto, o exercício da repetição e da retomada é fundamental, pois a confissão religiosa do mal apresenta, de forma simbólica, um sentido que não se esgota, problematiza e põe a vida do penitente em xeque. Se a filosofia quer pensar o mal no que diz respeito à liberdade humana, concebendo a possibilidade de libertação da vontade com uma realidade, ela não poderá partir de si mesma, visto que essas experiências a antecedem e continuam em sua independência, a filosofia deve escutar o que já foi dito na linguagem dos símbolos e dos mitos.

Ricoeur procurará lidar com a temática do erro a partir dos mitos e dos símbolos utilizados pelos seres humanos, considerados desde o início dos tempos e em todos os agrupamentos humanos. Assim, o desenvolvimento de uma hermenêutica dos símbolos, como aponta Jérôme Porée, passa a ser, agora, tarefa da filosofia, que ao se promover a volta do *logos* ao *mythos*, caberá decifrar a linguagem simbólica e extrair dessa os recursos disponíveis em seu nível próprio (símbolos, narrativas) para se pensar a problemática do mal[158].

---

156. PVII: 167.
157. PVII, 167, tradução nossa.
158. Porée, 2017, 14.

Os símbolos e os mitos contêm a experiência do mal em sua linguagem, procuram registrar e mirar a consciência confessante, ao se passar para um plano propriamente religioso e pelo crivo da fé. Conforme Márcio de Lima Pacheco, "na linguagem simbólica da confissão, a consciência religiosa aborda uma compreensão de si, correspondente à compreensão de seus atos dos quais ela se acusa e que são objetivados nos textos bíblicos"[159]. Paul Ricoeur irá se limitar aos símbolos e textos que são parte da nossa memória cultural.

Aqui, já se pode perceber um apontamento ético dentro da estrutura da antropologia filosófica marcada pela culpabilidade. O conhecimento simbólico pode ser visto como o longo desvio pelo qual o si descobre as condições de sua própria instauração[160]. A confissão do mal e a consciência de culpa ligam o ser humano não somente com seu lugar de manifestação, mas também com seu autor. Dito isso, é por meio da confissão da falta que se descobre a liberdade. Isso irá implicar uma visão ética de mundo através da qual se pode entender um pelo outro, a liberdade e o mal, andando juntos o ato, a consciência e a expiação.

Ricoeur compreende que "o símbolo dá que pensar: essa frase[...]diz duas coisas; o símbolo dá, não sou eu que coloco o sentido: é ele que dá o sentido; mas o que ele dá, é o que pensar, em que pensar"[161]. Essa frase revela ao nosso pensamento que tudo já está dito em enigma e que, contudo, é necessário começar e recomeçar tudo no horizonte do pensar. Jérôme Porée observa que o símbolo também ajudar a viver[162]. Ele é como expressões de duplo sentido em que um significado literal remete a um outro escondido. Há, portanto, uma intencionalidade primária e essa oferece um sentido secundário; e é por causa disso que o símbolo será visto como doador de sentido. Ricoeur, seguindo o caminho da via longa, pensa que não existe ação humana não articulada, mediada ou interpretada por símbolos.

O símbolo dá que pensar que o *cogito* está no interior do ser e se transforma na aurora do sentido para o ser humano[163]. A reabilitação dos sím-

---

159. Pacheco, 2017, 42.
160. EC3, 275.
161. EC3, 177, tradução nossa.
162. Porée, 2017, 114.
163. Dosse, 2001, 315.

bolos levará Ricoeur a estabelecer um interesse bastante peculiar pelos mitos, vistos como uma variante dos símbolos. O mito não compartilha a radicalidade nem a espontaneidade do símbolo em sua significação analógica. Ele tem, como pressuposto, a mediação da narrativa e da temporalidade. Ricoeur, assim, precisa: "Entenderei por mito uma espécie de símbolo, qualquer coisa como um símbolo desenvolvido em forma de narrativa e articulado num tempo e num espaço"[164].

Destarte, o pensador francês procura a descrição concreta ou empírica do mal, que se encontra dentro daquilo que ele chama de símbolos primários (mancha, pecado e culpabilidade). Ele assume tal tarefa para depois tratar do mito como um símbolo de segundo grau (mitos do princípio e do fim). Dessa forma, Ricoeur articula a mudança do estado de inocência, sendo compreendido como a possibilidade não necessária do mal, e o estado de culpa, que será visto como o mal efetivado na realidade humana.

A passagem de um estado ao outro não será analisada por uma descrição empírica, mas por uma descrição concreta e existencial, pautada pelo vivido e perspectivada como descrição fenomenológica, e desde logo densa, contextual e carregada de significados. A filosofia hermenêutica busca analisar a estrutura de manifestação da semântica de duplo sentido presente nos símbolos, fazendo prevalecer o sentido sobre o meramente percebido.

Nesse alinhamento, conforme dito, Ricoeur busca, em um primeiro momento, refletir a respeito dos símbolos primários do mal. Entre esses, a mancha será vista como o símbolo mais arcaico. Ela apresenta uma força simbólica onde "o medo do impuro e os ritos de purificação constituem o pano de fundo de todos os nossos sentimentos e dos nossos comportamentos relacionados com a falta"[165]. A mancha não passa de uma representação e encontra-se afundada num medo de contaminação, ou de contágio, que é recalcado e barra a reflexão. Ela evidencia o mal como algo que se coloca e, por isso, deve ser removido.

A mancha é um ato que desencadeia uma impureza, uma ação prejudicial. Ela ainda é temida pelo ser humano, o que demonstra temor em

---

164. PVII, 181, tradução nossa.
165. PVII, 187, tradução nossa.

relação à negatividade do transcendente. Esse, por sua vez, é aquilo que o ser humano não pode ver, "ninguém pode ver a Deus — pelo menos o deus dos tabus e do interdito — sem morrer"[166]. A mancha tem uma força simbólica vista nos ritos.

Em meio a essa discussão, uma questão ética se faz presente: como a mancha representa a impureza, o ser humano entra no mundo ético por medo da vingança que essa mancha carrega consigo. Por exemplo, na tradição de Israel, a mancha está presente na experiência do ser humano na ideia de pecado. A expectativa de purificação e de retirada do temor se dá por meio do amor, por meio da passagem da simbólica do mal para uma simbólica da redenção, ambas reunidas numa mesma tradição: judaico-cristã, que impactará a filosofia do medievo.

O segundo símbolo primário que Ricoeur analisará é o do pecado. Diferentemente da mancha, ligada a algo que infecta e afeta o corpo, o pecado é entendido como algo que vai contra Deus. Dessa forma, a consciência alcança o nível ético da falta; e é por causa da personalização do sagrado que acontece a passagem fenomenológica da mancha para o pecado[167]. Posto isso, existe uma relação pessoal com um deus capaz de determinar o lugar espiritual onde o pecado se distingue da mancha. O que irá caracterizar o pecado é a categoria do "perante Deus"[168], isso implicará uma relação entre um determinado divino e seu povo.

Nesse horizonte, pode-se ver o amor de Deus estabelecendo uma aliança com seu povo e também o distanciamento do ser humano, que rompe com o Divino, colocando-se como rival desse. A experiência judaica da Aliança é, conforme Ricoeur, o exemplo desse tipo de relação. Dentro desse contexto, o profeta é visto como aquele que fala contra o pecado, denunciando a transgressão. Quando um mandamento é quebrado, a relação entre o ser humano e Deus fica danificada.

A falta confessada como pecado é comunitária e a força simbólica da confissão leva o indivíduo em direção à redenção. Surge, então, a ideia de perdão-retorno como algo que liberta o ser humano, visto como

---
166. PVII, 194, tradução nossa.
167. PVII, 207-208.
168. PVII, 210.

responsável pelo mal e, simultaneamente, seu cativo. A ideia da libertação por meio da redenção alimenta o horizonte de esperança que aponta para um evento futuro: a Ressureição.

O terceiro símbolo primário é a culpabilidade. Conforme Ricoeur, essa não pode ser vista como sinônimo de falta[169], pois antes designa o momento subjetivo da falta, tal como o pecado designa a situação real do ser humano diante de Deus. A culpabilidade apresenta um movimento de ruptura que traz à luz o homem culpado e revela também um movimento de retomada, o qual mostra a ideia de um sujeito responsável e cativo.

Ela é o momento subjetivo da falta, tal como o pecado é o seu momento ontológico. "A culpabilidade é a tomada de consciência dessa situação real e, se é que podemos expressar assim, o 'para si' dessa espécie de 'em si'"[170]. Ela é caracterizada pela interiorização e pela subjetivação da falta. Isso implica dizer que o indivíduo será visto como o sujeito do castigo, mas não o autor do mal.

O ser humano responde pelas consequências de um ato determinado e a culpabilidade apresenta a forma consciente pela qual ele se sente impactado pela falta. A culpabilidade se estrutura em torno da imagem do peso e esse sentimento enfatiza o ser humano como aquele que peca, perfazendo, dessa forma, o sentimento da culpa pessoal. O peso da culpa surge por meio do mau uso da liberdade. Aqui, o mal é retomado como um ato que surge de cada ser humano, ou seja: é realizado por cada indivíduo.

É através da culpabilidade que nasce a consciência, forma-se um sujeito responsável que se encontra diante da interpelação profética e da sua exigência de santidade. Por meio dela, nasce também a ideia de homem-medida e, a partir dessa, percebe-se que o realismo do pecado medido pelo olhar de Deus é absorvido no fenomenismo da consciência culpada, que mede a si mesma. Portanto, a culpabilidade enfatiza o momento subjetivo da falta e desenvolve uma revolução em relação à compreensão do mal. Esse se deve a um mau uso da minha liberdade, "sentido como diminuição íntima do valor do eu"[171].

---

169. PVII, 99.
170. PVII, 256, tradução nossa.
171. GRONDIN, 2015, 52.

Uma observação a ser feita é que toda a experiência da falta conduz à liberdade a assumir a consciência de sua escravidão. Compreende-se que a liberdade não consegue realizar o bem porque se encontra na servidão de algo que escraviza. Ela é um servo-arbítrio. Segundo Ricoeur, "poderíamos chamar servo-arbítrio o conceito para o qual tende todo o grupo dos símbolos primários do mal"[172], da mancha à culpabilidade; e ele somente pode ser visado como um *telos* intencional de toda a simbólica do mal. O conceito de servo-arbítrio já estava sendo visado na experiência da mancha. A antropologia do servo-arbítrio elaborada por Ricoeur está articulada com a relação entre o bem e o mal que é inseparável de uma filosofia do ser como uma afirmação originária[173].

A culpabilidade resgata a linguagem simbólica pela qual se compõe a experiência da mancha e a experiência do pecado. É por meio dela que essas duas vivências são transportadas para a interioridade do ser humano. A mancha se transforma no símbolo puro, a partir do momento em que já não pode ser vista como uma verdadeira nódoa, mas somente o servo-arbítrio. Percebe-se que o sentido simbólico da mancha só é plenamente realizado através das retomadas que podem ser feitas dela.

Há no símbolo da mancha três intenções que constituem o esquematismo do servo-arbítrio[174]. O primeiro é o da positividade, no qual o mal não é o nada, uma pura privação e precisa ser compreendido como uma posição, como algo que se põe ao ser humano, sendo, nesse sentido, aquilo que há de tirar ou subtrair. O segundo esquema é o da exterioridade. Nesse, por mais que a culpabilidade seja vista como algo interior, ela somente se refletirá no símbolo de sua própria exterioridade. O mal vai ao ser humano como o fora da liberdade, como outro por meio do qual a liberdade está envolvida.

Já o terceiro esquema é o da infecção, "esse esquema da infecção decorre, em primeira instância, do símbolo que o precede, o da sedução: o que ele significa é que a sedução que vem de fora é, em última instância, uma afeição do si por si mesmo"[175]. Infectar não deteriora a huma-

---
172. PVII, 301, tradução nossa.
173. MONGIN, 1994, 215.
174. PVII, 304.
175. PVII, 305, tradução nossa.

nidade do ser humano, a infecção não pode ser vista como uma defecção, um fenômeno dessa natureza não pode alterar as disposições e as funções que fazem a humanidade do homem.

Portanto, todo esse esquematismo do servo-arbítrio nos revela que há, no ser humano, (dentro do horizonte de uma visão ética), uma sobreposição e uma coabitação do mal radical e de uma bondade original. A natureza da liberdade não pode ser encontrada no mal radical e será vista como o existencial que não arruína o seu ser[176]. A liberdade, permanecendo inalterada em seu estado original, será ocupada e infectada pelo próprio pecado, e terá a necessidade de desamarrar-se. Assim, ela é vulnerável e capaz de falhar. É simultaneamente responsável e cativa[177].

A mancha tornada linguagem do servo-arbítrio comunica seu objetivo derradeiro, as implicações do esquema da infeção somente são transmitidas por intermédio de todas as camadas simbólicas que ainda precisam ser percorridas, os símbolos míticos e os símbolos especulativos. Posto isso, é necessário incluir o mal dentro de uma realidade significante. Para isso, analisaremos, de forma separada, tanto o mito adâmico quanto o mito antropológico por excelência[178].

2.6.1. O mito adâmico e o mal humano

Paul Ricoeur procurou compreender como os símbolos da falta estão ligados à experiência. Para ele, o significante que abarca a experiência da falta é colocado pela diversidade dos mitos relacionados com o começo e com o fim do mal. Ricoeur entende o mito como uma forma de discurso que marca uma pretensão ao sentido e à verdade[179]. Portanto, no âmbito

---

176. PACHECO, 2017, 76.
177. GREISCH, 2001, 110.
178. É importante perceber que há uma distinção entre a ideia de mal e o conceito de pecado. Sabemos que há o mal-coisa espalhado no mundo, como relatado pela mitologia grega e a caixa de Pandora, e o mau-ato, interiorizado e dramatizado como pecado, como pode ser visto em Agostinho e na tradição cristã. Sabemos da relevância dessa questão, mas, em razão da amplitude do tema e da extensão de nosso capítulo, achamos melhor não tratar dessa questão de forma específica e detalhada. Também não iremos detalhar os símbolos relacionados com o desvio da lei de Deus.
179. EC3, 237.

do discurso, o mito deve ser entendido como uma sequência de enunciações ou de frases carregadas de sentido e de referência, contudo visto como uma linguagem pré-científica que procura construir uma narrativa a respeito das origens, pois sempre narra como algo aconteceu, e, à diferença do *logos* e da linguagem científica, opera com imagens e símbolos, e não com conceitos e dados empíricos.

Entender o mito como tal é "compreender aquilo que o mito, com seu tempo, o seu espaço, os seus acontecimentos, os seus personagens, o seu drama, acrescenta à função reveladora dos símbolos primários"[180].

Para Ricoeur, tal noção tem a função de narrar a história de toda a humanidade, expressando uma realidade universal do ser humano por meio de uma trama que se desenvolve em um passado, com personagens considerados arquétipos.

Podemos ver isso na narrativa do drama do mal presente no mito adâmico. Nesse caso, o mito apresenta uma segunda função: ele, ao contar o início e o fim da culpa, confere, a essa experiência, uma direção, uma marcha, uma tensão e um desenlace. É através dessa alegoria que a experiência é perpassada pela história essencial da perdição e da salvação do ser humano[181]. Há também uma terceira função presente no mito: ao considerar sua simbologia própria, operando com e sobre imagens (o mito é um pensamento por imagens), ele procura alcançar o enigma da existência humana.

Os mitos que buscam retratar o começo e o fim do mal procuram apresentar uma palavra de sentido em relação à experiência mais nebulosa da existência humana, a experiência do mal. Eles ainda procuram lidar com o estatuto ontológico do ser humano de ser visto como um ser criado de forma boa e destinado à felicidade e a sua condição existencial de viver sob o signo da alienação. Em sua reflexão, Ricoeur teoriza: "de todas estas formas, o mito faz da experiência da falta o centro de uma totalidade, o centro de um mundo: o mundo da falta"[182]. Consequentemente, o mito apresenta uma forma de revelar irredutível a toda tradução de uma linguagem cifrada para uma linguagem mais clara.

---

180. PVII, 310, tradução nossa.
181. PVII, 311.
182. PVII, 311, tradução nossa.

É a partir do mito adâmico que, segundo Ricoeur, a instrução dos mitos pode ser escutada, ouvida e compreendida. A exemplo de outros, o mito adâmico apresenta um movimento do início e do fim, expõe o movimento de quando o ser humano era inocente e passou a ser afetado e culpado — uma alegoria antropológica por excelência[183] constituída por três traços. O primeiro é o etiológico, vertido como uma narrativa de origem revela que a gênese do mal está relacionada a um antepassado da humanidade atual cuja natureza e condição é igual à nossa, Adão. O segundo está relacionado à perspectiva de que o mito etiológico de Adão "é a tentativa mais extrema para desdobrar a origem do mal e do bem; e a intenção dele é dar consistência a uma origem radical do mal distinta da origem mais originária do ser bom das coisas"[184]. O último, por fim, evidencia como o mito adâmico atrela à figura do homem primordial outras figuras que buscam realizar um processo de descentramento na narrativa, sem eliminar o primado da figura adâmica. Nesse mito, outros arquétipos aparecem juntos com a figura de Adão, especificamente as figuras de Eva e da Serpente. Na narrativa, elas repartem a responsabilidade em relação à origem do mal.

Observa-se que o pecado cometido por Adão, conforme descrito no relato bíblico do livro de Gênesis, mostra o mal como uma realidade contingente que aparece ao ser humano e que dele procederá[185]. Essa narrativa procura revelar que todo ser humano já se depara com o mal na realidade, contudo, ainda lhe é necessário se perceber de alguma maneira responsável por ele, pois "ninguém é o iniciador absoluto do mal"[186].

Essa história do Gênesis não pode ser lida de forma literal, Adão e Eva devem ser entendidos como personagens narrativos e não como personagens históricos[187]. Sobre isso, Ricoeur afirma que:

> É na medida em que a confissão dos pecados implicava essa universalização virtual que o mito adâmico foi possível: o mito, ao nomear Adão como o homem, explicita essa universalidade concreta

---

183. PVII, 374.
184. PVII, 375, tradução nossa.
185. Cf. *Gênesis*, 3.
186. PELLAUER, 2009, 60.
187. VINCENT, 2008, 63.

do mal humano; através do mito adâmico, o espírito de penitência encontra o símbolo dessa universalização[188].

Ricoeur utiliza o texto bíblico do mito adâmico para enfatizar que a função simbólica dele é somente revelada através da narração humana. Esse mito aponta que a origem do mal é distinta da origem que está presente na bondade e no ser bom das coisas. Assim, "se a criação é o início absoluto das coisas, o homem é o início do mal com seu ato livre"[189]. Não podendo ser atribuído a Deus, supremo bem e pura bondade em seus atos e realizações, o ser humano será sempre compreendido como um ser responsável pelo mal e o seu aparecimento no mundo. Portanto, o papel desse relato mítico é estender a toda humanidade a grande tensão que existe entre a condenação e a misericórdia que os profetas de Israel ensinaram a perceber no próprio destino de Israel e do povo eleito.

Na confissão de seus pecados, o ser humano confessa ser o autor do mal e refém de uma constituição mais original do que qualquer ato singular. Dito isso, o mito adâmico tem como objetivo mostrar o surgimento da constituição humana afetada pelo mal dentro do horizonte da ideia de uma boa criação. Olivier Mongin aponta que a origem do mal está indissociavelmente conexa ao momento simbólico que separa o tempo de inocência do tempo de maldição[190]. A narrativa do desvio, que segundo Ricoeur seria a melhor expressão para entender esse relato do livro de Gênesis[191], mostra que há um poder de defecção em relação à liberdade humana, que um paralelo na visão trágica do mundo e na identificação do mal como um drama cósmico.

Como mencionado mais acima, dentro da cosmovisão do mito adâmico, o ser humano se torna a causa do mal, ilustrado pelo símbolo da queda, que apresenta a irracionalidade da ruptura que ele implica. Esse indivíduo perde seu estado de inocência, de seu vínculo com Deus, e tal queda gera um buraco, uma fissura no relacionamento do homem com a divindade. Esse estado de inocência perdida mostra que o pecado não é a realidade humana primeira, mas a sua perda.

---

188. PVII, 382, tradução nossa.
189. PACHECO, 2017, 82.
190. MONGIN, 1994, 217.
191. PVII, 375.

A narrativa do mito adâmico revela que a figura da serpente é o símbolo do desejo que pode ser visto como vítima de si mesmo. A serpente representa a exterioridade do mal que já estava lá, à qual o ser humano se expõe e se rende por meio da sua sedução, simbolizando a serpente e seu ato (tentação) a existência e a ação de uma potência maléfica. Portanto, "o mito, assim, recapitula todo o mal da história em um único acontecimento e unifica a humanidade na figura de Adão, que é o paradigma da multiplicidade e unidade humana"[192]. A serpente coloca um elemento de total passividade na tentação por meio do qual sucumbe o ser humano.

Portanto, a queda humana está relacionada com o desvio. O mito adâmico traz a compreensão de que através de um único ato de um único ser humano, em um único acontecimento, é originado todo o mal da história e do mundo em que vivemos. Conforme Ricoeur, é dessa forma que o próprio apóstolo Paulo vai ler esse relato: "tal como por um só homem entrou o pecado no mundo [...]"[193]. Em vista disso, a narrativa bíblica realça a irracionalidade desse desvio, que ao longo da tradição ficou sendo conhecido como queda. Tudo isso enfatiza a ideia de acontecimento. O pecado não sucede a inocência, mas a inocência se perde no lapso de um instante. Com o erro de Adão, algo acaba e outro começa. Acaba o tempo da inocência e começa o tempo da maldição. Observa-se que esse relato revela uma antropologia da ambiguidade porque o homem possui tanto a sua grandeza quanto a sua culpabilidade e miséria, resultado de sua decadência, inextricavelmente misturadas em sua própria constituição. Logo, a queda é entendida como uma censura e diminuição ao longo de tudo que é humano no homem[194]. Sendo assim, é necessário, mais uma vez, afirmar que o pecado não é a realidade originária do ser humano. Ele não é o primeiro estatuto ontológico do homem e o mito adâmico aproveita o ponto de ruptura entre ontologia e história.

Há uma tensão escatológica presente no mito adâmico, pois nele existe uma promessa de cumprimento e, por isso, ele pode ser lido à luz dos símbolos do fim. Como aponta Pacheco:

---

192. PACHECO, 2017, 83.
193. *Romanos* 5,12.
194. PVII, 390.

As histórias de Abraão, dos patriarcas, do Filho do Homem representam as etapas de uma originária e progressiva escatologização. Pelo movimento do fim, compreendemos o início. Em Paulo, o perdão supera a imagem jurídica do pagamento, para conquistar o sentido de remissão no processo escatológico. De tal modo, o perdão é algo mais que um simples fato psicológico ou de uma relação dual, pois torna-se um fato comunitário e cósmico[195].

Percebe-se que, no horizonte cristão, o mito adâmico se relaciona com a cristologia. O anúncio da salvação e da remissão dos pecados por meio do Cristo liberta o ser humano de sua condição de miserabilidade. Aqui, entra a ideia de que a expiação por meio do sofrimento de um justo traz a possibilidade de libertação para a humanidade. Ao falar sobre o mito adâmico dentro do horizonte da cristologia, Ricoeur pensa que:

> Primeiramente, Jesus apresenta-se a si próprio na terceira pessoa, pelo título de Filho do Homem (Evangelho segundo S. Marcos 13,26-27, ecoa diretamente de Daniel 7,13), e, consequentemente, o tema do Filho do Homem dá o fio condutor da primeira cristologia, a do próprio Jesus; em seguida, Jesus integra, pela primeira vez, a ideia do sofrimento e da morte, que pertenciam até então ao tema do servo de YHWH, na figura do Filho do Homem; assim, ele faz passar a teologia da glória pela teologia da Cruz, e transforma profundamente a função do Juiz (ligada à figura do Filho do Homem) através do contato com o sofrimento do "servo", até fazer dele o juiz e, em simultâneo, o advogado. Que Jesus seja o ponto de convergência de todas as figuras sem ser ele mesmo uma figura, constitui um Acontecimento que ultrapassa os recursos da nossa fenomenologia das imagens[196].

É interessante perceber como o perdão procede do núcleo escatológico constituído pelo julgamento cósmico e como a sua ideia evoca o contato com a imagem do Filho do Homem (a imagem do servo sofredor oferece a ideia de um sofrimento substituto de caráter voluntário). A imagem do Filho do Homem revela, primeiramente, o caráter transcendente dessa iniciativa e confirma ser superior ao ser humano aquilo que o ante-

---

195. PACHECO, 2017, 84.
196. PVII, 407, tradução nossa.

cede. Segundo Ricoeur, "essa figura celeste é, justamente, o homem; mais ainda, é a identidade de um homem com os homens tomados como um todo; portanto, a substituição do servo sofredor, repousa, por sua vez, na identidade profunda entre o Homem e os homens"[197].

Contudo, precisamos entender que, na visão de Ricoeur, a Bíblia sempre aborda a temática do pecado no horizonte da salvação capaz de libertar o ser humano desse mesmo pecado. Essa pedagogia do gênero humano em sua dualidade faz abundar o pessimismo do desvio (queda) para que superabunde o otimismo da salvação e o horizonte da esperança. Portanto, é necessário frisar: a partir do mito adâmico, não se pode compreender que o mal deva ser reduzido ao atual; isso porque a existência humana seria marcada por uma trágica pecabilidade.

Esse relato aponta que a antropologia não se basta e que a simbólica do mal não dá conta de esgotar a questão do mal, cujo mistério persiste e resiste. Ricoeur esclarece: "a única coisa que poderia dissolver o prestígio dessa gênese absoluta do ser e dessa hipóstase do mal numa categoria do ser seria uma cristologia"[198]. Por cristologia, o pensador francês compreende uma doutrina capaz de acrescentar na própria vida de Deus, numa dialética do próprio ser divino, a figura do servo sofredor que evoca tanto a possibilidade suprema do sofrer do ser humano como a sua redenção escatológica no fim dos tempos.

Nesse contexto da problemática do mal, um caminho poderia ser apontado como uma possível direção para afirmar a liberdade do sujeito e a libertação de sua própria liberdade marcada pela falibilidade e pelo mal. Em 1947, Ricoeur irá publicar, junto com Mikel Dufrenne, a obra *Karl Jaspers et la philosophie de l'existence*, na qual procurará trabalhar com dois temas retirados da filosofia da existência de Jaspers: a ideia de existência e a ideia de transcendência. Nesse quadro, numa vertente do pensamento alemão em que a filosofia aparecia nas vizinhanças da teologia e da religião, como em Kant, a existência empírica é conceituada por Jaspers como *Existenz* e *Dasein*[199]. Para esse pensador alemão, a existên-

---

197. PVII, 408-409, tradução nossa.
198. PVII, 461, tradução nossa.
199. Pacheco, 2017, 31.

cia se refere a um ser possível e a ideia de existência empírica diz respeito ao ser humano, ao mundo e aos objetos. A expressão "transcender" tem o sentido de ultrapassar o *Dasein*. Em outras palavras, transpor a direção do mundo é o ato de estar além dos limites humanos e transcendê-los[200]. Logo, "o acesso à Transcendência é fornecido por aquilo que se pode chamar de abordagens da justificação"[201].

Para Ricoeur, pensar o fim do mal só é plausível, se for possível considerar a contingência dele dentro de um horizonte significante capaz de atribuir certa demanda, necessidade. É aqui que a ideia de esperança entra em jogo, apresentando a capacidade para conclusão dessa tarefa. A esperança reconcilia a visão moral e a visão trágica da realidade em uma história coerente que vai da queda à redenção.

Segundo David Pellauer, "a coisa mais importante que Ricoeur toma de Jaspers é a questão de como é possível pensar tal Transcendência, embora o filósofo francês esteja mais disposto que o pensador alemão a relacioná-la à ideia de Deus, tal como é encontrado no judaísmo e no cristianismo"[202]. Em sua obra inicial e ao longo de toda a sua reflexão filosófica, Ricoeur está em busca de uma abordagem filosófica dessa transcendência, a começar por sua relação com a liberdade e a ação do ser humano. Ele, da mesma forma que Jaspers, visa dar sentido à transcendência sem transformá-la em um objeto ou em um sujeito, caindo, por consequência, no modelo cartesiano.

Já podemos perceber aqui como é desenvolvida, na noção de *l'homme faillible*, certa compreensão para se pensar como o ser humano pode ser visto com um sujeito aberto à transcendência na filosofia de Paul Ricoeur. Partiremos da compreensão de que esse ser humano está marcado pela falibilidade e pelo mal e que apresenta uma capacidade de reordenar sua existência e de agir construindo novas possibilidades de atuação no mundo. Nesse sentido, percebe-se que a ideia de *homme faillible* já revela, de forma incipiente, a ideia de *homme capable*, ambas como formas de experiência e de determinação da existência e dos existentes. Esse enten-

---

200. Cf. KJ, 237-247.
201. PACHECO, 2017, 32.
202. PELLAUER, 2009, 22.

dimento revela um ser humano que, mesmo marcado pelo mal, é constituído, desde sua origem, para o bem e para a realização de boas ações aos outros no mundo.

Nesse sentido, é notório entender que antropologia filosófica e ética, dentro da filosofia de Paul Ricoeur, são duas propostas que devem andar juntas e não separadas. Com isso, não estou querendo afirmar que elas são uma só, mas que não se pode falar de uma sem a outra.

Diante de tudo o que já foi apresentado até aqui, é necessário levantar uma última questão relacionada ainda com a noção de pecado original, que deve ser analisado como o símbolo do racional, ou, antes, o seu conceito, associado ao esforço do intelecto de pensar um mal de raiz transmissível por hereditariedade. Ricoeur trabalhará o tema do pecado original a partir de Santo Agostinho.

Na obra *O conflito das interpretações*, mais especificamente no artigo *O pecado original. Estudo de significação*, Ricoeur irá "refletir sobre a significação do trabalho teológico cristalizado num conceito como o de pecado original"[203], e o fará no contexto resultante de uma cristandade instituída ao longo de séculos, proveniente da experiência religiosa da fé adensada e das diferentes teologias divididas, mas cristalizadas. Ricoeur atuará num cenário no qual a sua contraparte filosófica não se ocupa de falar ou de pensar o problema do mal simplesmente, como Hesíodo e Platão fizeram ao se referirem à caixa de Pandora, mas de pensar um mal radical, contagioso, penitenciado e dramatizado como pecado.

Para Ricoeur, de fato, o conceito de pecado original, cuja gênese é apresentada por Agostinho como *peccatum naturale*, deve ser destruído. Isso porque essa delimitação é vista como uma ilusão e uma concessão à velha gnose. No entanto, ao assumir essa empreitada, o filósofo deve deixar intacta a camada da experiência ligada à vivência do mal da culpa pelo fiel penitente expressa no ato de confissão do pecado. Para Ricoeur, somente assim compreenderíamos a intenção do sentido que acompanha essa experiência radical e única. Segundo o pensador francês:

> O conceito de pecado original é um falso saber e deve ser suprimido como saber, saber quase jurídico da culpabilidade dos recém-nas-

---

203. CI, 264-265.

cidos, saber quase biológico da transmissão de uma tara hereditária, falso saber que bloqueia numa noção inconsistente uma categoria jurídica de dívida e uma categoria biológica de herança[204].

Esse falso conceito que Ricoeur procura desconstruir deve ser visto em sua origem, antes de ser conceitualizado e racionalizado como um verdadeiro símbolo, portanto autêntico para a transmissão de certo entendimento único. O contexto é o início da cristandade. Nele, há heresias e a necessidade de combatê-las. Especificamente, é diante da ameaça do gnosticismo que, segundo Ricoeur, a teologia cristã, no intuito de combater a gnose, foi levada a se alinhar com o pensamento gnóstico. A ideia de pecado original é, portanto, no seu fundo, um conceito anti-gnóstico, mas quase gnóstico no enunciado[205].

Embora esse pensamento já estivesse presente nos textos do apóstolo Paulo, Ricoeur acredita que, no entanto, foi santo Agostinho, ao trabalhar o problema do mal, quem levou tal entendimento ainda mais longe, elaborando toda essa problemática referente ao conceito de pecado original.

Assim, o tema do mal será analisado por santo Agostinho, em várias de suas obras, tendo por objeto o pecado original. Ele tecerá suas reflexões em meio a um contexto polêmico, como lembrado, quando era bispo e autoridade política da Igreja, às voltas com as heresias, como o pelagianismo, e à frente de combates acirrados com correntes fora do cristianismo, como o gnosticismo. Ressalta-se que, na época de Agostinho, a gnose também propunha um conhecimento sobre Deus e tentava influenciar algumas correntes cristãs. Naquele contexto, muitos se identificaram com tal proposta e pensamento.

O mito adâmico nos revelou que o mal não se identifica com o mundo e é na história de uma criação boa que ele tem seu começo, em outras palavras, ele surge a partir do pecado de Adão. Dando sequência a essa tradição de pensamento, Agostinho desenvolverá, no contexto da disputa com os maniqueus, uma visão ética na qual o ser humano é totalmente responsável pelo mal. Ao elaborar o conceito de pecado original, esse filósofo compreende que o mal é a inclinação do mais ser para

---
204. CI, 265.
205. CI, 266.

o menos ser daquilo que tem mais ser para aquilo que tem menos ser[206].

Logo, é elaborado de forma penosa o conceito de *defectus* como sendo um consentimento orientado de forma negativa em que o nada designa aqui, não um contra-polo do ser, mas uma direção existencial, o contrário da conversão, "uma *aversio a Deo* que é o momento negativo da *conversio ad creaturam*, como diz o *De libero arbitrio*"[207].

Para Agostinho, o mal não pode ser conceitualizado, trata-se antes de uma experiência associada à ação humana ou dela decorrente, que não é da mesma ordem da percepção ou da experiência sensível, poderíamos dizer, e é por causa disso que Agostinho retoma o *ex nihilo* da doutrina da criação para combater a ideia de uma matéria do mal ou do mal-coisa.

É diante do confronto com o pensamento pelagiano que a filosofia de Agostinho tomará um novo rumo. O filósofo cristão travará debate com o otimismo antropológico desenvolvido por Pelágio em relação à natureza humana, no qual prevalece a ideia de que o indivíduo era bom e tinha a possibilidade de não pecar. Na contramão dessa tese, Agostinho trabalhará com a ideia de que, por natureza, o ser humano é caído e já nasce na maldição do pecado.

Concernente a esse cenário, Ricoeur sustenta: "para combater a interpretação de Pelágio, que evacua o lado tenebroso do pecado como poder que engloba todos os homens, que santo Agostinho foi até ao fim do conceito de pecado original, dando-lhe cada vez mais o sentido" radical e total que ele passaria a ter[208]. Por um lado, há o sentido de uma culpabilidade de caráter pessoal que merece juridicamente a morte; por outro, há a herança adquirida através do nascimento. Para Ricoeur, o conceito agostiniano de pecado original não apresenta uma consistência própria, remetendo-se para expressões analógicas, não devido à falta de rigor, mas por excesso de significação. O pensador francês assim defende:

> Anti-gnóstico na sua origem e por intenção, visto que o mal permanece integralmente humano, o conceito de pecado original tornou-se quase gnóstico à medida que se racionalizou; ele constitui daí em

---
206. CI, 269.
207. CI, 270.
208. CI, 274.

diante a pedra angular de uma mitologia dogmática comparável, do ponto de vista epistemológico, à da gnose. Foi, com efeito, para racionalizar a reprovação divina — que em são Paulo era apenas o antítipo da eleição — que santo Agostinho construiu aquilo a que me arrisquei a chamar uma quase-gnose[209].

Ricoeur acredita que Agostinho interpretou Paulo[210] de forma equivocada. O filósofo cristão tinha em mãos o texto da tradução latina do Novo Testamento e não o texto grego[211]. O pensador francês questiona a leitura agostiniana da passagem paulina, na qual ocorreria a coisificação ou a racionalização do mal, por meio da transformação do símbolo da queda em conceito de pecado original. Agostinho compreendia que, a partir do ato de Adão, toda a humanidade se encontrava comprometida com o pecado, mas Ricoeur entende que essa leitura não levou o texto grego em consideração, pois este mostra que é por "meio do pecado dos homens" e não "por causa do pecado de um homem" que a morte atingiu os seres humanos da mesma forma que atingiu Adão[212]. Essa interpretação, percebida na base da argumentação de Pelágio, faz o pensador francês compreender que, da mesma forma que Adão, e não em Adão, a humanidade é atingida pela morte. Ricoeur afirma que:

> Por outro lado, para combater a tese de Pelágio de uma simples imitação de Adão por toda a sucessão dos homens, será preciso procurar na "geração" — *per generationem* — o veículo dessa infecção, com o risco de reavivar as antigas associações da consciência arcaica entre mancha e sexualidade. Assim se cristalizou este conceito de uma culpabilidade herdada, que bloqueia em uma noção inconsistente uma categoria jurídica — o crime voluntário punível — e uma categoria biológica — a unidade da espécie humana por geração. Não hesito em dizer que, considerado como tal, isto é, do ponto de vista epistemológico, este conceito não é de uma estrutura racional diferente da dos conceitos da gnose: queda pré-empírica de Valentino, império das trevas segundo Mani etc[213].

---

209. CI, 275-276.
210. *Romanos* 5,12.
211. PONTE, 2012, 137.
212. PONTE, 2012, 137.
213. CI, 275.

Paul Ricoeur pensa que Agostinho enrijeceu Paulo ao falar sobre pecado original da mesma forma que a tradição protestante enrijeceu Agostinho e Paulo no que tange à natureza pecaminosa do ser humano. A maneira de lidarmos com o mal é o ser humano se remeter à ação: ao reconhecer sua falta como sua por meio da confissão de seus pecados (nível prático), o sujeito assume a responsabilidade por aquilo que realiza, mesmo que coagido em seus atos e condicionado pelas circunstâncias. Essa questão permite a articulação prática das contradições determinismo/liberdade e contingência/necessidade, guardando o sentido de mistério em relação à experiência do mal e do pecado. Logo, o problema do mal não apresenta uma solução teórica, somente resolução prática.

Em outras palavras, Paul Ricoeur se distancia de Agostinho e dá razão a Kant, que, no *Ensaio sobre o mal radical*, radicaliza o problema do mal, sem, no entanto, falar de pecado original e de natureza caída ou corrompida do ser humano. Kant procura colocar a discussão no campo da ação, oferecendo ao problema uma solução ética (prática). Ele afirma que, a partir do tema bíblico, a natureza do ser humano é "torta" de nascença e precisa, assim, da lei moral, para ser endireitada, e da história, para ser aprimorada. Portanto, para Kant, o mal radical está relacionado ao problema da liberdade, mais especificamente ao que ele julga ser uma predisposição natural do sujeito: o inclinar-se e o ceder a apetições[214]. Ricoeur concorda com Kant e mostra que Agostinho caiu na armadilha da gnose ao formular o conceito de pecado original entendido como um antítipo. O "tipo e o 'antítipo' não são apenas paralelos, mas há um movimento de um para o outro, um 'quanto mais', um 'e principalmente': 'onde o pecado se multiplicou, a graça sobreabundou' (Rm 5,20)"[215].

O filósofo francês parte do pressuposto de que é necessário abandonar o conceito de pecado original. Esse, segundo ele, não tem base nas Escrituras e retém o problema do mal, colocando-se não tanto no terreno teológico, mas moral e filosófico[216], e assim, por meio do método fe-

---

214. Cf. KANT, 1992.
215. CI, 281.
216. Paul Ricoeur não concorda com a ideia de "pecado original" elaborada por Agostinho. Para ele, essa ideia não passa de uma continuação, "de uma perpetuação, comparada

nomenológico-hermenêutico, Ricoeur percebe que o sentido profundo do mal (pecado) pode ser visto com um mistério, e que a hermenêutica, ao ser utilizada para analisar o problema do mal, em vez de decifrá-lo, confirma-o. O mal deve ser encarado como um fato, ou melhor, como um acontecimento que ocorreu e ocorre na realidade. Ao lidar com o problema do mal e do pecado, Ricoeur percebe que o sentido profundo dessa problemática é um mistério e, em sua radicalidade, uma questão insondável pelos termos e meios da razão. Tanto é que esta impossibilidade pode ser entendida como o limite absoluto da razão humana diante da existência, em cuja raiz encontra-se o hiato vivido/pensado que nem a hermenêutica, nem a fenomenologia conseguem preencher ou superar, vendo nesse o limite da própria filosofia.

Depois de toda essa apresentação realizada sobre a falibilidade e o problema do mal, devemos compreender que o ser humano será visto como um ser marcado em sua existência pela capacidade de errar, pela capacidade de, por meio de suas ações, realizar o mal e trazer danos a outros. Ele pode, inclusive, fazer isso de caso pensado, usando dos meios e os expedientes da razão. Esse ser humano, em sua dualidade, cujas faculdades racionais são definidas por Ricoeur como um *cogito* partido, que, portanto, não é integral nem totaliza seus processamentos, será visto como um ser marcado pelo mal, em sua origem, senão pela possibilidade de cometê-lo ou infringi-lo a alguém. Esse mesmo ser também é marcado pela bondade e pela capacidade de, em suas ações, fazer o bem para as pessoas.

Mesmo diante da falibilidade, o ser humano é chamado a assumir sua humanidade e isso significa viver em liberdade, sendo-lhe facultativo fazer o bem ou o mal, mesmo sem intenção expressa ou involuntariamente. Logo, a liberdade também marca a constituição do indivíduo. Definida como liberdade da vontade ou livre-arbítrio, nas disposições mais profundas da liberdade encontraremos o caráter ou, antes, as disposições de caráter. Por outro lado, o sujeito é chamado, no horizonte de sua liberdade, a agir em conformidade com o bem. Numa e noutra situação, o indivíduo será percebido como um ser dotado de capacidades.

---

a uma tara hereditária transmitida a todo o gênero humano por um primeiro homem, antepassado de todos os homens" (CI, 271).

Aqui já começa a aparecer e fazer sentido a noção ricoeuriana de *homme capable* e, como tal, o antípoda do ser da falta da tradição platônica e algo próximo do *conatus* de Espinosa. Resumindo: por mais que em sua constituição o ser humano seja marcado pela falibilidade e pelo mal, ele também é marcado pelo bem, é chamado a agir em conformidade com ele e é dotado de capacidades, potencialidades e disposições para direcionar sua vida ao horizonte da justiça, em direção a esse mesmo bem. Mais uma vez, demonstramos que, na filosofia de Ricoeur, antropologia filosófica e ética caminham lado a lado. No próximo capítulo, analisaremos a noção de *homme capable* como a ideia fundamental da antropologia filosófica desse pensador francês.

CAPÍTULO III
O homem capaz como ideia central da antropologia de Paul Ricoeur

3.1. O homem capaz e a hermenêutica do si

A ideia de *l'homme capable* (homem capaz) é o ponto central da antropologia filosófica pensada por Ricoeur, e junto à noção de falibilidade é a chave hermenêutica para lê-la e compreendê-la em relação ao pensamento ético do autor. A noção de *homme faillible* e de *homme capable* podem ser vistas como pontos fundamentais do arcabouço filosófico do pensamento ricoeuriano, assumindo haver um fio tênue, mas contínuo, que acompanha toda a sua obra, centrado no tema das capacidades (*l'homme capable*)[1]. Essa antropologia das capacidades, da forma como Ricoeur a concebe, é completada por meio de uma relação dialética com a antropologia da falibilidade.

Paul Ricoeur, como já foi apontado no segundo capítulo dessa obra, compreende que, por mais que seja marcado pelo mal, o ser humano não pode ser visto como um ser ontologicamente fadado ao mal. Ao descre-

---
1. Cf. RICOEUR, 2000d.

ver o sujeito como capaz e, neste sentido, capaz de assumir e correr os riscos da ação, inclusive o de falhar, Ricoeur parte da compreensão de que o homem capaz será visto como um ser de ação na realidade — entendendo realidade e ação enquanto contingentes, ao fim e ao cabo. Para o pensador francês, a noção de capacidade apresenta as possibilidades de compreender o ser humano como um sujeito dotado de certas qualidades que o constituem um ser de ação e ético, ou moral.

Diante da problemática da antropologia filosófica na contemporaneidade, Ricoeur, diferentemente de Heidegger, que não acreditava na possibilidade de uma antropologia filosófica, compreende que a ontologia pode aproveitar e utilizar os argumentos das ciências humanas[2]. Tal pensador não concorda, também, com a afirmação heideggeriana presente no décimo parágrafo de *Ser e tempo*, segundo o qual a antropologia filosófica "não chega à pergunta pelo ser do *Dasein*"[3].

Desde o primeiro volume de *Finitude e culpabilidade*, Ricoeur chama a atenção para o fato de que a questão ontológica não pode ser vista como algo separado da questão antropológica. Como já apontamos, o ser humano será percebido como um ser do meio, situado entre a finitude e a infinitude, marcado pela desproporção, mas capaz.

Ricoeur constrói sua análise do sujeito, buscando mostrá-lo sempre como um ser em constante transformação. O homem não deve ser compreendido como um ser de essência definida, mas deve e será visto em um contínuo vir-a-ser. A existência humana não constitui uma história acabada, pronta, definida, mas sim aberta, em que o ser humano é chamado, através de suas capacidades, a construir novas realidades e novas possibilidades em sua existência. Portanto, o humano, em Ricoeur, é marcado pela liberdade e capacidade de agir. Ele é esse ser em constante transformação.

Segundo Eduardo Casarotti, em toda a obra ricoeuriana existe uma busca constante para se caracterizar as estruturas fundamentais do sujeito da ação, do agente[4]. Ou seja: a problemática da ação humana está presente em todo o pensamento de Paul Ricoeur, seja através de uma fenomenologia

---

2. MENDES, 2019, 112.
3. HEIDEGGER, 2012, 153.
4. CASAROTTI, 2008, 34.

do voluntário e do involuntário, seja na questão da falibilidade humana, seja em uma hermenêutica do agir humano ou em uma fenomenologia do homem capaz. Em outras palavras, a filosofia ricoeuriana enfatiza, de diversas maneiras, a ação do sujeito, e é, em vista de sua compreensão, indo além da constatação de sua mera diversidade, que a ideia de *homme capable* aparece como o ponto fulcral de sua antropologia filosófica, entendida na acepção trivial de capacidade de agir, levando o autor a perguntar tanto por seus antípodas, como o padecer e o omitir, quanto pelo móvel da ação e por suas diferentes esferas, sendo a esfera ética uma delas.

Nessas reflexões, Paul Ricoeur sustenta: mesmo que haja uma desproporção capaz de perpassar a existência humana, como a busca em seus diferentes planos do infinito transcendente e a condenação da finitude imanente, o sujeito, enquanto ser livre, é capaz de decidir, agir e consentir. Se não apresentasse essas características, o homem não poderia ser considerado um ser humano. Portanto, a ideia de capacidade humana elaborada por Ricoeur revela, ao nosso entendimento, que o sujeito apresenta esse poder para agir *(puissance d'agir)*.

Ora, a capacidade de agir ou de iniciar um novo ciclo de ações no mundo é um outro nome da liberdade; e autoriza o filósofo a pensar uma via diferente da via platônica, que colocava na raiz da ação a falta, vista como o motor da busca: para Espinosa e Ricoeur, não; é a capacidade de agir que é primária, ao passo que a falência e a falta são derivadas e correlativas.

A dimensão desse processo que Ricoeur demonstra possível aparece ainda mais intensificada por sua ação no mundo. O sujeito tem a capacidade de se transformar ao longo de sua história, ao mesmo tempo em que assegura uma permanência de si ao longo de sua vida. Podemos dizer que, para Paul Ricoeur, o homem não é mero resultado da cultura, nem mesmo um ser preconcebido do "eu penso".

Esse sujeito de Ricoeur é visto sempre em sua própria história em proporção à sua própria capacidade reflexiva. Trata-se do sujeito livre e capaz, que busca por meio da mediação simbólica pensar sua própria existência[5], sendo apto a olhar para suas ações e se posicionar de forma ética e justa no mundo. Esse indivíduo sempre será um sujeito em rela-

---

5. GRONDIN, 2015, 99.

ção com o outro, com ação dotada de responsabilidade e visto como ser consciente e livre.

Pensando na ideia de *homme capable* na obra ricoeuriana, Domenico Jervolino assim se manifesta:

> Acolhendo, pois, a indicação do autor, somos tentados a captar no seu longo caminho filosófico não só a coerência de um método e a continuidade de uma problemática, que já podemos individuar no tema do *homme capable*, mas também uma lógica de desenvolvimento que parece descrever um movimento em espiral. Com efeito, nas obras da idade mais tardia encontramos um retorno daquela busca sobre a vontade — e, portanto, definitivamente, no âmbito de uma antropologia filosófica — que havia inspirado o projeto juvenil. Dizemos movimento em espiral e não retorno circular às origens, pois entre o princípio e o fim não há coincidência e sim enriquecimento, após longa viagem através do universo da linguagem e da textualidade. O próprio Ricoeur o sugere com o título *Du texte à l'action*, do segundo volume dos ensaios de hermenêutica de 1986. O tema unificador dos diversos estudos de *Soi-même comme un autre* é também certa unidade analógica do agir humano[6].

Para François Dosse, "o grande fio condutor de todo o pensamento de Ricoeur é a interrogação sobre o que o homem é capaz"[7]. Noeli Dutra Rossatto, um dos maiores especialistas no pensamento de Paul Ricoeur no Brasil, chama a nossa atenção para o fato de esse teórico francês não abandonar a ideia da falibilidade. Segundo o filósofo brasileiro:

> Desta perspectiva, Ricoeur não abandonaria a falibilidade como a expressão agregadora das mais variadas manifestações do *pathos* humano, tais como o involuntário, a finitude, a culpabilidade, o sofrimento, a vulnerabilidade e a fragilidade. As capacidades irão compor, tanto o nível metodológico como ontológico, os pares dialéticos formados pelas modalidades da falibilidade, e esses pares antagônicos encontram respostas sintéticas que se articulam com mediações imperfeitas, em movimento e nunca acabadas[8].

---

6. Jervolino, 2011, 77-78.
7. Dosse, 2012, 159, tradução nossa.
8. Rossatto, 2020, 148.

Contudo, o termo capacidade para Ricoeur está atrelado a um tipo de discurso que "[...] não se deixa incluir em nenhuma das fórmulas de avaliação moral, nem em termos de um desejo por uma vida boa, nem em termos de uma obrigação moral, nem em termos de sabedoria prática"[9]. Pelo contrário, o filósofo francês pensa que a análise do discurso do homem capaz recoloca, de forma inédita, o debate endurecido entre ética e ontologia. Para ele:

> Uma hermenêutica do si encontra a ideia de capacidade em todos os níveis em que sua investigação se desdobra. Todas as respostas à pergunta quem? — pergunta-mestra do problema da identidade pessoal — conduzem à designação de si como aquele que pode: que pode falar, iniciar um curso de acontecimentos por sua intervenção física no andamento das coisas, reunir a história de sua vida em uma narrativa coerente e aceitável. Além disso, não é sem importância notar que cada espécie de poder — de dizer, de fazer, de contar — corresponde um tipo de não poder, de incapacidade, cuja lista aberta confere um conteúdo à ideia de fragilidade, de vulnerabilidade, que por sua vez assumirá uma coloração particular depois de o limiar da ética ter sido ultrapassado. Esse limiar é ultrapassado com a ideia de imputabilidade[10].

Segundo Ricoeur, a ideia de imputabilidade mostra a capacidade de um determinado sujeito cair sob o julgamento de imputação. Ele compreende que a imputabilidade pode ser entendida como "a capacidade de um sujeito que age para sujeitar sua ação às exigências de uma ordem simbólica" e considera em "tal capacidade a condição existencial, empírica, histórica [...] da ligação entre um si e uma norma"[11]. Ora, a imputação de culpa nos coloca por inteiro na esfera do direito, como aspecto dos nexos causais entre a ação e seus resultados (alguns intencionados outros não) e, em última instância, autoriza o filósofo a perguntar pela estrutura ontológica da realidade circundante. Isto é: tanto o mundo das coisas quanto o mundo humano.

---

9. EC3, 416, tradução nossa.
10. EC3, 417, tradução nossa.
11. EC3, 418, tradução nossa.

Indo ao ponto, a existência do ser humano é marcada tanto pela fragilidade quanto pela ideia de capacidade. Ricoeur, ao elaborar uma investigação em relação ao sujeito e às capacidades que esse pode apresentar, busca responder à pergunta: "quem pode o quê?". Essa fórmula reflexiva apresenta o poder de designar-se a si mesmo como quem pode. A oração "eu sou aquele que pode", ou "aquele que faz alguma coisa", revela a capacidade de produzir enunciados que sejam correspondentes à realidade. Portanto, a capacidade que o ser humano tem de se designar como aquele que pode revela o tipo de ser, especifica a pessoa. Sobre isso Ricoeur esclarece:

> É dizer que cabe à condição humana deixar-se apreender em termos de poder e não poder. É, portanto, dizer algo que pretende ser verdadeiro. É verdadeiro que sou capaz de me considerar capaz de reconhecimento, de imparcialidade e de equidade. Uma dimensão ontológica está assim ligada à pretensão cognitiva e "veritativa"[12].

Pensado em um estatuto epistemológico sobre a noção de capacidade, Ricoeur percebe que a autodesignação de si a alguém capaz realizar ou cumprir uma ação é estabelecida a partir de uma proposição científica a ser ou não confirmada por fatos observáveis. Logo, é uma crença que receberá o nome de atestação, que tem, como referente, o poder-fazer de um determinado sujeito. O indivíduo atesta que pode e isso obriga afirmar o estatuto veritativo da atestação, que corresponde ao modo de ser da capacidade, considerando, nesse entendimento, o surgimento do problema em torno do qual toda a discussão seguinte se encontra. Então, rigorosamente, a atestação da coisa ou de algo que se passa no mundo é a atestação de si, como sujeito e motor da ação. A respeito disso, Ricoeur discorre da seguinte maneira:

> Esta é uma dimensão veritativa de um gênero muito particular: de um lado, ela não separa do momento prático da potência de agir; de outro, ela distingue-se dele por sua relação com o modo de ser do ente que sou, na qualidade de alguém que pode ou não pode. Essa mistura complexa de subordinação ao prático e de especificidade cognitiva é o

---

12. EC3, 422, tradução nossa.

que faz todo o enigma da noção de capacidade nos planos epistemológico e ontológico. E é esse enigma que faz vacilar a asserção muito segura de si mesma da dicotomia entre ética e ontologia[13].

Portanto, Ricoeur busca construir uma fenomenologia do homem capaz com o objetivo de lidar com a temática da ação humana. Compreende-se que toda a ontologia atrelada à ideia de capacidade humana está relacionada mais com as ideias de potência e ato do que com a noção de substância. A nosso ver, Ricoeur pensa a ontologia de forma dessubstancializada. No horizonte de sua antropologia filosófica, esse filósofo funda sua ontologia na dimensão da fenomenologia-hermenêutica. A ontologia ricoeuriana é pensada no contexto do *cogito* partido. Ademais, o autor não desenvolve um discurso pronto, acabado, enrijecido em relação ao ser humano e a sua natureza, pois o sujeito é um ser que está sempre em construção.

Logo, o conceito de *homme capable* está fundamentado na práxis e se refere ao agir do ser humano. A via percorrida por Ricoeur passa ao largo de Aristóteles, ou ao menos de uma porção bastante extensa de sua metafísica da substância e dos acidentes, para se reunir à do ato e da potência, colocando, em primeiro plano, a contingência e o desafio de pensá-la: afinal, quem age pode, e muito, tanto realizar quanto falhar — e quem não faz, não erra nem falha).

Numa outra perspectiva, a constituição do homem capaz se articula a partir daquilo que ficou conhecido como a hermenêutica do si. É necessário frisar, como já foi apontado, que a ideia de capacidade humana já se encontra presente, mesmo que em forma embrionária, na noção de *homme faillible*. Contudo, compreende-se que a noção de *homme capable* será desenvolvida e mais bem trabalhada na filosofia ricoeuriana a partir daquilo que ficou conhecido como hermenêutica do si. Com o surgimento dessa, percebe-se que, no final de *Temps et récit III*, Ricoeur procurará, na esteira da questão da identidade pessoal, compreender o sujeito que narra a sua própria existência.

Ao tomar o termo "identidade", dentro do horizonte de uma categoria da prática, Ricoeur considera que falar sobre a identidade de uma determi-

---
13. EC3, 423-424, tradução nossa.

nada pessoa ou de uma comunidade específica é responder à questão sobre quem realizou tal ação, sobre quem é o seu agente ou o seu autor. Essa questão é primeiramente respondida nomeando-se alguém, isto é, designando-o por um nome próprio. Mas qual é o suporte da permanência do nome próprio? O que justifica que se considere o sujeito da ação, assim designado por seu nome, como o mesmo ao longo de toda uma vida, que se estende do nascimento à morte? A resposta só pode ser narrativa. Responder à questão quem?, como tinha fortemente dito Hannah Arendt, é relatar a história de uma vida. A história narrada diz o quem da ação. A identidade do quem é apenas, portanto, uma identidade narrativa. Sem o auxílio da narração, o problema da identidade pessoal está, com efeito, fadado a uma antinomia sem solução: ou se coloca um sujeito idêntico a si mesmo na diversidade de seus estados, ou se considera, na esteira de Hume ou de Nietzsche, que esse sujeito idêntico é somente uma ilusão substancialista, cuja eliminação só revela um puro diverso de cognições, de emoções e de volições. [...] O si mesmo pode, assim, ser dito refigurado pela aplicação reflexiva das configurações narrativas. Ao contrário da identidade abstrata do Mesmo, a identidade narrativa, constitutiva da ipseidade, pode incluir a mudança, a mutabilidade, na coesão de uma vida. O sujeito mostra-se, então, constituído ao mesmo tempo como leitor e como escritor de sua própria vida[14].

Para Ricoeur, o sujeito apresenta uma posição imediata que se exprime na primeira pessoa do singular: "eu penso", "eu sou"[15]:

> Essa primeira intenção encontra um apoio na gramática das línguas naturais quando esta permite opor "si" a "eu". Esse apoio assume formas diferentes conforme as particularidades gramaticais de cada língua. Além da correlação global entre o francês *soi*, o inglês *self*, o alemão *Selbst*, o italiano *se*, o espanhol *simismo*, as gramáticas divergem. Mas essas divergências são instrutivas, uma vez que cada particularidade gramatical esclarece uma parte do sentido fundamental procurado[16].

---

14. TN3, 424-425.
15. SA, 11.
16. SA, 11, tradução nossa.

O *soi* (si) em francês é prontamente definido como um pronome reflexivo de terceira pessoa (ele, ela, eles) e é visto como uma restrição que é quebrada caso esteja unido ao termo "se", que é referido a verbos no modo infinitivo, tais como: "*se presenter*" (apresentar-se), "*se nommer*" (chamar-se). O "se" designa o reflexivo de todos os pronomes e até mesmo dos impessoais, tais como "cada um", "quem quer que" e "quem". O desvio pelo "se" não pode ser visto como algo vão, pelo fato de que o pronome reflexivo *soi* (si) ter acesso à mesma dimensão "onitemporal quando completa o 'se' associado ao modo infinitivo: designar-se a si mesmo"[17]. É nesse caso que Ricoeur utiliza o termo "si" em sua reflexão filosófica.

Jaqueline Stefani, ao falar sobre ao pensamento de Paul Ricoeur e, mais especificamente, sobre sua hermenêutica do "si", diz:

> O sujeito ricoeuriano se diferencia do eu, do *ego*, da consciência; é o "si" reflexivo de todas as pessoas. Este "si", ao menos para o *Cogito* cartesiano, é uma verdade que se põe a si próprio. Acontece que, conforme Ricoeur, a posição do "si" não é um dado, mas uma tarefa, uma dupla tarefa ética e hermenêutica. Essa tarefa compreende uma reflexão ontológica preparada por considerações linguísticas, semânticas, pragmáticas, hermenêuticas, mediada pelo livro, pelo outro, ocorrendo desse modo de forma gradual. O humano que interpreta a si mesmo e o outro, os símbolos, sinais, signos do mundo, já não é um *Cogito*, mas um existente que, paulatinamente, se des-vela pela exegese de sua própria vida[18].

Diante dessa questão, Ricoeur afirma um deslocamento da reflexão sobre a identidade narrativa para uma hermenêutica do Si-mesmo, na qual a dialética do *idem* e do *ipse* é redobrada pela ipseidade e pela alteridade. A identidade narrativa é compreendida como a identidade específica de um indivíduo ou de uma comunidade, por isso, o pensador francês busca dissociar do termo "mesmo" duas significações da identidade, segundo se entende como idêntico o equivalente do *idem* ou do *ipse* em latim. Dessa forma, a equivocidade da expressão "idêntico" ocupa o centro da reflexão de Paul Ricoeur em relação à identidade pessoal e

---

17. SA, 12, tradução nossa.
18. STEFANI, 2006, 52.

a identidade narrativa em relação a um caráter importante do si, sua temporalidade[19].

Logo, a identidade, no sentido de *idem*, apresenta o significado de permanência no tempo contrapondo a ela o diferente, na acepção de variável, de mutável. Já a identidade no sentido de *ipse* não implica nenhuma asserção que pode ser referida ao núcleo não mutável da personalidade, mas em algo diferente. Em latim, a acepção principal de *ipse* é "o próprio", "a própria", "ele próprio" e variações, incluindo "eu próprio". Na mesma linha, seguem: "eu mesmo", "ele mesmo" e "si mesmo", posto que *ipse* significa também "por si mesmo" e "espontaneamente". Contudo, em seus diferentes usos, o *ipse* é também empregado para pôr em evidência uma coisa ou uma pessoa, ou para contrapô-la a outras, revelando uma marca pessoal, como na gramática (relativa à pessoa declinada ou designada), e uma presença de si a si. Segundo Jean Grondin:

> Ricoeur compara duas palavras que não têm exatamente a mesma estrutura gramatical: *idem* é um adjetivo ou um pronome demonstrativo que marca a identidade entre duas coisas, enquanto *ipse* é um pronome pessoal, como muitos em latim *(ille, iste* etc.). Como todos os pronomes, ele comporta declinações e sentidos particulares que variam segundo o contexto. O sentido mais importante para Ricoeur é aquele em que *ipse* marca a presença *em pessoa* (é difícil não pensar aqui nas fontes personalistas de seu pensamento). Se o latim quer significar que César ele próprio estava presente ou que é propriamente ele que disse alguma coisa, ele dirá *Caesar ipse*. [...] Para Ricoeur, na identidade-*ipse*, não é a mesmidade numérica ou qualitativa da pessoa que é interpelada, mas sua constância para além de todas as mudanças físicas que ela poderia ter sofrido[20].

Para o filósofo francês, a equivocidade da identidade se refere ao título de sua obra *(Soi-même comme un autre)* através de uma sinonímia parcial, em francês, pelo menos, entre mesmo e idêntico. Logo, em francês, a expressão *même* (mesmo), em suas diversas acepções, pode ser empregada na forma de comparação, apresentando como contrários o outro, o diverso,

---

19. SA, 12.
20. Grondin, 2015, 100.

o distinto. O uso comparativo do termo "mesmo" apresenta um peso tão grande que faz Ricoeur considerar a ideia de mesmidade como sinônimo de identidade-*idem*, o que se opõe à noção de ipseidade em referência à identidade-*ipse*. Todavia, Ricoeur argumenta que:

> Até o ponto a equivocidade do termo "mesmo" se reflete no nosso título *Soi-même comme un autre*? Indiretamente apenas, uma vez que *soi-même* (si mesmo) não passa de forma reforçada de *soi* (si), em que a expressão *même* (mesmo) serve para indicar que se trata exatamente do ser ou da coisa em questão [...]. Entretanto, o fio tênue que prende *même* (mesmo), colocado após *soi* ao adjetivo *même*, no sentido de idêntico ou semelhante, não foi rompido. Reforçar é também marcar uma identidade[21].

Como tudo em filosofia, as devidas distinções se fazem necessárias, e, ao fim e ao cabo, a ipseidade não pode ser confundida com a ideia de mesmidade. Em Ricoeur, essa diferença não deve ser encarada meramente como uma semântica, resolvida na linguagem e pelos meios da linguagem, mas como uma questão de ordem filosófica a ser resolvida, ou ao menos encaminhada, pelos meios da filosofia, nos quadros de uma pragmática filosófica, como veremos mais à frente. Por ora, cabe dizer, de saída, numa semântica preliminar, que a identidade como mesmidade encontra-se subjacente ao termo latino *idem*, que busca expressar a identidade alcançada a partir da permanência no tempo.

Por outro lado, a identidade vista no horizonte da ipseidade revela uma outra forma de identidade enquanto *ipse*, que se desenvolve a partir da constância de si, daquilo que permanece na mudança. O *idem* pode ser entendido como "o mesmo" e "a mesma", podendo substituir o nome ou a coisa, para evitar a repetição, sem a ideia de interioridade ou reflexividade. O *ipse* manifesta a constância de si e revela a ideia de uma autorreferência. Nesse sentido, compreendemos que a identidade-*idem* procura responder à questão "que?" (o que eu sou?), já a identidade-*ipse* tem como objetivo responder à questão "quem?". A hermenêutica do si parte do pressuposto de que o sujeito não pode ser entendido como um simples substrato perma-

---

21. SA, 13, tradução nossa.

nente, "mas um si responsável, ao qual se podem imputar ações porque ele é capaz de iniciativa e movido por aspirações"[22].

Não se pode esquecer que, para Ricoeur, a identidade-*ipse* põe a dialética entre o si e o outro que não o si como algo complementar à dialética entre ipseidade e mesmidade. Essa questão implica pôr a alteridade do outro não no horizonte da noção de identidade-mesmidade, devido ao fato de essa alteridade não apresentar nada de novo, mas no horizonte da ideia de ipseidade. Ou seja: a alteridade deve ser constitutiva da ipseidade. Ao retomar a ideia de mesmidade, Paul Ricoeur considerará tal noção como sinônima da identidade-*idem* e a ipseidade será vista como referência à identidade-*ipse*. O si mesmo é apenas uma forma de si, servindo a expressão "mesmo" para indicar que se trata do ser ou da coisa em questão. Paul Ricoeur explicar:

> Um sobrevoo rápido nos nove estudos que constituem propriamente a hermenêutica do si pode dar ao leitor uma ideia sumária do modo pelo qual o discurso filosófico responde, no nível conceitual, às três características gramaticais evocados mais acima, ou seja, o uso do "se" e do "si" em casos oblíquos, o desdobramento do "mesmo" segundo o regime do *idem* e do *ipse*, a correlação entre si-mesmo e o outro que não o si-mesmo. A essas três características gramaticais correspondem às três principais características da hermenêutica do si-mesmo, a saber: desvio da reflexão pela análise, dialética entre ipseidade e mesmidade, dialética entre ipseidade e alteridade[23].

A hermenêutica do si mostra um sujeito que só tem acesso a si mesmo por meio de mediações e de reflexões que buscam levar em consideração sua permanência e sua transformação ao longo do tempo, tendo a narrativa histórica e ficcional como parte dessas mediações. A teoria narrativa apresenta a mesmidade e a ipseidade numa relação dialética que compõe a própria noção de identidade narrativa. A identidade do personagem (autor de uma determinada ação na narração) provém da história narrada sendo construída por meio da própria narrativa.

Na questão da identidade como mesmidade (*idem*), o indivíduo apresenta características inalteráveis. Ele continua sendo o mesmo apesar

---

22. GRONDIN, 2015, 101.
23. SA, 27-28, tradução nossa.

das mudanças sofridas ao longo de sua existência. Já no âmbito da noção da identidade como "si", como ipseidade, supõe-se uma constância de si. Essa identidade surge no desenvolver da história de vida e faz referência ao "si mesmo". Ricoeur pensa a compreensão de si como uma interpretação. Para ele, tendo Sócrates como referência, o si do conhecimento de si deve ser compreendido como o resultado de uma vida examinada. Ao contar uma determinada história, os indivíduos estão sujeitos, de acordo com essa perspectiva, à forma narrativa e à construção e reconstrução dos fatos. Portanto, a temporalidade será um dos elementos norteadores da filosofia ricoeuriana.

A hermenêutica do si gera um desvio na reflexão. Tanto a análise da teoria da linguagem quanto a análise da teoria da ação demonstram que a constituição do si não está completa de início e que, em um primeiro momento, a identidade não pode ser plenamente pessoal. É no esclarecimento do que significa o termo identidade que pode ser percebido o início do desvio da hermenêutica do si.

Como pode ser compreendido, a narrativa irá apresentar uma dialética, a identidade-*idem*, que quer dizer a permanência no tempo, no qual é apresentado o grau mais elevado de significação da identidade. A isso, o diferente se opõe, no sentido de mutável, variável, o que quer dizer, ou evoca, a identidade-*ipse*. É por meio da concepção de identidade narrativa que a permanência no tempo e a manutenção de si podem andar juntas. A narração de si será vista como o caminho privilegiado que possibilita a reflexão da própria vida ou a hermenêutica do si mesmo.

O enfoque da hermenêutica do si levanta algumas questões que precisam ser analisadas. Nesse sentido, Ricoeur argumenta:

> Daremos uma forma interrogativa a essa perspectiva introduzindo com a indagação quem? todas as asserções relativas à problemática do si-mesmo, dando assim a mesma amplitude à indagação quem? e à resposta — si. Quatro subconjuntos correspondem assim a quatro maneiras de interrogar: Quem fala? Quem age? Quem se narra? Quem é o sujeito moral de imputação?[24].

---

24. SA, 28, tradução nossa.

Aqui, a pergunta "quem?" envolve mais que uma pessoa, que se pode designar como alguém que fala e age e que apresenta uma identidade pessoal, posicionando-se e agindo em relação aos outros. Ciente disso, Ricoeur retomará as análises sobre a identidade narrativa com o objetivo de as confrontar com a problemática da identidade pessoal, possibilitando a descrição, dentro da perspectiva da hermenêutica do si, de uma pequena ética relacionada à distinção entre o predicado "bom" e o "obrigatório", estabelecendo daí o prescritivo.

Ao narrar sua existência, o homem se percebe de seu sentido e faz com que ela seja conhecida pelos outros. Em todo esse processo, existe um tempo que busca constituir o sujeito, e por sua alteridade temporal aparece a noção de identidade narrativa. Aqui, pode-se ver uma articulação entre hermenêutica do si por meio da narração com a antropologia filosófica que busca investigar quem é esse sujeito que narra.

A hermenêutica do si mostra que a construção do si não está completa de início, por isso, percebe-se que o sujeito pode chegar a si mesmo por meio da reflexão a ser realizada pelos sinais de sua própria existência, ou seja, de seus atos e expressões, que é o processo entendido como reflexividade e historicidade. Esse sujeito será atravessado e constituído por meio da alteridade, ele não será transparente e sem acesso imediato a si mesmo. O indivíduo pode ser conhecido pela mediação das obras da cultura que a produz, nas quais ele se reconhece. Sob essa ótica, o "si", como pronome reflexivo, engloba todas as pessoas, incluído o eu e o outro, assim como o nós totalizante torna-se essencial para pensar a comunidade moral.

Portanto, é nesse horizonte da hermenêutica do si que a figura do homem capaz (*l'homme capable*) é trabalhada e organizada na filosofia de Ricoeur de forma mais sistemática. Como aponta Domenico Jervolino:

> A questão do sujeito, que constitui um fio condutor de toda a pesquisa de Ricoeur, aparece em *Soi-même comme un autre* em toda a sua profundidade como um questionamento radical do sujeito e como a exploração das múltiplas formas de falar, de modo não subjetivista, daquele ser si mesmo que nós somos, mediante aquela que o autor denomina "uma fenomenologia hermenêutica do si". [...] A fenomenologia hermenêutica do si se situa num caminho intermediário e mais modesto. Ela reformula de diversos modos a pergunta "quem?":

"quem fala? quem age? quem se narra? quem é o sujeito moral de imputação?". Todas as vezes a resposta é: "o si". [...] a hermenêutica ricoeuriana do si encontra sua unidade temática no fato de ter como objeto a ação humana[25].

Destarte, a expressão "homem capaz" é utilizada por Ricoeur em seus trabalhos de antropologia filosófica. O sujeito que é marcado pela compreensão de um *cogito* partido, perpassado pelo erro e pelo mal, é ainda capaz de agir, buscando o bem com os outros em instituições justas. É por causa de uma antropologia filosófica centrada na ação humana que Ricoeur moldará a noção de *homme capable*, noção relacionada com o agir humano, machado "polissemia do verbo ser". Dessa forma, Ricoeur evoca a multiplicidade das possibilidades que surgem da própria existência humana através da forma do sofrer e do realizar[26]. Dito isso, passaremos agora à análise e, de forma mais específica, à ideia de homem capaz.

3.2. Compreendendo l'homme capable

Como apontado no segundo capítulo, Ricoeur fala das capacidades humanas quando busca compreender a relação do sujeito com o mal em *La symbolique du mal*. A terminologia *l'homme capable* é utilizada por Ricoeur em todos os trabalhos relacionados à temática da antropologia filosófica[27].

É o próprio filósofo que afirma, em uma conferência, realizada em 29 de novembro de 2000, intitulada *La croyance religieuse*, ter adotado a expressão "homem capaz" em seus trabalhos de antropologia filosófica. Em *Soi-même comme un autre*, Ricoeur procura utilizar esse termo de maneira central, destacando o homem capaz como o sujeito "fortalecido através da passagem pela linguagem e pela textualidade"[28].

No intuito de discutir e de responder à questão em torno do "eu posso", Ricoeur pontua:

---

25. Jervolino, 2011, 66-69.
26. Fèvre, 2003, 42.
27. Corá, 2004b, 80.
28. Ibid., 81.

Permita-me considerar *O si-mesmo como um outro* de um ponto de vista mais afastado, a partir da temática do "homem capaz", que hoje muito prezo. Os seis capítulos do livro, antes da parte ética, respondem a essa questão do "eu posso": posso falar, posso agir, posso narrar-me etc. Essa questão suscita uma série de figuras do *quem*? Pois a questão do homem capaz é sucessivamente a questão de saber *quem* pode falar, *quem* pode agir, *quem* pode narrar, *quem* pode imputar-se os seus próprios atos[29].

Nesse percurso, Ricoeur identifica o ser humano por suas capacidades, por aquilo que ele pode fazer. O sujeito, então, é o homem capaz, mas, é claro que ele continua sendo um ser vulnerável, pois sofre. Ao olharmos para o ser humano, podemos pensar que as capacidades somente são vistas por fora, mas são sentidas e vividas pelos indivíduos. Para o pensador francês, é possível estabelecer uma tipologia das capacidades de base, compreendendo-as como a articulação do inato com o adquirido. Portanto, esses poderes constituem aquilo que pode ser visto como o primeiro alicerce da humanidade, "no sentido do humano oposto ao inumano"[30]. A considerar tal égide, Ricoeur acredita que a identidade pessoal é marcada pela temporalidade, a pessoa é a sua própria história.

Uma última questão, porém, deverá ser posta antes de analisarmos as capacidades humanas: Ricoeur, ao se atentar a elas, procura responder a uma questão fundamental:

> Como dar sequência à análise aristotélica da ação, com sua noção de desejo racional, no quadro da filosofia reflexiva, inaugurada por Descartes e Locke, e depois desenvolvida na dimensão prática pela segunda crítica kantiana e conduzida por Fichte ao seu maior poder transcendental?[31].

O pensador francês buscará responder a essa indagação por meio da análise das capacidades que, em conjunto, descrevem a figura do homem capaz. Conforme Ricoeur, "a sequência das figuras mais notáveis do 'eu posso', constitui aos meus olhos a espinha dorsal de uma análise refle-

---

29. CC, 137-138, tradução nossa.
30. EC3, 446, tradução nossa.
31. PR, 139, tradução nossa.

xiva, onde o 'eu posso', considerado na variedade de seus empregos, daria uma maior amplitude à ideia de ação"[32].

3.2.1. A capacidade de falar

Dando início à nossa reflexão sobre as características do homem capaz, analisaremos o "poder dizer". Sabemos que o ser humano é mediado pela linguagem e que essa faculdade o capacita a descrever e a nominar as coisas existentes na realidade. Começaremos nossa reflexão a partir da análise que Ricoeur realiza em relação ao conceito de pessoa, tendo como base o pensamento de Strawson. Ali, o sujeito aparece inicialmente apenas como um si, como um "sujeito potencial", mas ainda não aparece como um ser capaz de autodesignação, que será alcançada na esfera da pragmática, ao se quebrar o encapsulamento narcísico, a partir do confronto com o outro e o entorno.

Diante dessa problemática, Ricoeur recorre à estratégia de Strawson que, ao iniciar sua análise, buscará isolar todos os particulares que podem ser referidos para os identificar.

[...] Essa estratégia consiste em isolar, entre todos os particulares privilegiados aos quais podemos nos referir para identificá-los [...], particulares privilegiados pertencentes a certo tipo, que o autor chama de "particulares básicos". Os corpos físicos e as pessoas que somos, no sentido de que não se pode identificar seja lá o que for sem remeter em caráter último a um ou a outro desses dois tipos de particulares. Nesse sentido, o conceito de pessoa, como o de corpo físico, seria um conceito primitivo, na medida em que não seria possível remontar acima dele sem o pressupor no argumento que reivindicaria derivá-lo de outra coisa[33].

Conforme Edgar Antonio Piva, os particulares de base são compreendidos como os corpos físicos e as pessoas[34]. Logo, todo o tratamento do sujeito, como um particular básico, não coloca, ainda, a temática na

---

32. PR, 139, tradução nossa.
33. SA, 43, tradução nossa.
34. PIVA, 1999, 211.

capacidade da pessoa de se autodesignar ao falar. Dentro desse contexto, o sujeito será uma das coisas das quais nós podemos falar, e não um falante[35]. Concernente a isso, David Pellauer discorre:

[...] o que importa aqui são os tipos de predicados que podem ser atribuídos a esses particulares básicos. Uma pessoa é uma coisa, mas não apenas uma coisa como as coisas em geral. [...] O ponto aqui é que tanto predicados físicos quanto mentais aplicam-se no caso das pessoas, de modo que retorna com força a questão da corporeidade que já estava presente na obra inicial de Ricoeur[36].

Ricoeur busca analisar como alguém pode ser um sujeito que se refere na primeira pessoa ao se dirigir a outra ou a outras pessoas. Nesse debate, uma dificuldade surge: a de entender como um terceiro sujeito pode ser capaz de designar-se em primeira pessoa. Ricoeur procurou compreender que a noção de pessoa pode ser mais específica a partir do tipo de predicado atribuído a ela. A atribuição é vista como uma forma de predicação, mesmo que não exista o reconhecimento da capacidade de um determinado sujeito de designar-se atribuindo predicados. Logo, existirá um entendimento de que o sujeito em questão é sempre a mesma coisa à qual predicados físicos e mentais podem ser aplicados.

Portanto, quando Ricoeur busca definir a pessoa como um "particular de base", "a análise da pessoa é colocada sobre o plano da referência privada, isto é, dos eventos mentais como as representações, os pensamentos e a consciência pura"[37]. Dentro desse horizonte, os efeitos mentais são abandonados do lugar de referentes últimos que ocupam num idealismo subjetivista.

Percebe-se que esse tipo de abordagem da pessoa, através de uma referência identificante, liberta-nos de abordagens antropológicas dualistas. Isso porque o sujeito é o único referente que se apresenta tanto com os predicados físicos quanto com os predicados mentais. Assim, há uma ideia de pessoa que não pode ser distinta do corpo como um segundo referente ou um referente paralelo. Dentro do horizonte da compreensão

---

35. MONGIN, 1994, 177.
36. PELLAUER, 2009, 127.
37. PIVA, 1999, 212.

da pessoa como particular de base, não há ainda a ideia de um si que seja capaz de se autodesignar a si-mesmo. Esse feito ocorrerá somente em ocasião da passagem ao plano da pragmática. Sobre a abordagem do sujeito através da teoria da referência identificante, Ricoeur expõe:

Na estratégia de Strawson, o recurso à autodesignação é de algum modo interceptado na origem pela tese central que decide os critérios de identificação do que quer que seja em termos de particular básico. Esse critério é o pertencimento dos indivíduos a um único esquema espaçotemporal que [...] nos contém, estando nós nele. O si é mencionado por essa observação incidente, mas é imediatamente neutralizado por essa inclusão no mesmo esquema espaçotemporal dos outros particulares[38].

Logo, o que realmente irá importar para a identificação que não é ambígua é que aqueles que são considerados interlocutores designarão a mesma coisa. Nesse sentido, a identidade será definida como mesmidade, não ipseidade. Ricoeur compreende que há, desde o início, uma problemática que tem como objetivo privilegiar, por muito mais, a questão do "mesmo", em relação à questão do "si".

É perceptível que, quando não se coloca a tônica principal no "quem" daquele que fala, mas sim no "quê" dos particulares de que se fala, localizamos a reflexão da pessoa como particular básico no plano público da detecção com relação ao esquema espaçotemporal que ele mesmo contém. Portanto, toda a primazia que se dá ao "mesmo" em relação ao "si" é enfatizada pela noção cardinal de reidentificação.

Na abordagem da pessoa elaborada por Ricoeur, através da teoria da referência identificante, a identidade de um determinado indivíduo é entendida como mesmidade. Há um esquecimento da identidade como ipseidade, logo o sujeito seria visto como um particular de base que não apresenta a capacidade de identificar-se a si mesmo, ou, mais especificamente, não apresenta a capacidade para "compreender a maneira pela qual nosso próprio corpo é ao mesmo tempo um corpo qualquer, objetivamente situado entre os corpos, e um aspecto do si, sua maneira de ser no mundo"[39].

---

38. SA, 45, tradução nossa.
39. SA, 46, tradução nossa.

Paul Ricoeur realizará a passagem da semântica, no sentido referencial do termo, para uma pragmática, para uma teoria da linguagem utilizada em ambientes determinados de interlocução, envolvendo um conjunto mais amplo de falantes. É por meio dessa passagem, do indivíduo como particular de base, que surgirá a ideia de um sujeito capaz de autodesignar-se como um si. Essa mudança da semântica para a pragmática deslocará o foco do que é dito para a declaração mesma, para a expressão. Ricoeur recorrerá à teoria dos atos do discurso de fala elaborada por J. L. Austin e John Searle com o intuito de começar a pensar a pessoa como um si. Dentro do horizonte da teoria da pragmática, o sujeito é compreendido como um eu que fala para um tu. Ricoeur considera que

> Esse novo tipo de investigação é ainda mais promissor na medida em que coloca no centro da problemática não mais o enunciado, mas a enunciação, ou seja, o próprio ato de dizer, que designa reflexivamente seu locutor. A pragmática coloca assim em cena, a título de implicação necessária do ato de enunciação, o "eu" e o "tu" da situação de interlocução[40].

A teoria dos atos do discurso de Austin e de Searle revelou que, em alguns momentos, o dizer pode ser visto como fazer; isso pode ser observado nos casos como "prometo (a você) que..."[41]. Nesse contexto, aquele sujeito que fala na primeira pessoa do singular se refere, na segunda pessoa, àquela ou àqueles que o estão ouvindo. A partir da teoria dos atos do discurso, Ricoeur compreende que, dentro do horizonte da pragmática, o sujeito é entendido inicialmente como um eu que fala a um tu.

É interessante percebermos que nessa estrutura tanto o locutor quanto o interlocutor são colocados no primeiro plano devido ao fato de que, agora, o acento não se encontra mais no horizonte do enunciado, mas sim no horizonte do discurso, do ato de dizer. Dessa forma, "todo ato de discurso designa reflexivamente seu locutor"[42]. Aqui, a linguagem está inscrita no mesmo plano da ação, sendo definida menos como meio de conhecimento do que como meio de comunicação. Ricoeur explica que:

---

40. SA, 55, tradução nossa.
41. PELLAUER, 2009, 128.
42. PIVA, 1999, 213.

Ao inaugurar a ideia de capacidade pelo poder dizer, conferimos de saída à noção de agir humano a extensão que justifica a caracterização como homem capaz do si que se reconhece nas suas capacidades. O agir seria assim o conceito melhor apropriado no nível da filosofia antropológica na qual se inscrevem essas pesquisas; ele estaria ao mesmo tempo no prolongamento da famosa declaração de Aristóteles concernente a noção de ser no plano da ontologia fundamental, declaração segundo a qual o ser é dito de múltiplas maneiras, entre as quais o ser como potência (*dynamis*) e ato (*enérgeia*). O conceito de agir no plano da antropologia fundamental se situaria na linhagem dessa acepção oriunda da polissemia mais primitiva, a da noção de ser. Assim recolocado sob esse patrocínio irrecusável, o tratamento do poder dizer como capacidade eminente do homem capaz é assegurado por uma anterioridade que vem reforçar a análise contemporânea vinculada à pragmática do discurso[43].

Destarte, dentro de uma abordagem reflexiva, o poder dizer é atingido de forma oblíqua na saída de uma abordagem estritamente semântica cujo conceito de enunciado pode ser visto como o maior, no qual a significação em algum caso específico de ambiguidade é submetida ao arbítrio dos contextos particulares de interlocução.

Dentro da estrutura do ato global de dizer, percebe-se uma distinção entre o ato locutório, ilocutório e perlocutório. Por ato locutório, entende-se a própria predicação predicativa, isto é, falar alguma coisa sobre alguma coisa. Por ato ilocutório, aquilo que o locutor faz ao falar algo, "esse fazer se expressa na força em virtude da qual, segundo os casos, a enunciação conta como constatação, comando, conselho, promessa etc."[44]. E, por fim, o ato perlocutório é aquele que gera um efeito em uma outra pessoa por intermédio de uma locução. Contudo, é no ato ilocucionário que o sujeito que fala é visto como aquele que designa a si mesmo como o autor de um determinado discurso. Por isso, é importante frisar que a abordagem pragmática de Austin e de Searle auxiliou Ricoeur a pensar no aparecimento da ideia de ipseidade, remetendo-se ao indivíduo como um sujeito capaz de designar-se a si mesmo como um ser que

---

43. PR, 144, tradução nossa.
44. SA, 58, tradução nossa.

fala. Logo, é dentro do horizonte do ato de dizer, do discurso, que deve ser colocada a questão do sujeito referente a "quem fala?". Como descreve Edgar Antonio Piva:

> Os pronomes pessoais, eu, tu, ele, são antes de mais nada fatos de língua. Eles podem ser submetidos a uma análise estrutural [...]. Assim, eu e tu opõem-se a ele, como a pessoa à não-pessoa, e opõem-se entre si. [...] A significação eu só é formada no instante em que aquele que fala apropria-se de seu sentido para se designar a si mesmo. A significação eu é a única a cada vez. Fora dessa referência a um indivíduo particular que se designa a si mesmo dizendo eu, o pronome pessoal é um signo vazio do qual qualquer um pode se apoderar[45].

Ricoeur, percebendo o problema da aporia em relação ao estatuto do sujeito da enunciação, e ao estatuto do eu com sua carga reflexiva e mental, descobre a solução desse problema na operação da inscrição. Ele faz convergir as duas vias da filosofia da linguagem, a via da referência identificadora e a da reflexividade da enunciação. O eu inscrito está registrado no sentido próprio do termo, havendo, por um lado, o *je* e por outro o *moi*. A questão é, pois, se o si reflexivo abarca um e outro, e, por extensão, o linguístico e o mental, validando tudo isso como assunto de uma pragmática filosófica. É desse registro pragmático que "resulta o que se enuncia: Eu, Fulano de Tal, nascido em..., em... Dessa maneira, 'eu' e 'P.R.' querem dizer a mesma pessoa"[46].

Resumindo, é no horizonte da linguagem que o sujeito será visto como capaz de designar-se a si mesmo como locutor, como sujeito de fala. Logo, percebe-se que a autodesignação do sujeito de fala se produz em casos de interlocução onde a reflexividade estará associada à ideia de alteridade. A palavra que um sujeito pronuncia será dirigida para o outro. Ela também pode responder a uma interpelação vinda de outrem[47]. Portanto, Ricoeur entende que o poder dizer produz um discurso sensato e, nesse, há alguém que diz algo a um outro conforme regras comuns[48].

---

45. Piva, 1999, 213-214.
46. SA, 71, tradução nossa.
47. PR, 146.
48. EC3, 446.

3.2.2. A capacidade de agir

Dando continuidade em sua reflexão sobre a ideia de homem capaz, Ricoeur busca analisar a capacidade de agir do ser humano, atento às suas diferentes esferas e dimensões. Ele compreende que os atos de discurso devem ser entendidos como tipos de ação e busca ampliar essa percepção para uma análise mais ampla da ação, começando pela semântica da ação.

Deve-se entender que a expressão "eu posso" aqui se refere à própria ação, que se relaciona à capacidade de gerar os acontecimentos no horizonte físico e social do indivíduo que age[49]. Para Ricoeur, a questão que será colocada na teoria da ação é da implicação do agente, sendo que a atribuição de uma ação a um agente é distinta da de um predicado a um sujeito lógico[50]. É nesse contexto que a filosofia da linguagem serve como um instrumento para a teoria da ação. Segundo David Pellauer:

> O que está em jogo nessa proposta é uma rede conceitual que se aplica tanto a agentes quanto a seus atos e que "partilha a mesma condição transcendental do quadro de conceitos dos particulares básicos" ([SA], 58). Nessa rede, o significado decorre das respostas que ela pode dar a perguntas como: "quem", "o que", "onde", "como", "quando" e assim por diante, todas de significados entrelaçados. Mas a teoria semântica da ação tende a subestimar a importância dos laços com a pergunta "quem" e sua aparente ligação com uma espécie de eu, em prol de um foco nas perguntas "o que" e "por que", tendo assim mais uma vez a sugerir que o eu deveria ser pensado como uma coisa ou evento determinado do ponto de vista causal e, como tal, uma coisa anônima, ainda que essa teoria da ação reconheça que a pergunta "quem" pode ser respondida de várias maneiras diferentes, inclusive com pronomes pessoais[51].

Ricoeur busca elaborar uma abordagem fenomenológica que procura oferecer mais espaços para formas mais mistas de discurso sobre a ação, onde as ideias de razão e de causa se sobrepõem ao ponto de coincidi-

---
49. PR, 146.
50. MONGIN, 1994, 178.
51. PELLAUER, 2009, 129.

rem na noção de uma causa eficiente que exige uma explicação teleológica. Conforme Ricoeur, essa possibilidade foi deixada de lado pela filosofia analítica, portanto, ele critica aquilo que pode ser chamado de abordagem dicotômica, a qual se encontra presente tanto no pensamento de Anscombe, em sua obra *A intenção*, quanto nos trabalhos de Donald Davidson. Percebe-se que o ponto central da crítica ricoeuriana é que a perda de qualquer referência a um agente é que torna possível a dicotomia.

Destarte, Ricoeur busca investigar como o sujeito está implicado em sua ação, ou melhor, como se dá a implicação de um agente na ação, a ascrição ou a referência da ação ao seu agente, a considerar "a questão que?, quem age?, mas suspendendo as determinações ético-morais tanto da ação quanto do agente"[52]. Há, no entanto, uma abordagem pré-moral em relação a esses dois constituintes, a ação e o agente. Ciente disso, Ricoeur recorre ao pensamento de Aristóteles para mostrar a interdependência entre eles. Partindo da noção de *prohaíresis* (escolha preferencial), Aristóteles mostra que sua ética foi precedida de sua análise. É baseada na escolha preferencial que a determinação ética do início da ação sobrepuja sua determinação física[53]. Ricoeur pensa que:

> Aristóteles, como já foi dito várias vezes, não dispõe em suas *Éticas* de um conceito unificado de vontade, como se encontrará em Agostinho, em Descartes e nos cartesianos, em Kant e em Hegel. No entanto, para fornecer um ponto de ancoragem no plano da ação a seu estudo detalhado das virtudes, isto é, traços de excelência da ação, ele procede no Livro III da *Ética a Nicômaco* a uma primeira delimitação do par de ações que se diz serem cometidas contra a vontade (*Ákon, akoúsios*) ou por vontade própria (*hekón, hekoúsios*), e, depois, a uma delimitação mais fina no interior desse primeiro círculo de ações que expressam uma escolha, mais precisamente uma escolha preferencial (*proaíresis*) determinada previamente pela deliberação (*bouleusis*). Essa relação entre preferido e pré-deliberado (*probébouleuménon*) serve de base à definição de virtude que põe em jogo outros traços diferenciais que consideraremos em outro estudo[54].

---

52. Piva, 1999, 215.
53. SA, 114.
54. SA, 110-111, tradução nossa.

Posto isso, a questão agora será a de saber como de fato podemos entender a dependência existente na afirmação aristotélica de que a ação depende do agente. Logo, é preciso realizar uma distinção entre a ação realizada de modo livre por meio do seu agente e as ações produzidas a despeito dele, "ambos os tipos podendo incluir ou depender de outros que são eles mesmos resultado de deliberação anterior"[55].

Toda a teoria moderna da ação vai além da compreensão de que a atribuição pode ser percebida como uma ideia correlata à ideia de crédito. Nesse sentido, são creditados atos a um sujeito que age, podendo aqueles ser voluntários ou involuntários. A teoria moderna da ação busca ressaltar o caráter específico de cada ato como uma ocorrência particular. Dessa forma, pode-se ver um destaque maior na ideia de capacidade de ação e na noção de capacidade de designar a si mesmo como o agente ao qual os atos podem ser atribuídos. Logo, essa capacidade está ligada à teoria dos atos de discurso.

Percebe-se que a capacidade de o sujeito realizar uma ação específica revela, a nosso ver, o horizonte da ética, no qual se encontra presente as características do homem capaz. Isso corrobora com uma de nossas hipóteses: a de que na filosofia de Ricoeur antropologia e ética caminham juntas.

A responsabilidade pré-moral que um determinado indivíduo tem em relação aos seus atos é uma questão fundamental para a moral e para o direito. Isso se dá devido ao fato de o sujeito apresentar a capacidade de designar a si mesmo como aquele que é o autor e o responsável por seus atos, podendo ser posteriormente responsabilizado por suas ações. Sendo assim, um sujeito deve ser visto como um ser responsável no horizonte da ética e do direito. Entretanto, Ricoeur percebe que há algumas dificuldades no âmbito da referência da ação a um sujeito agente. Logo, o filósofo francês percebe a existência de aporias e paradoxos relacionados ao estatuto do sujeito da enunciação enquanto tal, ao estatuto do eu.

Isso quer dizer que a pragmática do discurso, focada na enunciação e aberta para a designação do enunciador por si mesmo é um so-

---

55. PELLAUER, 2009, 131.

corro maior? Sim, sem dúvida. Mas até certo ponto, na medida em que designar-se como agente significa mais que designar-se como locutor. É dessa distância entre dois graus de autodesignação que dão testemunho as aporias próprias à adscrição⁵⁶.

Como pode ser observado, a primeira dificuldade está relacionada com o campo da pragmática e se refere à aptidão dos predicados psíquicos em serem tomados em si mesmos através da suspensão de toda atribuição explícita. Na esteira do pensamento de Strawson, Ricoeur compreende que é próprio do sentido dos predicados práticos, "assim como do sentido de todos os predicados psíquicos, serem atribuíveis a outro que não a si mesmo, uma vez que são atribuíveis a si mesmo, e manterem o mesmo sentido nas duas situações de atribuição"⁵⁷.

Há a tentativa de compreender as ações e as paixões através da suspensão de toda atribuição explícita a um sujeito⁵⁸. Paul Ricoeur pensa que a partir da dialética entre suspensão e apropriação o problema da aporia da adscrição não acha uma solução no horizonte da teoria da referência identificadora. Nesse sentido, para passar à suspensão da adscrição, é necessário que um sujeito visto como agente possa se autodesignar, de maneira que venha a ter um outro ao qual a mesma atribuição possa ser feita de maneira pertinente. É necessário sair da semântica da ação e adentrar na pragmática que leve em consideração as proposições cuja significação altera com a posição do sujeito falante e, da mesma forma, implique uma interlocução que coloque face a face um "eu" e um "tu".

A segunda dificuldade se refere ao estatuto da adscrição em relação à descrição. Percebe-se que a atribuição de uma determinada ação a um sujeito apresenta um problema de ambiguidade entre a descrição de uma ação e a imputação moral. Conforme Ricoeur, "se adscrever não é descrever, não é em virtude de certa afinidade com prescrever, afinidade esta que falta esclarecer? Ora, prescrever aplica-se simultaneamente a agente e ações"⁵⁹.

---

56. SA, 118, tradução nossa.
57. SA, 118, tradução nossa.
58. SA, 119.
59. SA, 121, tradução nossa.

A um sujeito específico se prescreve agir com uma ou outra regra de ação. Essas são submetidas às regras e os agentes, por sua vez, são considerados responsáveis por suas ações. Existe a pressuposição de que as ações estejam sujeitas às regras e de que seus respectivos executores possam ser responsabilizados por realizá-las, em termos de sua observância ou não. A última dificuldade está relacionada com o poder agir[60], uma adversidade que parece encalhar o conceito de adscrição. Aqui, o problema está em afirmar que uma determinada ação depende de seu agente, o que pode trazer à tona a velha noção de causalidade eficiente expulsa pela revolução galileana. Pergunta-se Ricoeur, "é lícito dizer que, com a adscrição, a causalidade eficiente simplesmente retoma seu lugar de origem, sua terra natal, que é precisamente a experiência viva do poder de agir?"[61].

Em suma, para deixar de lado tal retomada, é necessário extrair o argumento da polissemia da ideia de causalidade. O agente pode ser visto como detentor do poder da ação, sendo seu *index* a imputação da sua responsabilidade por alguma coisa, em que a ética fica nas vizinhanças do direito, assim como o remorso e o sentimento de culpa, em que a ética se achará nas vizinhanças da psicologia. Ricoeur procura dar a forma de uma aporia à admissão de que o poder de agir de um determinado agente possa ser entendido como um fato primitivo. Esse não deve ser compreendido como fato bruto, mas reconhecido ao cabo de um trabalho intelectual, de um conflito de argumentos, no qual o rigor não deve ter sido colocado à prova.

Para Ricoeur, esse entendimento ocorre devido à existência de uma dialética que passa por dois estágios:

> [...] um estágio disjuntivo, em cujo termo é afirmado o caráter necessariamente antagonista da causalidade primitiva do agente em relação aos outros modos de causalidade; um estágio conjuntivo, em cujo termo é reconhecida a necessidade de coordenar de maneira sinérgica a causalidade primitiva do agente com as outras formas de causalidade[62].

---

60. SA, 124.
61. SA, 124, tradução nossa.
62. SA, 124-125, tradução nossa.

A essa perspectiva Paul Ricoeur incorpora o pensamento kantiano da "Terceira antinomia da razão pura", pois coube a Kant colocar a causa livre na frente da causalidade física, "no mesmo plano cosmológico que na famosa terceira 'Antinomia da razão pura', com isso, o que se dá a pensar é a 'capacidade de começar por si mesmo' (*von selbst*) (A 448, B 478) uma série de fenômenos que ocorrerão de acordo com as leis da natureza"[63].

Há uma dificuldade em não permitir que a espontaneidade das causas seja absorvida dentro do fenômeno moral da imputação, em que o poder fazer constitui uma precondição fundamental. Portanto, a causalidade livre daquele que age apresenta a ideia de começo e essa implicará uma interrupção no rumo do mundo. Ricoeur utiliza o termo imputação para se referir a determinados casos onde uma ação é atribuída a um agente a ser visto como sujeito responsável por seus atos. Nessa perspectiva, o indivíduo livre responde por suas escolhas e ações. É por causa disso que ética e direito estão presentes no horizonte da antropologia do homem capaz, pois, ao agir, o sujeito toma para si e assume a iniciativa pela qual o poder de agir se efetua. Do mesmo modo, o outro também será visto como um ser de ação e de capacidade, podendo ser identificado tanto como um indivíduo quanto como uma comunidade. Logo, suas ações podem ser classificadas como boas ou más.

Dessa forma, a noção de causalidade implicará uma capacidade de ação do sujeito no mundo. O sujeito não apresenta o poder de criar o mundo, mas ele terá um poder de agir na realidade. Ricoeur pensa a ideia de iniciativa relacionada ao fenômeno da ação. Para ele, todo o poder de agir apresentado pelo ser humano deve ser entendido como "a capacidade de produzir eventos na sociedade e na natureza. Essa intervenção transforma a noção de evento, que não designa (tão somente) o que acontece"[64]. Logo, essa noção de poder agir coloca no horizonte do ser humano a noção de contingência, de incerteza e de imprevisão em relação ao curso das coisas.

Dito isso, toda a teoria da ação irá mostrar um sujeito agente que apresenta a capacidade de poder designar a si como o autor de seus atos,

---

63. PR, 149, tradução nossa.
64. EC3, 447, tradução nossa.

como um ser totalmente responsável por suas ações. Esse sujeito capaz de agir deve levar em conta a noção de atestação, através da qual os agentes podem assumir toda a responsabilidade do seu ato. Segundo Jean Greisch, é a atestação a garantia que torna possível e sustenta a iniciativa dos agentes[65]. Portanto, essa certeza que acompanha o poder fazer revela um aspecto ontológico, autorizando a pensar o agente como ser moral e a tirar as consequências.

3.2.3. A capacidade de narrar e de narrar a si mesmo

Analisaremos agora a capacidade do ser humano de poder narrar. A transição que Ricoeur faz para a questão do narrar parte do pressuposto de que a filosofia da ação deixou de lado toda a dimensão temporal do eu e da ação. É necessário perceber que tanto uma pessoa da qual podemos falar quanto um sujeito realizador de uma ação apresentam uma história.

Para ser considerado, esse debate, relacionado com a questão da identidade pessoal, deve ser tomado no horizonte da dimensão temporal da existência[66]. Ricoeur põe, na terceira posição da fenomenologia do homem capaz, toda a problemática relacionada com a identidade pessoal ligada ao ato de narrar[67]. É por intermédio da fórmula do narrar-se que a identidade pessoal se projeta como identidade narrativa. Ricoeur compartilha com Hannah Arendt a ideia de que a narrativa é o dito da ação[68].

É dentro da perspectiva da teoria narrativa que Paul Ricoeur encontrará as ferramentas para lidar com os problemas relativos ao tempo relacionado com a constituição da pessoa e da ação do ser humano. Tomando a ideia de identidade narrativa nos termos da própria ideia de identidade, vê-se como aquela primeira pode realizar um papel de mediação entre um ponto descritivo da ação e um ponto prescritivo.

Ricoeur admite que "é no âmbito da teoria narrativa que a dialética concreta entre ipseidade e mesmidade [...] atinge pleno desenvolvi-

---

65. GREISCH, 2001, 385.
66. SA, 138.
67. PR, 150
68. FÈVRE, 2003, 44

mento"⁶⁹. Logo, é nesse horizonte que o problema da identidade pessoal se constitui e, assim, gera uma oportunidade para que ocorra a confrontação em dois tipos de identidade. Em um campo, percebe-se a identidade como mesmidade, fundada na permanência de uma substância imutável, enquanto no outro, aparece a identidade como ipseidade, fundada na manutenção de si na promessa e no empenho pessoal de cumpri-la. Sobre toda a problemática relacionada com a identidade pessoal em Ricoeur, David Pellauer analisa:

> É agora que Ricoeur começa a considerar os detalhes da grande distinção que faz entre individualidade como identidade-*ipse* (mesma) e o que chama de identidade-*idem* ou igualdade. Examina como essa distinção se aplica à ideia de permanência no tempo, observando primeiro que a identidade-*idem* pode tomar diferentes sentidos. [...] A questão de Ricoeur é se devemos necessariamente identificar essa continuidade em cada caso como uma espécie de substrato, uma substância subjacente que não muda, e ainda preservar a ideia de uma permanência no tempo passível de ser aplicada à individualidade⁷⁰.

Ao aplicar esses dois modelos de identidade pessoal ao sujeito, Paul Ricoeur descobre, no caráter, o modelo de permanência no tempo.

> Eu entendo aqui por caráter o conjunto das marcas distintivas que permitem reidentificar um indivíduo humano como sendo o mesmo. Pelos traços descritivos, que vamos dizer, ele acumula a identidade numérica e qualitativa, a continuidade ininterrupta e a permanência no tempo. É assim que ele designa de modo emblemático a mesmidade da pessoa. [...] O caráter me parece, ainda hoje, como o outro polo de uma polaridade existencial fundamental. Mas, em vez de conceber o caráter como uma problemática da perspectiva e da abertura, como o polo finito da existência, eu o interpreto aqui em função de seu lugar na problemática da identidade. Essa mudança de acento tem a principal virtude de colocar de novo em questão o estatuto de imutabilidade do caráter, dado como certo em minhas análises anteriores⁷¹.

---

69. SA, 138, tradução nossa.
70. Pellauer, 2009, 134-135.
71. SA, 144-145, tradução nossa.

Portanto, é através dos hábitos e das disposições que o caráter terá a função de garantir identidade numérica e qualitativa, fazendo com que a permanência no tempo se torne possível, espaço onde ocorrerá um tipo de igualdade. É na permanência do caráter que Ricoeur encontra a ideia de permanência no tempo da mesmidade; é por isso que ele designará a mesmidade de uma pessoa como sua permanência no devir temporal, permitindo a retomada de seus atos numa narrativa em que o eu está pressuposto ou implicado.

Vale dizer que o eu agente ou eu posso que subsiste ao fluxo cambiante das impressões e das volições são reais, mas não desintegram o agente ou a pessoa, cuja disposição de caráter torna o curso de sua ação previsível. Logo, Ricoeur pensa que a identidade do caráter expressa uma aderência do quê? ao quem?; o caráter é realmente o "que" do "quem"[72]. Aqui há uma "sobreposição do quê? ao quem?, que faz deslizar da pergunta: quem sou eu? para a pergunta: o que sou eu?"[73]. Nessa relação do caráter, pode-se ver a sobreposição do *idem* em relação ao *ipse*. Ricoeur pensa que o caráter deve ser ressituado no movimento de uma narração. Logo, "será tarefa de uma reflexão sobre a identidade narrativa pesar os traços imutáveis que esta deve à ancoragem da história de uma vida num caráter e os que tendem a dissociar a identidade do si da mesmidade do caráter"[74].

Ricoeur compreende que há outro modelo de permanência no tempo contrário ao caráter. Esse modelo é a manutenção da promessa, a palavra cumprida na fidelidade à palavra dada. Cumprir a palavra revela uma autoconsciência inscrita no horizonte de algo em geral, mas de forma específica: no horizonte do "quem". O cumprimento da promessa desenvolve um desafio ao tempo. Sendo assim, uma pessoa, mesmo que tenha o seu desejo alterado ou até vivencie uma mudança de opinião, tende a manter seu comprometimento. A identidade narrativa irá se desdobrar entre o polo do caráter e entre o polo do cumprir, da promessa. Segundo Ricoeur, é no horizonte dessa que a ipseidade encontra o critério de sua diferença última com a identidade-mesmidade[75].

---

72. SA, 147.
73. SA, 147, tradução nossa.
74. SA, 148, tradução nossa.
75. PR, 154-155.

Para compreendermos como a identidade narrativa se desdobrará entre o polo do caráter e entre o polo da promessa, é necessário levarmos em consideração as teorias da identidade pessoal que não tomam, como crivo, a distinção entre identidade-*idem* e identidade-*ipse*. Isso pode ser visto, de forma especial, na filosofia de Locke, na de Hume e no pensamento de Derek Parfit.

Em Locke, o conceito específico de identidade escapa à alternativa de mesmidade e ipseidade, pois entendia-a como fruto de uma comparação que revelava ser uma coisa idêntica a si mesma. Dessa forma, seria por meio dessa confrontação de uma coisa a si mesma em momentos diferentes que as ideias de identidade e diversidade seriam formadas[76]. Nesse viés, tal noção irá resistir ao tempo por meio da memória. Segundo Ricoeur, Locke revela o caráter aporético da identidade. Para ilustrar essa questão, o filósofo inglês conta o exemplo de um transplante da memória de um príncipe para o corpo de um sapateiro. Esse passará a ser o príncipe que lembra ou continuará a ser o sapateiro? O filósofo decide pela primeira solução. Portanto, é na memória que Locke encontra a efetivação do critério de conexão psíquica[77], o lugar onde a identidade resiste ao tempo.

Em Hume, existe somente um modelo de identidade, a mesmidade[78]. A ideia de uma identidade pessoal se torna para ele uma ilusão dado que, na análise que pode realizar do seu interior, o sujeito encontrará somente suas experiências e nenhuma impressão variável relativa relacionada à ideia de um si. Diferentemente de Locke, Hume introduz graus na atribuição à identidade: contudo, de início, esse problema fica desprovido de respostas. Dentro do horizonte empirista, Hume afirma que, para cada ideia distinta, deve haver uma impressão correspondente. Portanto, cabe à imaginação e à crença garantir toda a unidade da experiência, sendo a imaginação a faculdade de passar de uma experiência à outra e a crença a de garantir a superação do déficit da impressão[79]. De acordo com Ricoeur, Hume procura algo que não irá encontrar: ele busca um si que se entende pela ipseidade através de uma investigação

---

76. SA, 151.
77. LOCKE, 1999, I, cap. XXVII.
78. SA, 153.
79. HUME, 2009, I, Parte 4, seção 6.

que ocorre especificamente em bases de dados de mesmidade, nas quais a ipseidade ficará fora. O embate maior de Ricoeur será com Derek Parfit. Em *Reasons and persons*, Parfit critica as crenças de base subjacentes à reivindicação pessoal[80], partindo do pressuposto de que o problema da identidade pessoal é sem sentido e atacando as crenças básicas subjacentes ao uso do critério de identidade. Ali, ele desenvolve certos casos pensados por Locke e sustenta que a identidade pessoal não tem importância. Ricoeur contra-argumenta essa propositura, indagando "quem pergunta se assim é?", e ainda, mais especificamente, ao demandar: "E a questão do que me identifica é simplesmente descartada por decreto?"[81]. O filósofo francês pensa que a ideia de identidade narrativa é um caminho melhor no que tange a essas questões. Ademais, ele também irá criticar os experimentos de Derek Parfit (troca de corpo, mente etc.) como desprovidos de crítica, na medida em que a vida humana parece não ter nenhuma importância. Nessa direção, pode-se perceber, mais uma vez, que a antropologia filosófica não pode ser pensada sem o horizonte da ética na filosofia ricoeuriana.

Dando sequência em sua análise, Ricoeur compreende que a verdadeira natureza da identidade narrativa se mostra na dialética entre ipseidade e mesmidade; e essa última representa a principal contribuição da teoria narrativa à constituição do si. O argumento central para Ricoeur, em relação à identidade narrativa, é que a relação entre a individualidade e a identidade precisa ser compreendida de forma dialética. Logo, cada termo necessita do outro para adquirir significado, e a identidade narrativa se desponta em algum ponto entre os dois, tornando-se possível a partir da relação entre teoria da ação e a teoria da moral. A teoria narrativa ocupa um lugar de articulação entre a teoria da ação e a teoria ética. Se a narrativa apresenta um papel de mediação entre a descrição e a prescrição, ela convida ao duplo esclarecimento que corresponde à sua inclinação prática e moral[82]. O sujeito que apresenta a capacidade de narrar é capaz de ressignificar a história de sua vida e de construir novas narrati-

---

80. Piva, 1999, 221.
81. Pellauer, 2009, 136.
82. Mongin, 1994, 181.

vas sobre ela. Ou seja: o poder narrar revela, a nosso ver, a capacidade do ser humano de buscar e de encontrar sentido ao longo de sua história. Indivíduos têm a capacidade de falar sobre suas vidas e sobre outras coisas. Dada sua dotação à racionalidade e à liberdade, diferentemente dos animais, apresentam a capacidade de olhar para sua história e de falar e pensar sobre ela, tendo sempre a dinâmica do passado, do presente e do futuro como aquilo que norteia sua narração. O modelo narrativo é considerado como aquele que tem a capacidade de articular a "coesão de uma pessoa no encadeamento de uma vida humana e a dispersão das impressões"[83].

Com o objetivo de entender a constituição conceitual da identidade pessoal, Ricoeur recorre à *Poética* de Aristóteles para mostrar a correlação entre história narrada e personagem. "De fato, é na história narrada [...] que o personagem conserva ao longo de toda a história uma identidade correlativa à da própria história"[84]. Logo, é na decomposição da intriga (*mythos*, na acepção de enredo, bem como de narração = contar uma história) que se encontra o instrumental dessa dialética. A intriga, portanto, é aquilo que realiza a mediação entre a concordância do princípio de ordem e a discordância dos reveses. A intriga tem a capacidade de inverter o efeito da contingência da ação em efeito de necessidade narrativa. A operação narrativa construirá um conceito de identidade dinâmica que tem como proposta conciliar identidade e diversidade. Portanto, o estabelecimento da identidade pessoal se forma quando ocorre a passagem do plano da ação para o personagem. Ricoeur esclarece:

> É nessa medida que a identidade pessoal, considerada em sua duração, pode ser definida como identidade narrativa, no cruzamento da coerência conferida pela intriga com a discordância suscitada pelas peripécias da ação narrada. Por sua vez, a ideia de identidade narrativa dá acesso a uma nova abordagem do conceito de *ipseidade*, que, sem a referência à identidade narrativa, é incapaz de desenvolver sua dialética específica, a da relação entre duas espécies de identidade, a identidade imóvel do *idem*, do mesmo, e a identidade mó-

---

83. Piva, 1999, 221.
84. SA, 170, tradução nossa.

vel do *ipse*, do si, considerada em sua condição histórica. É no quadro da teoria narrativa que a dialética concreta da mesmidade e da ipseidade alcança um primeiro florescimento, esperando por sua culminação com a teoria da promessa[85].

Ricoeur compreende que a identidade do personagem deve ser percebida através da transferência para ele, da operação de intriga aplicada, no primeiro momento, à ação relatada. Para o pensador francês, o personagem é visto como a própria intriga. Portanto, a narrativa constrói a identidade de um personagem — chamado de sua identidade narrativa — criando, igualmente, a da história relatada. É a identidade da história, ou sua unidade, que realiza a identidade do personagem. Esses podem ser entendidos como enredos, pois são formados por uma dialética interna relacionada com o corolário da dialética de concordância e discordância elaboradas pelo enredo da ação. O personagem retira sua identidade singular do campo da unidade de uma vida considerada uma totalidade temporal, singular e distinta de todas as outras.

Porém, a partir de *O homem sem qualidades*, de Robert Musil, percebe-se um problema: o da perda da identidade que, por sua vez, se desdobra no emperramento da dialética, na acepção ricoeuriana de complementaridade dos opostos. O revés se dá pelo fato de o romance não ter sido concluído. Há um eclipse da identidade do personagem e da composição de toda a intriga. A perda da identidade do personagem corresponde à perda da configuração da narrativa e atrai a obra literária para as proximidades do ensaio. Em Ricoeur, esse caso pode ser entendido como desnudamento da ipseidade como perda de suporte da mesmidade[86], desafiando o filósofo e levando-o a buscar trilhar um outro caminho.

Na contramão da identidade das coisas e do eu solipsista, a identidade narrativa permite a mudança, a mobilidade, o desenvolvimento, as transformações específicas da identidade do si. Ao fim e ao cabo, como notou um estudioso de sua obra, "a forma narrativa permite a apreensão da vida humana na sua unicidade, a autodesignação da pessoa no encadeamento de uma vida humana"[87].

---

85. PR, 153, tradução nossa.
86. SA, 178.
87. PIVA, 1999, 223.

Aqui, ao dar esse passo, Ricoeur dialoga com MacIntyre em relação à ideia de "unidade narrativa de uma vida". MacIntyre, em *Depois da virtude* (2001), parte da compreensão de que o sujeito da narrativa é um ser responsável pelos seus atos e por suas experiências, que fazem parte de uma vida narrável[88]. Para MacIntyre, a narrativa de uma vida faz parte de um conjunto interligado de narrativas, "a unidade de uma vida humana é a unidade de uma busca narrativa"[89].

Ricoeur visará a ideia de concentração da vida em forma de narrativa, destinada à vida "boa". De sorte que a articulação dessas duas ideias, que no fundo são uma só, é fundamental tanto para a ética de MacIntyre quanto para a de Ricoeur. Para esses dois pensadores, a vida necessita ser concentrada, proporcionando assim coesão, para, só então, poder ser situada na visada da vida verdadeira. Dessa forma, ela necessita ser apreendida como uma totalidade singular e, se isso não acontecer, o sujeito jamais poderá desejar que sua vida seja bem-sucedida. Ricoeur, de forma crítica, não adere ingenuamente à ideia de "unidade narrativa de uma vida". Ele busca, na ficção, as ferramentas para lidar com o caráter evasivo e dissipador da vida real. As narrativas de ficção tomam o valor da atestação.

Elas apresentam a capacidade de atestar as possibilidades de coesão e de realização que não são atualizadas em nossa vida real[90]. A narrativa auxilia o indivíduo a se tornar o autor do sentido de sua própria vida, que, antes de fazer parte da vida escrita, faz parte da vida real. Tal perspectiva já põe, no horizonte da identidade narrativa, a dimensão do campo da ética. A respeito dessa discussão, David Pellauer reflete:

> Dois fatores trazem agora à baila a dimensão ética. Um é o de que há também uma questão de autoconsciência nesses níveis mais elevados e de longo prazo. Um personagem, nesses níveis mais elevados, não tem que permanecer como o mesmo eu ao longo do tempo? Não tem uma obrigação sensível ou mesmo lógica de fazê-lo, indicada talvez pelo exemplo de cumprir suas promessas como uma forma de manter sua palavra? Em segundo lugar, o fato de que as ações de um

---

88. MacIntyre, 2001, 365.
89. MacIntyre, 2001, 367.
90. Greisch, 2001, 387.

personagem podem assumir formas intersubjetivas põe em jogo situações nas quais o eu pode tanto anular-se em face do outro quanto o sofrimento próprio ou alheio pode resultar em tais atos. Isso dá ainda mais importância à questão da responsabilidade já implícita na da autoconsistência[91].

Tudo isso já coloca o fundamento para pensarmos a questão referente à ideia de imputabilidade, evidenciando que o sujeito moral já começa a ganhar cena a partir daqui. Essa ideia da imputabilidade, colocada em conjunto com as outras características do homem capaz (falar, agir e narrar), desconstrói uma suposta separação entre descrição e prescrição. Logo, Ricoeur busca, diante de uma suposta ameaça da perda de identidade, apresentar um caráter decisivo ao seu projeto ético. Antes de analisarmos a última característica do homem capaz, afirmaremos com Ricoeur que o poder contar histórias:

> [...] ocupa um lugar eminente entre as capacidades, na medida em que os acontecimentos de toda origem só se tornam legíveis e inteligíveis quando contados dentro de histórias; a arte milenar de contar histórias, quando aplicada à própria pessoa, proporciona narrativas de vida que a história dos historiadores articula. [...] Pode-se falar, então, de uma identidade narrativa, a da intriga da narrativa, que permanece inacabada e aberta para a possibilidade de contar diferentemente e de deixar-se contar pelos outros[92].

3.2.4. A capacidade da imputação moral

É dentro do horizonte da última característica do homem capaz, a imputabilidade moral, que iremos analisar como o ser humano é responsável por seus atos. A fragilidade da identidade narrativa nos leva em direção ao problema da imputabilidade. As perguntas "quem fala?", "quem age?" e "quem narra?" têm sequência na questão: "quem é capaz de imputar?". A dimensão ética surge no horizonte do ser capaz. Aqui, podemos ver como a articulação entre antropologia filosófica e ética se estrutu-

---

91. PELLAUER, 2009, 138.
92. EC3, 447, tradução nossa.

ram na filosofia ricoeuriana do homem capaz. A linguagem, a ação e a narração contribuem para a estruturação da ética dentro de um enraizamento antropológico, no qual ela é constituída não como algo que possa vir de fora, mas como um desejo de ser e um esforço por existir.

Uma pequena observação deve ser dita aqui: sabemos que, em Ricoeur, tanto sua antropologia quanto sua ética podem ser constituídas em dois momentos. O primeiro momento pode ser visto no desenvolvimento da filosofia da vontade e da falibilidade, centrado na questão do bem e do mal; e o segundo momento pode ser compreendido dentro de um horizonte mais ontológico, ao modo de O si-mesmo como um outro, do homem capaz, centrado na questão do ser da subjetividade (linguagem, ação, narrativa). Sem esquecer-se da falibilidade, nossa ideia é mostrar que o homem capaz pode ser visto como um possível fio condutor da antropologia ricoeuriana.

Nesse contexto, a imputabilidade está relacionada com a noção de uma responsabilidade que entende o ser humano como um ser responsável pelos seus atos, a ponto de poder imputá-los a si mesmo. Sendo assim, antes de darmos sequência à análise, é necessário compreendermos brevemente como o pensamento teleológico da ética aristotélica e o deontológico da ética kantiana são fundamentais para o pensamento ricoeuriano.

O discurso ético sempre esteve presente na filosofia ricoeuriana, uma vez que esse pensador procura lidar com as questões éticas dentro do campo da linguagem; a filosofia da ação de Ricoeur tanto se inclina para a ética de Aristóteles quanto para a ética de Kant. Há uma precedência do discurso da ação em relação ao discurso deontológico, embora a compreensão deste seja distinta do daquele, mas o pressuponha, determinando-se como abarcante e aquele, citado primeiramente, como o abarcado.

Paul Ricoeur percebe que a tradição Aristotélica enfatiza a ideia teleológica da "vida boa", enquanto a tradição kantiana valoriza o pressuposto de que a norma moral deve ser vista como reguladora da ação do ser humano. A respeito disso, Ricoeur escreve um artigo, intitulado *Les structures téléologique et déontologique de l'action. Aristote et/ou Kant?*, em que compreende, como seu projeto, a tarefa de mostrar como uma teoria da ação oferece a estrutura necessária para que a ideia de justiça possa ser realizada nos momentos da ética aristotélica e nos momentos da ética kantiana, a partir de uma estrutura teleológica e deontológica da vida moral[93].

Dentro daquilo que ficou conhecido como sua *petite éthique* (pequena ética), Ricoeur oferece uma noção do sujeito ético que pode ser agrupada na imagem do homem capaz na parte de *Soi-même comme un autre* consagrada a esse assunto. Nela, o pensador francês, mais uma vez, realiza o exercício de trabalhar a tradição aristotélica com a tradição kantiana.

A respeito dessas leituras e diálogos, Johann Michel destaca que a ética de Levinas foi decisiva para a reviravolta moral na filosofia prática proposta por Paul Ricoeur, embora a ideia de reciprocidade permaneça sendo a modalidade privilegiada de troca ética[94]. Ricoeur assim evidencia: "a ética tem como tarefa tornar a liberdade do outro como a minha", porque "o outro deve ser visto como meu companheiro"[95].

Para Jonathan Roberge, essa ética ricoeuriana apresenta um gesto de um si que se torna responsável por si mesmo através da descoberta do que ele é[96]. Em Ricoeur, a distinção entre ética e moral não se estrutura nem pela etimologia nem pela história desses termos, uma vez que se compreende que tanto o termo grego "ética" quanto o latino "moral" apresentam a mesma ideia de costumes, contendo uma conotação dupla do que é tido como bom e do que se coloca como obrigatório[97]. Ricoeur utiliza o termo "ética" para se referir à visada de uma vida plena, à "vida boa", já o termo "moral" utiliza na articulação dessa visada de uma "vida boa" com as normas, caracterizada pela pretensão à universalização e pelo efeito de constrangimento. A moralidade será descrita como a visada de uma vida boa que se articula com as normas que funcionam tanto como regras universais quanto como um certo limite para a ação. Em Ricoeur, perceberemos três momentos no horizonte da ética: o momento teleológico, o momento deontológico e, por fim, o momento prático. Para Pellauer:

> Nessa teoria a "ética" se aplica ao primeiro estágio como que caracterizando o alvo de uma vida boa, com a "moralidade" descrevendo

---

93. Ricoeur, 1989, 15.
94. Michel, 2006, 296.
95. Ricoeur apud Michel, 2006, 296, tradução nossa.
96. Roberge, 2008, 260.
97. SA, 200.

como essa meta se articula com as normas que funcionam tanto como regras universais quanto como espécie de limites da ação[98].

A "pequena ética" elaborada por Ricoeur é desenvolvida a partir de uma circularidade que será constituída, por sua vez, a partir de três momentos específicos. O primeiro momento é constituído pela primazia da ética em relação à moral, o segundo está relacionado com o objetivo de que a visada ética passe pelo crivo da norma e o terceiro momento está relacionado com a sabedoria prática e tem a ver com a legitimidade de um recurso da norma à intenção, a visada.

Dado que Ricoeur pensa que a moral deve ser entendida como uma limitada efetivação da visada ética e, dentro desse contexto, a ética envolveria a moral, ele não vê uma substituição de Kant em relação a Aristóteles, mas percebe, sim, que, entre a tradição aristotélica e a kantiana, existe uma relação tanto de subordinação quanto de complementaridade, onde o recurso final da moral à ética viria reforçar[99].

O destaque que Ricoeur dá para o dinamismo ético originário apresenta uma inspiração mais luterana do que calvinista em sua filosofia[100]. Contudo, se mantém avesso a toda moralização da fé, tal como pode ser visto e constatado na tradição calvinista.

Como aponta Dosse, o teólogo Denis Muller vê, por se afirmar da mesma maneira que fez Lutero, a boa-nova do Evangelho e a ideia de justificação somente pela fé dissociada da lei, ou seja: algo completamente libertador. Ele assim expõe:

> Tenho o sentimento de que Ricoeur, ao colocar a intencionalidade ética, esse surgimento da liberdade, antes do choque da liberdade de outrem, essa espécie de nascimento do sujeito ético em um modo de gratuidade, diz no fundo, em termos filosóficos, a mim que sou teólogo, algo paralelo ao que a teologia diz quando afirma o caráter primeiro da graça de ser, de ser perante Deus[101].

---

98. PELLAUER, 2009, 139.
99. SA, 201.
100. DOSSE, 2001, 743.
101. MULLER apud DOSSE, 2001, 743, tradução nossa. Cf. MULLER, DENIS. *Les Lieux de l'action*, Genève, Labor et Fides, 1992, 62.

É claro que não se pode confundir filosofia e teologia na obra ricoeuriana, nem mesmo teologizar Ricoeur; e esse não foi o objetivo de Denis Muller. Por mais que os dois domínios estejam separados, pode-se perceber uma profunda convivência, "não estamos longe de pensar que existe aqui um paralelo possível entre o caráter metamoral da ética na filosofia ricoeuriana e o caráter metaético da perspectiva da fé na teologia cristã"[102]. É nessa direção que falaremos no último capítulo desse livro, considerando, para isso, a abertura do *homme capable* ao horizonte da transcendência, dentro do contexto da superabundância do amor e da justiça, em direção ao bem.

Ricoeur em *O si-mesmo como um outro* procura mostrar que tanto a identidade pessoal, de forma geral, quanto a identidade ética, de forma particular, não se articulam em torno de um indivíduo isolado[103]. Isso nos traz a lembrança de que o si da identidade pessoal é conjugado a partir dos três pronomes pessoais.

Dentro do primeiro momento elaborado pelo filósofo em sua ética, percebe-se que a visada da vida boa irá nortear sua reflexão. A "visada ética" é a "visada da vida boa com e para outrem em instituições justas"[104]. Tendo Aristóteles como referência, Ricoeur mostra que o primeiro componente da visada ética é aquilo que foi chamado de "viver bem", "vida boa". A "vida boa" é o objeto da visada ética, ela deve ser nomeada em primeiro lugar. Independentemente da forma como cada pessoa venha a elaborar a ideia de vida plena, esse coroamento será o fim último de sua ação.

Partindo do pressuposto de que existe uma maneira melhor de agir e de viver, a ética visa a "vida boa", que tem o papel de ser um horizonte para essa noção, na medida em que a visada ética da "vida boa" corresponde ao fim último da ação e constitui o momento primeiro da ética. A respeito dessa, Edgar Antonio Piva, afirma: "ela designa aquilo que é estimado bom por um indivíduo ou comunidade singular. Por isso está sempre ligada à singularidade das pessoas e das comunidades históricas"[105].

---

102. Ibid.
103. MICHEL, 2006, 301.
104. SA, 202, tradução nossa.
105. PIVA, 1999, 226.

Dessa maneira, a ética para Ricoeur é, nesse momento, fundamentalmente teleológica[106], sustentando assim sua percepção:

> O nível da vida, como vida humana, é também o do desejo e, portanto, é o primeiro nível da ética. Em O si-mesmo como um outro, defendo a ideia de que, antes da moral das normas, há a ética do desejo de viver bem. Então, eu encontro a palavra vida no nível mais elementar da ética; ora é também o nível em que a memória se constitui, sob os discursos, antes do estágio do predicativo[107].

Posto isso, a ética terá, nesse momento, seu ponto de partida ancorado na ideia do desejo da "vida boa", e não na obrigação moral. Aqui, a visada ética para a vida feliz revela uma afirmação pelo desejo de ser, de um esforço por existir. Todo esse entendimento está relacionado com a atestação originária de si e de como um indivíduo age como um sujeito capaz.

A autoestima, por sua vez, se baseará na noção de vida boa, que necessita do complemento da interação com os outros para não ficar vazia de sentido e incompleta sem o horizonte mais amplo da ideia de instituições justas. Logo, Ricoeur compreende que a ética é dependente do desenvolvimento de toda a estrutura da intenção ética por meio de sua colocação em prática nos atos reais. A unidade narrativa junta e sustenta o sujeito ético dando-lhe uma identidade narrativa, sendo que a autoestima surge, de forma inicial, como resultado da interpretação dessa identidade narrativa.

Por isso, a hermenêutica do si precisa garantir que o conceito ético da autoestima não se feche de forma prematura no campo puramente egológico de um eu autossuficiente. É bom lembrar que Ricoeur não concorda nem com a exaltação nem com a humilhação do *cogito*, ele enfatiza um *cogito* partido, em alusão — ousaríamos dizer — ao espelho partido do Édipo por Freud e a psicanálise.

Portanto, somente um si que procura a "vida boa", expondo-se aos outros com a solicitude e sendo habitado pelo sentido ou a noção de justo e injusto pode realizar de forma plena o conteúdo da ideia da estima de si[108].

---

106. ROBERGE, 2008, 288.
107. CC, 144, tradução nossa.
108. GREISCH, 2001, 388.

A estima de si tira seu significado do movimento reflexivo pelo qual certas ações consideradas boas se referem ao autor dessas ações. Por outro lado, a autonomia moral e o respeito de si, da forma como Ricoeur os define depois de Kant, revelam a compreensão de um sujeito que é capaz de produzir sua própria lei moral ou, de forma mais específica, de transformar as máximas de sua ação em lei universal[109]. Ricoeur pensa que:

> Para selar a aliança entre a fenomenologia do homem capaz e a ética do desejo da vida boa, direi que a estima, que precede no plano ético aquilo que Kant denomina no plano moral, dirige-se a título primordial ao homem capaz. Reciprocamente, é como ser capaz que o homem é eminentemente digno de estima[110].

Dando continuidade em sua reflexão, Ricoeur percebe que o sujeito também se compreende dentro de um segundo nível da intenção ética, a dimensão do cuidado com e para o outro, da solicitude. O caráter reflexivo da estima de si implicará uma referência ao outro, que só tem a possibilidade de existir através de uma relação com o tu. Nesse cenário, a solicitude busca se expandir a partir de sua dimensão dialogal, ainda que não se ajuste de fora a estima de si.

> Por desdobrar, como já foi dito em outro contexto, eu entendo, sem dúvida, uma ruptura na vida e no discurso, mas uma ruptura que cria as condições de uma continuidade de segundo grau, de tal maneira que a estima de si e a solicitude não podem ser vividas e pensadas uma sem a outra[111].

Para entendermos esse paradoxo, é necessário percebermos que, em todo momento, Ricoeur fala sempre de estima a si mesmo e nunca de estima a mim mesmo, dizer si não é a mesma coisa que dizer mim. Outra questão é que o si é declarado digno de estima através de suas capacidades e não por intermédio de suas realizações. Ricoeur está aqui conversando com Aristóteles, que no final da *Ética a Nicômaco* fala da *philautia* (estima de si), contexto em que a noção de obra é central e em que se decide a an-

---

109. MICHEL, 2006, 301.
110. AI, 39-40.
111. SA, 212, tradução nossa.

terioridade da ação em relação à ética. Nesse ponto, podemos fazer um contraponto aqui com Pascal e sua compreensão do *amour-propre*.

Para Pascal, o amor próprio é aquele que se deve a si mesmo e pode ser visto como o resultado da queda do ser humano, que ama sobretudo a si mesmo e se volta primeiramente para si. Esse amor é o contrário da caridade, o amor a Deus. A origem desse pode ser remetida ao pecado original dentro do horizonte da teologia agostiniana, da qual Pascal é um seguidor. Conforme Pascal, "a natureza do amor-próprio e deste *ego* humano é só amar e só considerar a si mesmo"[112].

O amor próprio conduz à infelicidade, pois é inevitável que o ser humano se depare com sua fraqueza e miséria — e veja que não tem razões para se amar. A vida e a ação dos seres humanos é miséria, pois despida e afastada de Deus. Mesmo as obras aparentemente boas são compreendidas como manifestações de orgulho ou vaidade, de forma que as pessoas se autoenganam e se iludem para não verem sua própria miséria e então alegrarem-se consigo mesmas. Logo, toda "estima de si" com base em suas obras ou quaisquer outras características do ser humano, para Pascal, vem do autoengano e do orgulho.

Segundo a professora Telma de Souza Birchal, o amor próprio, para Pascal, deve ser visto como uma forma desviada do amor[113]. Em nossa compreensão, Ricoeur não está em conformidade com a filosofia agostiniana presente no pensamento de Pascal. Para Ricoeur, não podemos elaborar uma antropologia pessimista em relação à natureza humana, antes deveríamos nos atentar para uma ontologia da ação reveladora de um ser humano que pode agir em conformidade com o bem, mesmo tendo a possibilidade de realizar o mal. Se o indivíduo não for capaz de buscar o bem no contexto de sua ação e não for livre para agir, poderíamos questionar a possibilidade de sermos capazes de elaborarmos alguma coisa como a ética, o direito e a política, e não obstante o fizemos em vista de proteger o bem comum e combater o mal individual ou coletivo.

Um ponto importante a ser dito é que Paul Ricoeur subscreve as análises de Levinas sobre o rosto; a exterioridade e a alteridade do outro que

---

112. PASCAL, 1973, Frag. 100.
113. BIRCHAL, 2002, 75.

opera uma primeira chamada em comparação a todo o reconhecimento de si para si. Cada rosto é visto como um Sinai onde há uma voz que proíbe o assassinato[114]. Conforme Levinas, esse rosto é a transcendência primeira em relação à ordem das coisas, um verdadeiro começo no trajeto da ética, logo, a ética será entendida como a filosofia primeira. Contudo, diferentemente de Levinas, Ricoeur pensa que o outro não pode ser um absoluto. Há, portanto, a necessidade se de pensar na ideia do reconhecimento. A relação com o outro não pode ser assimétrica, nem pode suprimir a reciprocidade, e, no entanto, é reversível[115]. É necessário frisar que existem tipos problemáticos de assimetria: os do campo jurídico, social, ético e político, quando, por exemplo, a solicitude na ética visa tão somente reequilibrar situações de injustiça na relação para com o outro. Entretanto, existe outro tipo, agora salutar e desejável: o fato de que eu não sou o outro. Ricoeur reserva "o termo 'mutualidade' para as trocas entre indivíduos e o termo 'reciprocidade' para as relações sistemáticas em que os vínculos de mutualidade não constituiriam senão uma das 'figuras elementares' da reciprocidade"[116]. Portanto, o mútuo se refere a relações assimétricas e o recíproco diz respeito às relações simétricas. Essa distinção é bastante importante para a ideia ricoeuriana a respeito do reconhecimento mútuo.

Ricoeur, mais uma vez, recorre ao pensamento de Aristóteles para falar sobre a amizade. Essa é o exemplo dessa reciprocidade e da reversibilidade de papéis. A amizade fará a transição entre a visada da "vida boa", virtude solitária de uma aparência, e a justiça, virtude da pluralidade humana, de natureza política. Ela lidará com a justiça, sem se transformar nela, atentando em dar e receber.

Entretanto, a amizade vai além das trocas, pois busca mostrar como a benevolência de forma espontânea pode ser possível e, da mesma maneira, a partilha da dor alheia. Para Ricoeur, a amizade tem o papel de contribuir com as condições de efetivação da vida[117]. Logo, ao defender essa perspectiva, o filósofo francês retém a ética da mutualidade de Aristóteles do viver junto, e assim, a ideia de que somente um si-mesmo pode

---

114. Cf. LEVINAS, 1971.
115. THOMASSET, 1996, 86.
116. PR, 338, tradução nossa.
117. SA, 218.

ter outro que, não sendo si-mesmo, encontra ressonância na compreensão a respeito da estima de si, a qual se traduz em momento reflexivo originário da visada da "vida boa". A estima de si acrescenta, à amizade, a ideia de mutualidade, ou seja: "o que ela acrescenta é a ideia de mutualidade na troca entre humanos, que se estimam a si mesmos"[118].

A ética irá apresentar um terceiro componente que está relacionado com a ideia das instituições justas. Conforme Ricoeur, pelo fato de a visada ética da "vida boa" implicar, de alguma forma, o sentido de justiça, isso pode ser visto como algo compreendido na própria ideia de outro, pois "o outro também é o outro do 'tu'. Correlativamente, a justiça se estende mais longe que o face a face"[119]. Logo, a noção de "vida boa", ou de bem viver, não deve ficar restrita somente às relações interpessoais. Ela é ampliada à vida das instituições, autorizando o filósofo a falar não de estruturas simplesmente, mas de organizações justas. A justiça revela aspectos da ética que não podem ser vistos na ideia de solicitude, como, por exemplo, a exigência de igualdade.

Dessa forma, a instituição como o lugar de aplicação da justiça e a igualdade "como conteúdo ético do sentido da justiça, são os dois cernes da investigação relacionada ao terceiro componente da visada ética"[120]. O traço basilar da instituição justa é a igualdade, ou seja, a identidade, a mesmidade dos critérios de reparação entre as pessoas da sociedade[121]. Aqui, podemos perceber uma abertura da filosofia de Ricoeur tanto para o político quanto para o Direito. Conforme o filósofo:

> O senso de justiça não subtrai nada da solicitude; ela a supõe, na medida em que considera que as pessoas são insubstituíveis. Ao contrário, a justiça soma à solicitude, na medida em que o campo de aplicação da igualdade seja a toda a humanidade[122].

Toda a questão ética trabalhada por Ricoeur em sua inteireza, visando as suas diferentes articulações, apresenta a necessidade de passar pelo cri-

---

118. SA, 220, tradução nossa.
119. SA, 226, tradução nossa.
120. SA, 227, tradução nossa.
121. ÉTIENNE, 1997, 201.
122. SA, 236, tradução nossa.

vo da norma moral. A passagem ética da visada da "vida boa" para a norma moral é uma exigência da racionalidade do desejo, pois trata-se de uma racionalidade prática[123]. Esse requisito mostra a necessidade de uma regra de universalização. Dentro do horizonte da ética à moral há uma passagem da visada teleológica em direção à tradição kantiana deontológica. Nesse sentido, é necessário submeter à perspectiva ética a prova da norma. O critério de vida boa com e para os outros em instituições justas necessita passar pelo exame da norma moral, através da exigência de universalidade, organizada em normas, leis e interdições. Para David Pellauer:

> Esse alvo ético precisa, entretanto, ser submetido ao teste da norma, da obrigação. É aí que o respeito próprio entra em jogo. Se considerarmos novamente a ideia de uma vida boa, com e pelos outros, em instituições justas, a primeira coisa a dizer é que a própria ideia de uma vida boa lembra que o eu não é simplesmente um *ego* isolado. Já há um elemento de universalidade operando na própria ideia de vida boa e no modo como a consideramos valiosa. Além disso, tal ideia de universalidade já introduz as ideias correlatas de dever e restrição aplicáveis para se alcançar essa vida[124].

Ricoeur pensa que a noção de obrigação moral não deixa de ter vínculo com a visada ética da "vida boa". Ele acredita que Kant manifestou o momento deontológico ancorado na visada da "vida boa". Posto isso, duas questões se fazem presentes. A primeira está relacionada com o entendimento de que a expressão "bom moralmente" é entendida como "bom sem restrição". O predicado "bom" mantém a marca teleológica, já a ressalva "sem restrição" revela tudo aquilo que possa restringir a utilização do predicado bom de sua marca moral.

A segunda questão está relacionada com a ideia de que o predicado bom será comportado pela vontade. Aqui também é mantida uma continuidade com a perspectiva ética, porquanto o conceito kantiano de boa vontade é equiparado com o poder de pôr, em princípio, o curso das coisas, de tomar uma decisão baseada em razões. Esse poder é o objeto da estima a si mesmo. Como mostra Ricoeur, na moral kantiana, a von-

---
123. THOMASSET, 1996, 90.
124. PELLAUER, 2009, 141.

tade apresenta o mesmo papel que o desejo tem na ética aristotélica: especificamente, "o desejo é reconhecido pela sua visada; a vontade, pela sua relação com a lei; ela é o lugar da pergunta: 'Que devo fazer?'"[125]. Logo, a problemática kantiana da universalidade, por si só, não dá conta de caracterizar uma moral da obrigação. Por outro lado, será preciso fazer o trânsito da estima de si, da autorrealização e felicidade do agente. E, no caso dos filósofos, isso se dá no reconhecimento das obras, como ocorre em Aristóteles, à estima de si ou algo correlato, ou em Kant, ante à satisfação da consciência moral pelo dever cumprido ou ter agido de acordo com o ditame da consciência ou por senso de dever.

Dessa forma, ao considerar a ética kantiana, à ideia da universalidade se junta, de forma indissociável, a ideia de coerção, característica da noção de dever. A universalidade, ao introduzir as noções correlatas do dever e da restrição, aplicáveis para se alcançar a "vida boa", revela que, algumas vezes, toda essa meta pode ser corrompida e utilizada para o mal, não para o bem, e é por isso que se deve colocar um teste de obrigação moral. É necessário frisar que é através da regra de ouro que o senso de reciprocidade é fixado. Essa noção revela o papel de mediação entre a ideia do outro enquanto pessoa, no sentido abstrato, e a de um indivíduo concreto. Portanto, será a regra de ouro que realizará o deslocamento necessário entre a solicitude e o segundo imperativo kantiano. Sobre isso, Ricoeur discorre:

> Como ocorre com a estima que temos pela vontade boa, a regra áurea parece fazer parte daquelas *endoxa* que a ética de Aristóteles reivindica, daquelas noções recebidas que o filósofo não tem que inventar, mas esclarecer e justificar. Ora, o que diz a regra áurea? Leiamos Hillel, o mestre judeu de são Paulo (*Talmude da Babilônia, Shabbat*, 31a): "Não faças a teu próximo o que detestarias que te fizessem. Essa é a lei inteira; o resto é comentário". A mesma fórmula se lê no Evangelho: "O que vós quereis que os homens vos façam, da mesma forma fazei a eles também" (Lc 6,31)[126].

Em suma, a regra de ouro e o respeito a outrem ajudam a estabelecer a reciprocidade onde há a ausência de tais benesses; e fazem isso de

---

125. SA, 240, tradução nossa.
126. SA, 255, tradução nossa.

tal forma que a autonomia do sujeito e a possibilidade de solicitude são confirmadas. Portanto, por detrás da regra de ouro, inerente à solicitude, emergirá a intuição da alteridade verdadeira à raiz da pluralidade de pessoas. Logo, chega-se ao nível das instituições que traz consigo a questão da justiça e do respeito que se deve ter para com todos. Também aqui Ricoeur finca seus pés na noção ética de vida boa. Nesse horizonte, a ideia de uma solução justa deve ir além daquilo que se compreende como formulações meramente processuais de justiça e, da mesma forma, de formulações estritamente utilitárias. Sob essa ótica, o ser humano é entendido pela vontade de viver com e para os outros em instituições justas, e a vida ética não pode ser limitada às relações pessoais, mas antes estendida à vida das instituições[127].

É nesse momento que o horizonte do político se abre. Por mais que não seja o foco deste livro, importa saber que é por meio das instituições justas que o político se manifesta, sem prejuízo da existência da vida política, assim como do embate entre indivíduos e coletividades fora das instituições e em outros espaços da sociedade política. Dito isso, compreende-se que o acontecimento da "vida boa" implica a justiça das instituições[128], bem como o seu questionamento, na falta delas. Não se pode esquecer que todo o desejo ético de viver com e para os outros em instituições justas precisa passar pelo exame da norma moral, da universalidade.

Contudo, quando se aplicam as normas e as regras universais, surgem os conflitos, que exigirão da parte dos indivíduos a sabedoria prática. Essa, diante de situações conflituosas, recorre, no horizonte do juízo moral em situação, à intuição primária da ética, à visada da "vida boa" com e para os outros em instituições justas[129]. A sabedoria prática assume o papel de elaborar a construção de comportamentos que sejam vistos como justos e apropriados à singularidade de determinados casos, sem se deixar cair no arbítrio do situacionismo moral.

Em situações consideradas graves, a sabedoria prática procura romper com o muro do permitido e proibido, buscando o caminho do "justo

---
127. SA, 227.
128. Piva, 1999, 227.
129. SA, 279.

meio", onde será situada a trajetória do bom conselho, sem valor universal. Logo, ela deve buscar uma saída entre as éticas contextualista e universalista; e tentar distinguir entre o nível de justificação e o de efetuação[130]. Cabe ainda à sabedoria prática inventar a conduta que melhor busque satisfazer à exceção exigida pela solicitude, distanciando-se de uma regra mais ou menos abrangente, como caso especial.

Destarte, uma filosofia moral surgirá nesse horizonte, e, junto com ela, a ideia de imputabilidade. Tudo somado, essa está relacionada com a atribuição da ação ao seu agente, baseada na condição dos predicados éticos e morais necessário para classificar a ação como boa, justa, na conformidade com o dever[131]. Para Ricoeur, a palavra imputabilidade revela a ideia de uma responsabilidade capaz de fazer com que o indivíduo responda por suas atitudes, a tal ponto de poder imputá-las a si mesmo[132]. Segundo ele, na imputação, há uma relação primitiva com a obrigação, no sentido "de que o dever de reparar ou de sofrer a pena constitui tão-somente um corolário ou complemento —, que pode ser enfeixado pelo termo genérico retribuição"[133]. Para a sua sustentação, Ricoeur cita a definição de imputação presente no dicionário *Robert*. O filósofo, assim, expõe:

> O dicionário *Robert* cita, nesse aspecto, um texto importante de 1771 (*Dictionnaire de Trévoux*): "imputar uma ação a alguém é atribuí-la a esse alguém como a seu verdadeiro autor, lançá-la por assim à sua conta e torná-lo responsável por ela"[134].

Ora, segundo Ricoeur, tal como ele a entende, no sentido filosófico, a imputação vai junto com a responsabilização; e essa com certas qualidades ou características dos agentes morais, tornando-os imputáveis. Concernente a isso, o próprio filósofo argumenta:

> a ideia de imputabilidade como capacidade deixa-se inscrever na longa enumeração das capacidades com as quais gosto de caracterizar, no plano antropológico, aquilo que chamo de homem capaz:

---

130. GREISCH, 2001, 390.
131. SA, 338.
132. PR, 158.
133. J1, 35.
134. *Robert* apud J1, 36.

capacidade de falar, capacidade de fazer, capacidade de narrar-se; a imputabilidade soma a essa sequência a capacidade de colocar-se como agente[135].

Dessa forma, a imputabilidade não pode deixar de ser vista como a capacidade de o sujeito reconhecer-se como o autor verdadeiro de seus atos e responsável por eles. Percebe-se que a imputabilidade está associada tanto à noção grega de preferência (escolha) racional quanto à ideia kantiana de obrigação moral. Ricoeur aponta que, do núcleo dessa capacidade, projeta-se "o querer 'grego' viver bem e se abre o drama 'cristão' da incapacidade de fazer o bem por si mesmo sem uma aprovação vinda do alto e dada à 'coragem de ser', outro nome daquilo que foi chamado disposição para o bem"[136]. Para o filósofo, ainda, a ideia de imputabilidade está relacionada com a capacidade de um sujeito em realizar uma ação para submetê-la às exigências de uma ordem simbólica[137], senão ideal e mesmo transcendente, contrapondo-se a um estado de coisas reinante, como uma espécie de ordem contrafactual ou projetada como retificação.

Portanto, o ser humano entendido como ser racional e livre é o sujeito capaz de ser responsável e responsabilizado por suas ações, ao dar assentimento ou não a um estado de coisas. Dessa maneira, pode-se perceber o surgimento do sujeito de direito, "às capacidades de descrição objetiva vincula-se uma maneira específica de se designar a si mesmo como o sujeito que possui essas capacidades"[138], levando-o a perguntar por sua legitimidade ou justificação *in foro interno*.

Qualquer ação é imputada ao si-mesmo pelo fato de apresentar a capacidade de percorrer o curso completo das determinações éticas e morais da ação, ao juntar o descritivo e o prescritivo, cujo liame é o valorativo. No fim, a estima a si mesmo se transforma na expressão de uma convicção sempre conferida pelo respeito próprio.

É através da imputabilidade que a ideia de sujeito capaz alcança sua mais alta significação, a de um eu responsável, que deve ser reconhecido como tal. Logo, a imputabilidade, para Ricoeur, constitui uma capacidade

---
135. J2, 52.
136. J2, 57.
137. EC3, 418.
138. PR, 158, tradução nossa.

francamente moral, onde o ser humano é tido como o autor de seus atos, seja qual for a força das causas orgânicas e físicas. Percebe-se aqui, mais uma vez, como, na filosofia ricoeuriana, antropologia filosófica e ética estão articuladas — o ser humano que age e se torna responsável por seus atos tem, diante do seu espectro de ações, o horizonte da ética. Em toda antropologia desenvolvida por Ricoeur, a dimensão ética se faz presente. Dessa maneira, chegamos ao fim da apresentação das características do *homme capable*. Percebemos que o sujeito descrito como capaz não pode ser visto como pura atividade e ele sempre será marcado pelo sofrer e o padecer. Caminharemos agora na direção de mostrarmos a articulação entre antropologia filosófica e ética na filosofia de Ricoeur, tendo como pano de fundo uma ontologia enfraquecida.

3.3. A *questão ontológica do* homme capable

Até aqui, temos tentado mostrar o esforço ricoeuriano de se pensar a respeito de uma antropologia filosófica que se articula com a ética, a temática central da filosofia de Paul Ricoeur. Com essa convicção, partimos da compreensão de que o ser humano deve ser visto como alguém que age e sofre, como indivíduo perpassado por uma desproporção e marcado pela possibilidade de fazer o mal, correlativamente, como um ser capaz, não como potência pura, cuja existência se resumiria num mero ativismo ou pura atividade, mas como um sujeito capaz de refletir sobre si e de buscar sentidos para sua existência, ressignificando sua vida em novas possibilidades de existir e ser.

A articulação entre antropologia filosófica e ética em Ricoeur pode ser percebida ao longo do desenvolvimento de toda a sua obra, não sendo nela a antropologia senão outro nome para a ontologia, em abertura e culminância na ética. Desde as suas primeiras incursões no campo da antropologia filosófica, Ricoeur pensava o ser humano no horizonte da falibilidade, como aquele que, por meio de sua liberdade, poderia realizar o bem ou falhar em seu intento.

Como já pontuamos anteriormente, nesse horizonte da falibilidade humana, a ideia de capacidade já começa a ser delineada, pois só quem faz ou age falha ou pode falhar. Ricoeur elabora toda a sua reflexão so-

O homem capaz como ideia central da antropologia de Paul Ricoeur

bre o homem capaz no espectro da ética, na dimensão da vida boa com os outros, no horizonte do bem, mas percebendo, também, as formas como se dão o fazer e o espalhar o mal. A nosso ver, a antropologia elaborada por ele, por mais que seja separada da ética, estabelece uma relação de profícua conexão, a tal ponto que não podemos pensar uma sem a outra. Ao falar sobre o ser humano, Ricoeur busca descrever e desenvolver as implicações éticas de uma análise antropológica, considerando, para essa, campos diversos: o da visada ética, o da dimensão do justo, o do horizonte do político ou, ainda, do espectro religioso, do reconhecimento ou da promessa. A relação entre antropologia e ética, em nosso entendimento, tem, como pano de fundo, uma ontologia enfraquecida, cujo sentido específico será precisado na sequência. Essa relação apresenta no homem capaz a sua articulação central. Com tal ideia e proposição, Ricoeur buscará construir um questionamento em relação à potencialidade do ser humano. Concernente a isso, François Dosse analisa:

> Ricoeur questiona a cada vez a possibilidade do homem. Essa é a base dominante de seu pensamento, com a preocupação constante de defender a possibilidade de o homem ser capaz de evadir-se a todas as formas de constrangimento e determinismo. O senso comum tem a tendência de confundir a pessoa com as capacidades que lhes faltam quando é considerada "incapaz". Se essa confusão surge, no mais das vezes, de observações empíricas atestadas, não é menos verdadeiro que a identidade de um indivíduo não é, como a das coisas, função da posse de certas propriedades, ela é relativa ao exercício de certas capacidades. Assim a questão *Quem?* permanece vaga enquanto ela não significa mais precisamente: Quem fala? Quem age? Quem narra? Quem é responsável? Ora, essas questões, por sua vez, implicam a atribuição singular de certos poderes — de falar, de agir, de narrar, de ser responsável por seus próprios atos[139].

Dessa forma, o homem capaz não é nada menos que o homem falível, sujeito a fazer algo errado por fraqueza de caráter ou falha, ou falta, de vontade. Portanto, é através da hermenêutica do homem capaz que a ideia

---

139. Dosse, 2012, 170-171, tradução nossa.

de atestação pontua o ser humano como sujeito capaz de acreditar — tal qual expõe o próprio filósofo: "eu acredito que posso"[140] — ou, ainda, de vivenciar o seu oposto, a incredulidade. Em suma: esse acreditar é visto como algo indispensável à realização das capacidades dos indivíduos.

No espectro dessa hermenêutica, compreendemos que ao longo de todo o percurso da filosofia de Ricoeur é possível perceber não somente a coerência de um método e a tentativa de continuidade de uma determinada problemática que, como aponta Domenico Jervolino, já se pode individuar no assunto do *homme capable*[141], mas também uma lógica específica de desenvolvimento que, para nós, apresenta o papel de descrever um movimento espiral. Na produção filosófica mais tardia do pensamento de Paul Ricoeur vemos uma tentativa de retorno ao intento de pensar algumas temáticas elaboradas na *Philosophie de la volonté*, como a temática da vontade, que se dão dentro do horizonte de uma antropologia filosófica, que, por sua vez, inspirou o projeto juvenil daquele futuro filósofo.

Portanto, mesmo sabendo do tamanho da obra de Ricoeur, é comum que muitos dos seus intérpretes possam ter se cansado na busca por descobrir um fio condutor ou por um tema que seja unificador de todo o seu pensamento. Em um primeiro momento, Ricoeur reconhecia mais as rupturas do que a continuidades. Ele assumia que cada obra sua tinha a origem em uma espécie de resíduo sem resolução de obras anteriores. Contudo, em uma fase mais tardia de sua vida, Ricoeur reconheceu a existência de um sutil e contínuo fio presente em toda a sua filosofia. Assim, ele relata:

> Foi somente nos últimos anos que pensei poder colocar a variedade de tais sob o título de uma problemática dominante: e escolhi o título do homem agente e do homem capaz de... [...]. É, pois, em primeiro lugar o poder de recapitulação inerente ao tema do homem capaz de... que me pareceu, contrariamente à aparência de dispersão da minha obra, como um fio condutor equiparável àquele que tanto admirei em Merleau-Ponty durante os meus anos de aprendizagem: o tema do "eu posso"[142].

---

140. PR, 142.
141. Jervolino, 2011, 77.
142. Ricoeur apud Jervolino, 2011, 73-74.

A respeito de seu caminho na antropologia filosófica, esclarece:

Afirmo, com Kant, que a pergunta o que é o homem?, longe de constituir a primeira pergunta que a filosofia pode fazer para si mesma, vem no fim de uma série de perguntas prévias: o que posso conhecer? O que devo fazer? O que esperar? Eu não quero dizer que essas três perguntas kantianas sejam as únicas capazes de introduzir a questão decisiva: o que é o homem? Sustento apenas que a resposta a essa pergunta, para não ser trivial, deve vir como o último resultado de uma série de etapas preparatórias. O itinerário para o qual eu convido não é, decerto, a réplica daquele desenhado por Kant. No entanto, deriva dele, quanto a um traço decisivo, a saber, a implicação do pronome pessoal *eu* em cada uma das três perguntas levantadas acima. É à construção indireta e progressiva do sentido do termo *eu* que me proponho proceder, levando em conta simultaneamente os recursos da filosofia analítica e a fenomenologia hermenêutica [...][143].

Sobre a ontologia e sua articulação com a antropologia, num primeiro momento, como foi levantado no segundo capítulo dessa pesquisa, Ricoeur pensa que o sujeito deve ser compreendido dentro do polo finito e infinito e dentro do horizonte de uma ontologia da finitude e do mal. Resta aqui uma ontoantropologia[144] que desvela a dualidade finito/infinito, a dualidade do voluntário e do involuntário, também presente no horizonte do homem capaz. Deve-se entender por ontoantropologia[145] uma reflexão sobre o ser do homem[146].

Ela também revelará a possibilidade da transcendência, inscrita no coração da existência do humano. Na primeira fase de sua antropologia filosófica, Ricoeur, como apresentamos, elabora uma ontologia da finitude e do mal, os símbolos passam a ser encarados como conceitos existenciais, como um caminho para se pensar a existência humana e direcionar o sujeito à libertação.

---

143. EC3, 306, tradução nossa.
144. Cesar, 2000, 11.
145. Acreditamos que a noção de ontoantropologia é o melhor termo para se referir à questão ontológica que perpassa tanto o horizonte do homem falível quanto o do homem capaz.
146. Michel, 2009, 484.

Nesse contexto, a reflexão ricoeuriana elabora toda a questão antropológica da questão da vontade e da falibilidade centrada no tema do bem e do mal. É importante frisar que toda essa problemática pode ser vista como um primeiro momento da reflexão filosófica de Ricoeur em relação ao ser humano e à ética, como pano de fundo. Como falamos outrora, a noção de falibilidade já aponta para a ideia de capacidade que será o ponto central, no segundo momento, nos escritos elaborados por Ricoeur no decorrer da sua filosofia para se pensar o ser humano. Resumindo, a contrapelo de Heidegger, desde esses tempos, a antropologia foi vista como o acesso principal ou privilegiado da filosofia.

Em O conflito das interpretações, Ricoeur compreende que a ontologia, sendo separada da interpretação, abre-se para a hermenêutica. Para ele, a hermenêutica, enquanto campo de estudo, permanecerá presa no círculo "que em conjunto formam o trabalho da interpretação e o ser interpretado"[147]. Nesse ponto, a ontologia pode ser vista como precária, como militante e quebrada, sem os arrimos da essência e da substância.

Dessa maneira, Ricoeur passa a entender que, dentro do horizonte de uma filosofia hermenêutica, a ontologia deveria ser percebida como "a terra prometida para uma filosofia que começa pela linguagem e pela reflexão; mas, como Moisés, o sujeito que fala e que reflete apenas pode aperceber-se dela antes de morrer"[148]. Podemos dizer que essa reflexão de Ricoeur está presente tanto na primeira fase do seu pensamento quanto na fase final de sua reflexão filosófica, na qual ocorre a escrita de Soi-même comme un autre. Posto isso, é possível afirmar que Ricoeur desenvolve uma ontologia sem substância, sem os tais arrimos, levando em consideração a ação humana e a ideia de alteridade.

Destarte, afirmamos que a ideia de capacidade (de l'homme capable) comanda toda a pesquisa de Ricoeur. Logo, é a partir da noção de capacidade — e, por extensão, da ação — que o sujeito apresentará a capacidade de retomar-se a si mesmo dentro de suas objetivações linguísticas, práticas, narrativas e éticas. Em Soi-même comme un autre, a ontoantropologia de Ricoeur considera o agir humano como um modo de ser fundamental,

---

147. CI, 25.
148. CI, 26.

em que vamos encontrar o indivíduo narrando sua vida, refigurando suas experiências, e, dessa forma, manifestando novo sentido à existência. A estrutura ontológica mostra que falar, fazer, narrar e imputar são como figuras do agir. É certo que há uma preferência pela acepção do ser como ato e potência[149]. Em seu empenho, Ricoeur utiliza diversos pensadores, como Leibniz, Espinosa, Schelling, Nietzsche, Nabert, Merleau-Ponty, Heidegger e Gadamer, para construir uma relação estreita entre sua ontologia da ação e seu pensamento ético. A hermenêutica do si encontrará toda a sua unidade temática no fato de ter a ação humana como objeto. Consequentemente, a atestação pode ser compreendida como segurança de ser agente e padecente[150]. É nesse cenário que Ricoeur falará de um engajamento ontológico da atestação[151] e da afirmação da existência na atualidade do agir.

Posto isso, ao nosso entendimento em relação ao *homme capable*, surge uma questão: "Qual é, portanto, o modo de ser do si-mesmo, que tipo de ente ou entidade é ele?"[152]. Ao considerar que essa indagação visa saber que espécie de ser é o si, Ricoeur elabora uma resposta a partir da sua compreensão, considerando a maneira como tudo o que foi abordado anteriormente equivale a uma hermenêutica da individualidade. Essa está ancorada na reflexão que se dá, de início, com a análise do contraste entre individualidade e identidade, passando "pela relação dialética com o outro" e culminando "na autocompreensão, que é obviamente uma forma de autointerpretação"[153].

Todo o compromisso ontológico tem, na ideia de atestação, seu ponto fundamental. Nesse sentido, há uma tentativa de reinterpretar a noção de ser como ato, como horizonte da atestação. Dessa maneira, o eu atesta a si mesmo como algo que existe no sentido da ipseidade, de uma constância de si.

A afirmação de verdade, realizada pela atestação, tem como base a mediação da reflexão através da análise linguística, indo além de uma

---

149. CESAR, 2000, 17.
150. SA, 35.
151. GREISCH, 2001, 390.
152. SA, 345, tradução nossa.
153. PELLAUER, 2009, 144.

mera afirmação sobre o uso da linguagem, que se refere a algo além de si mesmo; nesse caso, o eu em seu próprio ser. Por isso, a atestação será vista por Ricoeur como a garantia de existir no modo da ipseidade[154].

Por isso, na exposição do cerne ontológico da ipseidade, o filósofo francês elabora uma dimensão nova à ontologia que a hermenêutica do si-mesmo atrai para seu caminho. Por conseguinte, o que será atestado é a ipseidade, tanto em sua diferença em relação à mesmidade, quanto na sua relação dialética com a alteridade.

Deve-se pontuar que, ontologicamente, a atestação aciona a noção de uma unidade implícita da ação do sujeito. Essa ação pode ser manifesta pela distinção entre um poder agir e uma ação afetiva, onde toda essa unidade é compreendida mais como analógica do que meramente unívoca. Logo, isso "é o que torna possível a experiência vivida do eu de ser capaz de dizer 'eu posso', porque relaciona essa experiência ao que o eu de fato pode atribuir à sua própria iniciativa e imputar à sua própria responsabilidade"[155]. Dessa forma, o eu não é meramente algo que pode ser atestado, ele é também um poder de agir na realidade.

Ricoeur assume a polissemia do ser, como bem elaborada por Aristóteles na *Metafísica*, em que se afirmava que o ser se diz de muitas maneiras. O pensador francês procura enfatizar não a noção de substância, mas a dupla ato-potência. Dessa forma, Ricoeur busca elaborar uma análise do ser do si-mesmo através de uma reapropriação da investigação das quatro acepções primitivas do ser que Aristóteles estabelece na sua distinção entre ato e potência. Conforme Ricoeur, o que deve ser combatido, na oposição entre ipseidade e mesmidade, é antes o substancialismo que a *ousia* aristotélica, que não se deixa reduzir àquela. Para ele:

> O fato é que, qualquer que seja a possibilidade de libertar também a *ousía* aristotélica das cadeias da tradição escolar oriunda de sua tradição latina por *substantia*, Aristóteles parece mais preocupado em entrecruzar do que em dissociar as significações vinculadas, respectivamente, ao par *enérgeia-dýnamis* e à série de acepções aberta pela noção de *ousia*[156].

---

154. SA, 351.
155. PELLAUER, 2009, 144.
156. SA, 354-355, tradução nossa.

Nosso autor pensa que a centralidade do agir e o descentramento em direção a um fundo de ato e de potência são características iguais e conjuntamente constitutivas de uma ontologia da ipseidade em termos de ato e de potência. Logo, se é possível uma ontologia da ipseidade, isso ocorre em conjunção com o fundo por meio do qual o si pode ser considerado atuante. Como afirma Olivier Mongin, é nesse fundo de ser que a ação humana se destaca[157].

Há uma tentativa de interpretar a ideia aristotélica do ato-potência, do ser como ato, sem o enviesamento das essências e quididades da tradição. Dentro do horizonte ontológico presente na filosofia ricoeuriana, existe uma primazia da existência, do ato de ser sobre o ato reflexivo[158]. Nesse percurso, a representação intelectual e a intencionalidade noética são entendidas como manifestação do ato de ser. Ricoeur irá interpretá-las como esforço por existir, desejo de ser.

Destarte, Ricoeur elucida seu entendimento a respeito do fundo de ser ao mesmo tempo potente e efetivo, mostrando como sua hermenêutica da ipseidade encontra ressonância em alguns pontos do pensamento de Heidegger. Sobre essa questão, Ricoeur assim se posiciona:

> Sem me sujeitar a seguir a ordem na qual aparecem em *Ser e tempo* os temas com os quais sinto maior afinidade, gostaria de começar pelo papel atribuído por Heidegger ao *Gewissen* — palavra que se traduz a contragosto por consciência (ou consciência moral, para distinguir da consciência, *Bewusstsein*, no sentido da fenomenologia husserliana). Vale ressaltar a maneira como a noção é introduzida; a questão formulada com insistência consiste em saber se as análises feitas no capítulo anterior, centradas no ser-para-a-morte (ou melhor, ser-em-direção-à-morte) são realmente originárias como afirmam. A atestação da consciência, ou melhor, a consciência como atestação, é o penhor buscado da originalidade dessa análise e de todas as anteriores. É de grande ajuda para mim a ideia de que o *Gewissen*, antes de designar no plano moral a capacidade de distinção entre "boa" e "má" consciência, significa atestação (*Bezeugung*). Ela confirma minha hipótese de trabalho, segundo a qual a distinção entre

---

157. Mongin, 1994, 191.
158. Piva, 1999, 236.

ipseidade e *mesmidade* não incide somente sobre duas constelações de significações, mas sobre dois modos de ser[159].

Ricoeur acredita que toda essa equiparação entre consciência e atestação desenvolve uma excelente transição entre as análises da seção anterior de *Ser e tempo* e às referentes mais propriamente à ontologia da ipseidade. É essa última que Heidegger instaura ao estabelecer certa relação de dependência instantânea entre a ipseidade e o modo de ser que o sujeito é, na medida em que, para esse ser, está o *Dasein*. Logo, é a partir da dependência entre uma modalidade de apreensão do si e uma maneira de ser no mundo que a ipseidade pode se esboçar entre os existenciais. Em *Ser e tempo*, a convergência entre a ipseidade e o *Dasein* acontece com a mediação da ideia de cuidado (*Sorge*), compreendido como o existencial mais fundamental que apresenta a capacidade de assegurar a unidade temática da obra, até a entrada da temporalidade na segunda seção[160]. Portanto, o ser do si presume a totalidade de um mundo que é o universo do seu pensar, do sentir, do fazer, do seu cuidado.

Toda a reapropriação de Aristóteles, por meio de Heidegger, desperta um interesse particular em Ricoeur, pois ele afirma que a noção aristotélica de práxis o auxiliou em seu processo de ampliação do campo prático para além da ideia curta de ação nas categorias da filosofia analítica. É a *Sorge*, elaborada por Heidegger, que dá à práxis, desenvolvida por Aristóteles, um tom ontológico que parece não ser o foco central pensado pelo filósofo grego. Sendo assim, "Franco Volpi atribuiu à *Sorge* um efeito global de ontologização em relação à práxis"[161].

A noção de fundo de ser, ao mesmo tempo, efetiva e potente, pensada por Ricoeur, tem como objetivo explicar o enraizamento por meio do qual o agir e o padecer do ser humano estão ancorados no ser. Conforme o pensador francês, há uma tensão entre a ideia de potência e a de efetividade, fundamental à ontologia do agir, sendo apagada no processo de equiparação entre *enérgeia* e *facticidade*. As duas terminologias gregas apresentam uma complicada dialética que pode desapa-

---

159. SA, 358, tradução nossa.
160. SA, 359.
161. SA, 361, tradução nossa.

recer na reabilitação da *enérgeia*. Contudo, da diferença entre elas depende a capacidade de interpretar em conjunto a ação humana e o ser como ato e potência.

Há em Ricoeur uma relativa decepção em relação às análises heideggerianas com o objetivo de reapropriação da ontologia aristotélica. O filósofo francês compreende que a reflexão estabelecida por Heidegger, em relação ao *Dasein* como ser no mundo, é útil, mas não consegue evitar uma metafísica da presença ao procurar dar conta da ligação basilar entre ser si mesmo e ser-no-mundo. Ricoeur buscará outra interligação entre a fenomenologia do si que age e padece e toda a questão relacionada com o fundo afetivo e potente sobre o qual a ipseidade se destaca. É nessa circunstância que ele recorrerá ao pensamento de Espinosa e, principalmente, à ideia de *conatus* para realizar a interligação temática.

A ideia de *conatus* elaborada por Espinosa será invocada com o objetivo de trazer uma melhor compreensão da maneira pela qual uma fenomenologia do si que age e padece se articula sobre o fundo afetivo e potente no qual se destaca a ipseidade[162]. Ricoeur relata:

> Não escrevi muito sobre Espinosa, embora ele não tenha deixado de acompanhar minha meditação e meu ensino. Compartilho com Sylvain Zac a convicção de que "podemos centrar todos os temas espinosianos em torno da noção de vida". Agora, quem diz vida logo diz potência, como comprova de cabo a rabo a *Ética*. Potência, aqui, não quer dizer potencialidade, mas produtividade, que, portanto, não cabe opor a ato no sentido de efetividade, de cumprimento. As duas realidades são graus da potência de existir. Daí resultam, por um lado, a definição da alma como "ideia de uma coisa singular existente em ato" (*Ética*, II, prop. XI) e, por outro lado, a afirmação de que esse poder de animação "é completamente geral e pertence aos homens tanto quanto aos outros indivíduos" (*Ética*, II, prop. XII, escólio)[163].

Conforme Ricoeur, a ideia de *conatus* pode ser entendida como o esforço para perseverança no ser. Ela constitui a unidade do homem e de

---

162. GREISCH, 2001, 391.
163. SA, 365, tradução nossa.

todo indivíduo. A respeito da ideia de *conatus* e da ação de perseverar, Espinosa tece suas impressões, considerando as noções de esforço e potência, conforme evidencia o fragmento a seguir:

> Por isso, a potência de uma coisa qualquer, ou seja, o esforço pelo qual, quer sozinha, quer em conjunto com outras, ela age ou se esforça por agir, isto é (pela prop. 6), a potência ou o esforço pelo qual ela se esforça por perseverar em seu ser, nada mais é do que sua essência dada ou atual[164].

Ricoeur prefere a ideia de *conatus* elaborada por Espinosa porque ela apresenta mais recursos para lidar com o nexo fundamental entre ser si mesmo e ser-no-mundo. Espinosa trabalha essa conexão a partir da noção do esforço para se preservar o ser. Esse engajamento apresenta uma precedência sobre qualquer foco na consciência. Ricoeur pensa que o *canatus* se torna mais legível no homem, "e, por outro lado, que todas as coisas expressam em diferentes graus a potência ou a vida que Espinosa denomina vida de Deus"[165]. Logo, Ricoeur, ao passar por tal pensamento, percebe existir uma prioridade do *conatus* em relação à consciência. A ideia de *conatus* é grandiosa e carrega um grande conteúdo ontológico. Jean Grondin, ao pensar nessa questão, afirma que:

> Ideia grandiosa e rigorosamente ontológica, por mais de um motivo: primeiro, porque o *conatus* é pressentido como habitando toda vida, todo indivíduo, sendo somente mais sensível no homem, e segundo porque acena em direção a uma vida de Deus, que seria ela própria esforço ou em devir. Esta ideia de uma história de Deus encontra antecedentes importantes nas profecias do Antigo Testamento, cuja influência sobre Ricoeur se conhece, em certas teosofias, entre as quais a de Schelling, e ela faz muito claramente eco a um tema da *Simbólica do mal*, o de um Deus que estivesse em condições de incluir a figura do servo sofredor[166].

Portanto, a metafísica do *conatus*, que representa o esforço para ser do ser humano, apresenta uma camada inferior, no conjunto do vivente,

---

164. Espinosa, 2007, 175. Cf. *Ética*, III, prop. VII.
165. SA, 367, tradução nossa.
166. Grondin, 2015, 104.

e também certa abertura metafísica à transcendência. Ricoeur irá expressar essa ideia de maneira disfarçada, mas não, como se percebe, sem insistência. Há uma diferença aqui entre o pensamento de Ricoeur e o de Espinosa. Esse último procura o *conatus* na pura imanência, levando-o a dizer *Deus sive natura*; aquele, por sua vez, abre o *conatus* à transcendência, vale dizer, do homem, ao se transcender e ir além de si mesmo.

A nosso ver, essa abertura se torna possível diante do horizonte da antropologia filosófica ricoeuriana, a partir da temática do *homme faillible* e do *homme capable*. Ela surge diante do contexto do mal, em que o ser humano busca no Outro a saída possível para lidar com essa questão e, como mostramos no capítulo anterior, essa problemática se desenvolve a partir da narrativa dos mitos. Podemos ver também, por meio da ideia de capacidade, como a abertura ao Outro se torna possível a partir da nominação de Deus através do "mundo do texto". Ora, aqui não estamos mais diante de Espinosa, mas de Ricoeur frente a ele mesmo e à sua filosofia.

Tudo somado, Ricoeur vê com bons olhos o pensador que apresenta a capacidade de conduzir a reapropriação espinosiana da *enérgeia* aristotélica a um grau comparado ao já alcançado pelas reapropriações heideggerianas da ontologia do pensador estagirita. Se Heidegger apresentou de fato a capacidade de conjugar o si e o ser-no-mundo, Ricoeur acredita que Espinosa — de origem mais judaica do que grega — foi o único pensador que apresentou a capacidade de articular o *conatus* com esse fundo de ser que, ao mesmo tempo, é efetivo e potente, chamado de *essentia actuosa*[167].

Ricoeur absolverá essa ideia fundamental do autor da *Ética* e a reapropriará em sua ontologia. Não podemos esquecer que para Espinosa o *conatus*, em sua atualidade, não tem nada a ver com a falta ou deficiência de ser, mas com o excesso e a sobra de energia. O *conatus* é uma positividade que levaria ao *homme capable*, não ao *homme faillible*. O filósofo francês encontra nessa ideia as bases para desenvolver seu pensamento a respeito do *homme capable*, não se esquecendo de que o ser humano também é marcado pela falibilidade. Logo, o *conatus* contribui para se pensar o ser humano capaz como um ser de ação, como um ser de potên-

---

167. SA, 367.

cia e como um sujeito que pode realizar algo. Assim, a ideia de ato e produção se encontram presentes no horizonte do ser humano capaz.

Compreender o sujeito como capaz de realizar um ato e de produzir alguma coisa contribui para se pensar uma ontologia da ação que reconheça nele um ser livre que apresenta a capacidade de inventar e reinventar sua forma de agir na realidade. O ser humano, nesse contexto, é visto como um ser de possibilidades. Dessa forma, pode-se pensar uma ontologia da ação que mostre como o ser humano apresenta a capacidade de pensar o futuro como algo aberto a ser construído de muitas maneiras, pois o ser humano capaz é capaz de agir de diversas formas.

A ontologia do *homme capable* pensada por Ricoeur caminha em direção à ética, ou melhor, em direção à alteridade, em que o agente, em seu esforço de perseverar na existência, confronta-se com o outro de si mesmo e o totalmente Outro. Aqui, podemos ver o caráter polissêmico da alteridade e o seu agir dentro do coração da ipseidade. Percebe-se que o outro não pode ser visto apenas como o outro homem, mas sim com todas as diversas formas de alteridade que o si descobre no percurso do próprio existir e do próprio interrogar-se.

A polissemia da alteridade implica perceber que essa não pode ser vista como somente a alteridade de outro sujeito, mas também como acréscimo na base da própria individualidade, encontrada na tensão entre identidade-*idem* e identidade-*ipse*. Dessa forma, "a atestação confirma a tensão quando reconhece a passividade do eu, algo que nos previne de identificar o eu com algum fundamento absoluto como ocorre em muitas leituras equivocadas do *cogito*"[168].

Assim, o *cogito* partido pensado por Ricoeur revela que há uma lição de humildade imposta à própria noção de *cogito*. Como ele não é somente apreendido pelo desvio das interpretações, a quebra mostra que ele será assombrado por uma alteridade fundamental que é constitutiva de sua ipseidade. A ideia de atestação é compreendida como o resultado da recusa de uma análise do *cogito* em termos de excesso ou insuficiência[169]. Ricoeur afirma que:

---

168. Pellauer, 2009, 145.
169. Mongin, 1994, 193.

A virtude principal de tal dialética é impedir o si de ocupar o lugar de fundamento. Essa interdição convém perfeitamente à estrutura última de um si que não seria nem exaltado, como nas filosofias do *Cogito*, nem humilhado, como nas filosofias do anti-Cogito. Falei, no prefácio dessa obra de *Cogito* partido para expressar essa situação ontológica insólita. É necessário agora acrescentar que ela é objeto de uma atestação também quebrada, no sentido de que a alteridade, unida à *ipseidade*, se atesta somente em experiências díspares, segundo uma diversidade de focos de alteridade[170].

Paul Ricoeur percebe que o sujeito também será marcado por experiências de passividade e alteridade, distinguindo disso três experiências. A primeira está relacionada com a ideia de que a passividade pode ser resumida na experiência do corpo próprio, da carne. É nesse momento que a remissão da fenomenologia à ontologia se torna mais fácil. O corpo é visto como aquele que tem o papel de ser o mediador entre a intimidade do eu e a exterioridade do mundo. Aqui, percebe-se que Ricoeur reata com Maine de Biran e com a temática do involuntário, que está bem presente em seus primeiros estudos. Para ele, a carne precede de forma ontológica toda distinção entre voluntário e involuntário[171]; ela é vista como o lugar de todas as sínteses passivas sobre as quais as sínteses ativas são edificadas. A ipseidade implica uma alteridade própria onde a carne será o seu suporte, realizando a mediação entre o si e o mundo.

A segunda experiência da passividade é a de ser afetado por outrem. Nessa, a alteridade de outrem apresenta uma profunda relação com as modalidades de passividade que "a hermenêutica fenomenológica do si cruzou ao longo dos estudos anteriores quanto à relação do si com o outro do si"[172]. Logo, esse modelo hermenêutico demanda uma dialética nova entre o mesmo e o outro, revelando-nos que o outro não pode ser visto apenas como contrapartida do mesmo, mas, em sua diferença. Ele deve, assim, pertencer à constituição íntima de seu sentido. Nessa etapa, Ricoeur busca estabelecer um diálogo com o pensamento de Emmanuel Levinas,

---

170. SA, 368, tradução nossa.
171. SA, 375.
172. SA, 380, tradução nossa.

entendendo que a filosofia deste fez com que seu pensamento fosse deslocado para as questões relacionadas à alteridade. Entretanto, em Levinas há uma valorização da alteridade radical em relação ao outro[173]. Apesar disso, como já antecipamos, Ricoeur não assume a ideia de uma alteridade radical. Para ele, ao se procurar dar uma resposta responsável em relação à alteridade do outro, dado que ela pressupõe uma capacidade de acolhimento e de discriminação, o outro também pode ser um sujeito carrasco[174]. A respeito disso, Grondin esclarece: "Esta atribuição à responsabilidade não deixa, por isso, de ser uma atestação de minha ipseidade, daquilo que sou enquanto agente ético, responsável pelo outro"[175], não podendo haver a quebra completa da simetria ou inscrição em um fosso absoluto entre o si e o outro. Para Levinas, a identidade se compromete com uma ontologia da totalidade. Há, portanto, a ideia de uma ética sem ontologia, em cuja consecução sempre o que será afirmado em primeiro plano será a primazia do outro. Ricoeur não concorda com essa radicalidade da alteridade, ele pensa que:

> [...] não há contradição em manter dialeticamente complementares o movimento do Mesmo em direção ao Outro e o do Outro em direção ao Mesmo. Os dois movimentos não se anulam, na medida que um se estende na dimensão gnosiológica do sentido, e o outro na dimensão ética da injunção. A responsabilização, de acordo com a segunda dimensão, remete ao poder de autodesignação, transferido, de acordo com a primeira dimensão, a toda terceira pessoa supostamente capaz de dizer "eu"[176].

A terceira forma de alteridade se mostra no apelo à consciência, através do qual há um reconhecimento direcionado ao viver bem e com os outros em instituições justas. O sujeito se estima pelo fato de portar esse desejo. Há uma experiência de nós mesmos em relação à consciência e essa não poderá ser concebida ou vista de forma cartesiana. Sendo assim, "a filosofia não pode plenamente dar conta da origem dessa al-

---

173. Cf. LEVINAS, 1971.
174. SA, 391.
175. GRONDIN, 2015, 105.
176. SA, 393, tradução nossa.

teridade experimentada"[177], não podendo se resumir, em sua translucidez, aos atos do sujeito equalizados aos atos da consciência ou do pensamento. É necessário frisar que o pensamento filosófico não tem a capacidade plena para lidar com a origem da alteridade experimentada, tendo que se socorrer de mediações e rodeios.

Como aponta Jean Greisch, essa terceira forma de alteridade manifesta o fenômeno paradoxal da voz da consciência[178]. Essa voz é endereçada ao sujeito do fundo dele mesmo. Aqui a noção de foro interior é afirmada. Paul Ricoeur busca uma alternativa entre a ideia de estraneidade, presente no pensamento de Heidegger, e a noção de exterioridade presente na filosofia de Levinas. Para ele, existe uma terceira modalidade de alteridade, que o oporá tanto a Heidegger quanto a Levinas. Conforme Ricoeur, essa terceira modalidade de alteridade revela o ser-injungido (*l'être-enjoint*), no sentido de injunção, ressoando uma necessidade ou coerção interna, como característica ou marca da estrutura da ipseidade[179]. Ricoeur não concorda com a compreensão de Heidegger de que a atestação deve ser vista originariamente como injunção, e nem com o entendimento de Levinas onde a injunção é entendida primeiramente como atestação. É preciso reconhecer que a alteridade corresponde à passividade da consciência no plano fenomenológico. Existe, em Ricoeur, concordância com Levinas em relação à compreensão de que o outrem é o caminho obrigatório da injunção, relacionado a uma imposição, a um imperativo ou algo compulsório, que nos obriga *in foro interno*, como no cerne da experiência moral, podendo resultar na maior das tiranias, como ressaltamos acima, ao nos referirmos à experiência política.

Uma difícil questão aparece a partir da reflexão ontológica elaborada por Ricoeur. De onde vem este apelo que ordena ou obriga o sujeito? De onde vem a voz da consciência? Paul Ricoeur compreende que não cabe ao filósofo resolver essa aporia. Mas, a nosso ver, é aí que se encontra um ponto importante para entendermos o ser humano. A filosofia não pode plenamente lidar com a origem dessa alteridade experimentada, ela apre-

---

177. PELLAUER, 2009, 145.
178. GREISCH, 2001, 392.
179. SA, 409.

senta uma dificuldade para lidar com a aporia do outro. Por outro lado, essa ontologia aponta para algo que está além, para algo mais.

Sabemos que a ontologia pensada pelo filósofo francês foi atravessada pelas indagações a respeito do sagrado, do mal, da finitude e da estreita relação entre moral e metafísica. Percebe-se que há uma necessidade da hermenêutica em lidar com essa ontologia, uma hermenêutica fenomenológica ao fim e ao cabo. Em Ricoeur, a hermenêutica "é uma ontologia, que decifra o sentido do homem e do Ser, pelo exame da linguagem de duplo sentido"[180], visada em sua polissemia e a contrapelo da filosofia analítica, que fica com a proposição.

Pois bem, o ser humano não dá conta do seu próprio ser através unicamente da atividade noético-reflexiva. Para Ricoeur não temos como sustentar a pretensão cartesiana do fundamento último, e também não temos condição de sustentar a ilusão fenomenológica de um eu transcendental. Ou seja, precisamos da hermenêutica para realizar a mediação entre a fenomenologia e a ontologia. Toda a compreensão de si deve ser mediatizada pelos símbolos, signos, textos etc.

Dessa forma, a hermenêutica é o caminho através do qual a reflexão precisa passar para a reapropriação do seu ser e de seu objetivo de existir. Ela ajuda na tentativa de se compreender ontologicamente o sujeito, mesmo que essa compreensão não possa ser a mais adequada. Logo, percebemos que há espaço para se falar no horizonte da filosofia ricoeuriana, com o auxílio da hermenêutica simbólica, de uma possível abertura do sujeito à transcendência, ao sagrado, como tacitamente o filósofo admite ou autoriza na *Simbólica do mal*.

Acreditamos que a sequência da reflexão ontológica elaborada por Ricoeur pode ir nessa direção, pensando no horizonte do amor e da justiça o *homme capable* como um ser aberto à transcendência e como essa abertura implica a alteridade e a ressignificação da vida do ser humano. Dessa maneira, percebemos na ontologia ricoeuriana um excesso de significado que pode ser interpretado no horizonte da superabundância, mediado pelo amor e pela justiça em direção ao bem.

---

180. CESAR, 2000, 17.

É por meio da hermenêutica simbólica que vamos compreender essa relação um pouco melhor. Veremos que a abertura do ser humano à transcendência passará pela nominação de Deus por meio do texto bíblico no pensamento de Paul Ricoeur, a considerar, nesse contexto, seu embate com Agostinho e Lutero. A angústia e a dor da condição humana podem ser superadas através da afirmação do amor e da justiça. O sentido que será redescoberto, da vida e do ser humano, é também uma redescoberta do sagrado, exigindo repensar a relação entre filosofia e teologia, bem como o preceito do agnosticismo metodológico. É nessa direção que vamos pensar o nosso último capítulo.

CAPÍTULO IV
A relação do ser humano com a transcendência a partir da filosofia de Paul Ricoeur

4. O pensamento de Ricoeur e a sua relação com a teologia

Neste último capítulo de nosso livro, analisaremos a relação do ser humano com a poética[1] religiosa. Paul Ricoeur constrói esse diálogo no horizonte da nominação de Deus por meio do texto bíblico. Como sabemos, ele se apropria do termo transcendência pensado por Karl Jaspers, mas, diferentemente deste, dispõe-se a relacioná-lo à noção de Deus presente na tradição bíblica.

Acreditamos ser importante mostrar como se estabelece a interlocução entre filosofia e teologia no pensamento de Paul Ricoeur, que, a nosso ver, é pouco explorado e trabalhado nos estudos filosóficos do contexto

---

1. A linguagem religiosa é pensada por Ricoeur no horizonte da metáfora. É através da metáfora que Ricoeur trabalha a temática da linguagem religiosa, e, de forma específica, com a linguagem expressa no texto bíblico. Em Ricoeur, a metáfora é compreendida como a forma pela qual se explica a linguagem poética, ela apresenta o poder de redescrever a realidade. A linguagem religiosa pode ser entendida como linguagem poética.

brasileiro. Ademais, defendemos que sua reflexão religiosa é uma parte fundamental para a compreensão de suas reflexões enquanto pensador de uma antropologia filosófica. Gilbert Vincent aponta que Ricoeur dedicou inúmeros textos ao fenômeno religioso[2]. Na *Fonds Ricoeur*, fundação que tem o objetivo de preservar e divulgar seu pensamento, encontra-se um grande número de material dedicado à temática teológica, à hermenêutica bíblica, ao estudo do mito, do símbolo e da linguagem religiosa[3].

Ao analisarmos *Méthode réflexive appliquée au problème de Dieu chez Lachelier et Lagneau*, primeiro escrito filosófico de Ricoeur, publicado recentemente[4], deparamo-nos com a temática de Deus, ou, mais especificamente, com um diálogo entre teologia e religião, que, como sabemos, acompanha o filósofo ao longo de todo o seu pensamento e trajetória. Durante os anos 40, Ricoeur escreveu *Pour un christianisme prophétique*, *La condition du philosophe chrétien* et *Le renouvellement de la philosophie chrétienne par les philosophies de l'existence*. Em todas essas publicações, a temática teológica se faz presente. Nos anos 50 e 60, ele elaborou estudos e escritos relacionados à hermenêutica bíblica, dentre esses o ensaio: *Culpabilité tragique et culpabilité biblique*. Ricoeur ainda refletiu sobre a questão do símbolo em *Le symbole donne à penser*, discutiu a crítica da religião em produções como *La critique de la religion* e realizou a análise da linguagem religiosa em *Le langage de la foi*. Ele exerceu a docência na Faculdade Protestante de Teologia de Paris e também dedicou escritos a grandes teólogos protestantes, dentre esses: Dietrich Bonhoeffer, Rudolf Bultmann, Jürgen Moltmann e Paul Tillich.

As obras *Ensaios em interpretação bíblica*, *A hermenêutica bíblica* e *Pensando biblicamente*, esta redigida em parceria com André LaCocque, também são contribuições importantes em que Ricoeur trata da linguagem religiosa, seus símbolos e interpretações. O autor ainda produziu outras breves reflexões e apontamentos próprios da teologia, mesmo em obras em que à primeira vista estavam longe do fenômeno religioso ou da questão teológica. Citamos: *Vivo até a morte*; *O significado religioso do*

---

2. VINCENT, 2008, 11.
3. SOUZA, 2017, 16.
4. Cf. MR.

ateísmo (*The religious significance of atheism*); *O justo; O si-mesmo como um outro; O mal. Um desafio à filosofia e à teologia; Memória, história e esquecimento; Amor e justiça; O conflito das interpretações; Do texto à ação; A metáfora viva* e *História e verdade*. A partir desses estudos e publicações, da análise do material e da biografia de Ricoeur, é-nos revelada a presença constante, durante todo o seu trabalho acadêmico, "da teologia e da religião enquanto preocupações não-filosóficas à filosofia"[5].

Dito isso, não podemos esquecer que nosso filósofo procurava manter uma autonomia em relação aos campos de investigação da filosofia e da teologia. Como apresentamos no primeiro capítulo dessa obra, ele, no final de sua vida, dizia não ter conseguido manter tão estanque a separação entre essas duas áreas[6]. No entanto, não nos parece ter sido este o caso, nem sua intenção originária, mas antes introduzir as distinções devidas e não confundir os dois campos. Em uma entrevista difundida por *France Culture* em 1993, Ricoeur assume ter sido movido por uma motivação religiosa, mantendo, contudo, o caráter puramente filosófico da estrutura do seu pensamento[7]. Ele sempre procurava enfatizar que era filósofo e protestante[8].

Para Alain Thomasset, o estilo filosófico de Ricoeur é influenciado por toda a inspiração que ele recebe da revelação cristã[9], assumida existencialmente desde a infância e que ele nunca abandonou. Nesse sentido, não podendo confundir as coisas: Ricoeur adota um duplo caminho no domínio religioso. Por um lado, esforçando-se em demonstrar a necessidade de se devolver à filosofia uma humildade que a faça reconhecer seus pressupostos e sua incompletude[10]. Essa filosofia dos limites abre, ou abriria, lugar a uma possível palavra vinda de um Outro. Por outro lado, buscando oferecer elementos para uma abordagem filosófica da mensagem cristã, cuja função é preparar a escuta e propor uma estrutura de inteligibilidade na recepção da pregação.

---

5. Souza, 2017, 22.
6. CC, 227.
7. Higuet, 2015, 23-24.
8. Cf. Ricoeur, 1993c.
9. Thomasset, 1996, 233.
10. Thomasset, 1996, 233.

Logo, para ele, uma inteligência da fé poderia ser desenvolvida e alcançada, ainda que não exatamente seguindo a via da articulação da *ratio* e da *fides*, como na escolástica medieval e em certas vertentes do catolicismo. Nesse cenário, o pré-discurso filosófico forneceria ferramenta útil para a realização de críticas internas ao próprio discurso da fé[11]. Desse modo, percebemos a existência de uma interação tensionada entre teologia e filosofia no pensamento ricoeuriano: como filósofo, respeitando a autonomia de cada método, ele estabelece em seu pensamento uma relação de reciprocidade de muitos pontos de contato entre a filosofia e a teologia, porém sem assimilá-las, nem mais nem menos do que aconteceria na relação da filosofia com as artes ou as ciências. A respeito disso, François Dosse argumenta:

> Ricoeur, tanto do lado de suas intervenções filosóficas quanto de seus trabalhos exegéticos, se esforçará para rejeitar tudo o que poderia apresentar como uma forma de fundacionalismo redutor, seja especulativo, conceitual ou teológico. É um diálogo entre esses dois campos que ele aspira. Esse diálogo não pode se instituir sem essa alteridade principal, sem essa diferenciação bem marcada entre os dois polos que animam com o mesmo vigor um pensamento para sempre dedicado à incompletude[12].

É importante pontuarmos que Ricoeur constrói uma fronteira entre seu pensamento filosófico e sua reflexão teológica, processo fundamental para se falar e tratar da relação entre as duas áreas distintas, procurando respeitar os limites concernentes aos seus dois campos de estudo. Assim sendo, mesmo que esse filósofo tenha realizado um grande trabalho na teologia, não podemos dizer que existe uma virada religiosa em seu pensamento[13]. Conquanto, como apontamos no primeiro capítulo dessa obra, Ricoeur, no final de sua jornada, admite ter assumido e se arriscado no lugar de interseção "entre a convicção e a crítica"[14].

Todavia, entendemos que ele não manchou seu caráter de fenomenólogo nas relações com a teologia. Em suma: não veremos em momento

---

11. Ibid.
12. Dosse, 2001, 653-654, tradução nossa.
13. Vincent, 2008, 45.
14. CC, 211.

algum ao longo da sua obra qualquer vestígio da menor apologética, mas, pelo contrário, a constante humildade de não impor nada, embora investigando, com a mesma exigência, os domínios situados de uma parte a outra da fronteira. O lugar de interseção entre o pensamento filosófico e o teológico nos trabalhos de Ricoeur se dá a partir da reflexão do *homme capable*, da nomeação de Deus por meio da narrativa bíblica, da dimensão ética da experiência, ou da ação, se se preferir, e do cruzamento da antropologia filosófica com a própria vida de Ricoeur. Alusivo a isso, Vitor Chaves de Souza afirma:

> Interessa à pesquisa os lugares da interseção entre a filosofia e teologia. O ponto de intersecção inicial, a saber, é a nomeação de Deus. É justamente pela nomeação de Deus — o caráter existencial da fé — que há a crítica do aspecto religioso pelo filosófico e a crítica do aspecto filosófico pelo religioso. A nomeação de Deus, enquanto aporia, inaugura reflexões sobre a linguagem religiosa e sobre o ser. O trabalho da nomeação de Deus implica outro ponto de intersecção: a coexistência da articulação entre religião e filosofia. A coexistência permite o trabalho com esferas de expressões artísticas, culturais, narrativas e, principalmente, religiosas na ontologia quebrada. A ontologia quebrada, enquanto condição do indivíduo, proporciona a busca e os desdobramentos da vida. Evitar-se-á o equívoco de inferir a passagem da ontologia para a religião como se a religião fosse a resposta definitiva de Ricoeur — de certo modo, a religião é uma alternativa à ontologia quebrada, mas não é a resposta final. A coexistência atinge o auge na "ontologia poética", em meados dos anos 80, onde, segundo Olivier Abel, o pensamento de Ricoeur inclui o não-ser no além do ser, trabalhando com o que pode ser (*peut être*). Um outro ponto de intersecção original surge: o ser humano capaz[15].

Para Ricoeur, há dois modos de ser no mundo que se destacam: o filosófico e o religioso. Como sabemos, a filosofia desse pensador tem como ponto central o desenvolvimento e a elaboração de uma antropologia filosófica. Acreditamos que, em toda a sua obra, existe uma tentativa de realizar uma análise das potencialidades (poder ser) do ser hu-

---

15. Souza, 2017, 31-32.

mano capaz. Nessas reflexões, o pensamento é marcado por aquilo que podemos chamar de desvios. François Dosse, em sua biografia intelectual a ele consagrada, também afirma:

> Como crente e filósofo, ele recusa toda dogmática, toda ontologia exclusivamente vertical que viria a totalizar o sentido. A problematização dos dois domínios pressupõe, portanto, sua distinção e a preservação de uma tensão entre os dois, deixando lugar às mediações imperfeitas para pensá-los em conjunto[16].

Percebemos que entre as exigências filosófica e religiosa (teológica), não há uma separação hermética. Logo, toda a tradição herdada por Ricoeur do calvinismo leva-o a ressoar os dois horizontes de uma forma mais justa ou equilibrada, digamos assim. A filosofia dá-lhe um alto rigor conceitual no domínio do campo exegético, já sua tradição bíblica enraíza e lhe oferece maior respaldo à reflexão filosófica.

Do lado religioso, Ricoeur tem o cuidado de desmitologizar e de fixar todas as aporias e os limites do pensar filosófico, descortinando, assim, o poético. Dessa maneira, não se pode opor na obra desse autor francês, de forma arbitrária, uma espécie de racionalidade que seja aplicada somente ao domínio da reflexão filosófica e que viria a se justapor a um tipo de fideísmo religioso. Do lado filosófico, ele tem o cuidado de manter um e outro, o que sustenta o caráter quebrado de toda a sua ontologia, sem nunca poder subsumir integralmente os dois campos da experiência humana. Destacamos que essa é uma questão cara para Ricoeur e, devido a ela, ele se opõe à "logia" do sentido de Heidegger, sendo reticente à ontologia do ser proposta por ele, pensada como a analítica existencial do *Dasein*, com a palavra final, como ontologia fundamental, sobre o conjunto da experiência humana[17]. Conforme Vitor Chaves de Souza:

> Filosofia e teologia, enquanto pensamentos sistematizados de um conhecimento, encontram-se na fronteira onde acontece o diálogo entre texto e ação, narrativa e vida, teoria e prática. A fronteira denota o limite das abordagens filosóficas e teológicas, valorizando-as e promovendo um novo evento na linguagem [...]. Em suma, diante

---

16. Dosse, 2001, 655, tradução nossa.
17. Ibid., 666, modificado, acréscimo nosso.

da dualidade inerente em Ricoeur, a adesão religiosa previne a teologia das ameaças filosóficas, enquanto o agnosticismo metodológico abre a pesquisa para as tradições filosóficas[18].

Portanto, em sua ótica, não se trata de reduzir a fé à aceitabilidade racionalista e nem autorizar a razão para inquirir e ratificar dimensões transcendentes da experiência. A hermenêutica de Ricoeur irá se estender em uma exegese bíblica, de tal sorte que a sua circularidade entre os dois horizontes se dará no interior de uma fenomenologia da religião que, para ele, somente é possível sob a condição de se equiparar com o estatuto de imediatidade que pode reivindicar as atitudes e os sentimentos da estrutura do chamado e resposta do religioso. Essa perspectiva contribuirá para conduzir o fenomenólogo à mediação da linguagem e da cultura à medida que ele se relaciona com a hermenêutica, autorizando o filósofo a inquirir a co-pertença e a distinção dos dois campos. Nesse percurso, ao tecer relação com o campo da hermenêutica bíblica, Ricoeur elabora a nomeação de Deus, e, nesse horizonte, vê-se a abertura do *homme capable* à transcendência.

A linguagem religiosa pode ser vista como um tema de investigação filosófica, tanto discutida enquanto linguagem que dá a pensar como compreendida enquanto parte da poética geral. Isso porque seu funcionamento se dá por meio de uma estrutura simbólico-metafórica, de modo que a interpretação da linguagem bíblica deve ser vista e considerada como um modelo hermenêutico dentre outros. Ricoeur está ciente de que a filosofia como um discurso autônomo que busca compreender a totalidade da experiência humana não pode deixar de lidar com a religião no seu campo de investigação[19]. Por isso, por meio da via longa, ele elabora uma hermenêutica do símbolo. Ou seja: para tratar do ser humano, Ricoeur recorre à linguagem simbólica. Nesse contexto, podemos afirmar que ele destaca três quesitos fundamentais à filosofia: ser autônoma e crítica; não ter absolutos; e buscar lidar com a antropologia.

Destarte, não podemos esquecer de mencionar que Ricoeur não busca elaborar uma teologia natural. Ele não deve ser visto como um pro-

---
18. Souza, 2017, 149-150.
19. Vincent, 2008, 13.

motor de uma filosofia da religião e nem como um filósofo que procura construir um discurso tendo como base a ontoteologia. Como filósofo, ele não apresenta nenhuma preocupação em relação à existência ou não de Deus, mas sim com sua nomeação em textos e em tradições, sejam essas gregas ou bíblicas.

Paul Ricoeur deve ser entendido como um pensador que propõe um modelo hermenêutico de filosofia da religião. Para o filósofo francês, existe uma relação narrativa entre o ser humano e Deus[20]. Nessa manifestação, haveria um chamado, o qual deve, ou deveria ser respondido eticamente pelo humano. À vista disso, percebemos que não há separação entre antropologia e ética em seu pensamento. Para ele, seguindo Kant, a religião busca restaurar a bondade do ser humano; e, nesse sentido, ela evoca a dimensão da ética, se não lhe abre o caminho. Portanto, como pensador, Ricoeur busca uma reflexão por meio de sua hermenêutica sobre as múltiplas faces da ipseidade religiosa[21].

Sobre isso, François Dosse, a partir dos apontamentos de Jacque Poulain, assevera: "Ricoeur encontrou na questão heideggeriana da autenticidade o meio para transformar a hermenêutica filosófica em hermenêutica da fé cristã"[22]. Essa dimensão é colocada sob o signo da necessidade de se pensar a concordância consigo mesmo — aqui reside a ipseidade como identidade de si consigo ou a consciência de si mesmo — em sua relação com o outro e o mundo. A inscrição do si na fé proporciona o acesso a uma variável antropológica, na medida em que não se pode pensar o sentido sem se pensar o verdadeiro, não sendo eles, porém, a mesma coisa. Dito isso, passamos a tratar do *homme capable* como o destinatário da religião.

4.1. L'homme capable *e a religião*

Dando sequência em nossa reflexão, reiteramos que, para Ricoeur, o homem capaz (*l'homme* capable) é entendido como o destinatário da religião: esta é a tese por nós assumida. Tal como entendemos, ao buscar

---
20. BLUNDELL, 2010, 163.
21. GREISCH, 2001, 397.
22. DOSSE, 2001, 669-670, tradução nossa.

o embasamento em seus textos, o filósofo sustenta essa compreensão a partir de duas questões fundamentais.

A primeira está relacionada com a tentativa ricoeuriana em querer explorar, sob o título do homem capaz, uma área da experiência do ser humano cujo entendimento e explicação, em um primeiro momento, não caem na dualidade entre ética e ontologia. A segunda questão diz respeito ao exame da forma pela qual a religião é direcionada a esse ser humano capaz — de agir, de crer e de pensar —, considerando nessa observação o objetivo de se alterar a autocompreensão de certas capacidades, nos moldes de uma introspecção, como inspeção de si ou autorreflexão, mas completada pela observação exterior do conjunto da experiência humana, não só sensível, que se revela por demais estreita[23].

Precisamos mencionar que Ricoeur tem a preocupação de compreender em qual sentido a ideia de capacidade, aplicada ao si religioso, transcende as muitas figuras do si ético, tal como a noção aristotélica da visada da vida boa, a figura kantiana da obrigação moral e a sabedoria prática que busca um equilíbrio refletido entre um e outro.

A capacidade presente no ser humano é reconhecida por Ricoeur como uma face específica da finitude[24], que, por sua vez, não pode deixar de ser pensada sob o sinal da falibilidade. Em suma, identificar o destinatário da religião como o sujeito capaz é dizer que o ser humano não é capaz de tudo, nem mesmo é pura potência ou puro devir. Contudo, em sua visada prevalece que a ação é composta de atos, assim como a capacidade, enquanto potência ou capacidade de agir.

Ricoeur encontra na filosofia de Kant a chave para mostrar que a noção de capacidade não é compreendida como poder (*pouvoir*, pura positividade, poder de agir e gerar resultados, como na vontade de poder de Nietzsche), mas sim como fragilidade e vulnerabilidade (*poder* ser, como possibilidade do existente, podendo inclusive falhar). Ele ainda acredita que a análise do discurso do homem capaz relança, de forma totalmente nova, o debate outrora enrijecido entre ética e ontologia[25]. Ele se per-

---
23. EC3, 415.
24. GREISCH, 2001, 398.
25. EC3, 416.

gunta: "Com esse campo da experiência, não seria o dispositivo inteiro da filosofia da religião que, supostamente, oscilaria entre ética e ontologia, que sofreria um abalo?"[26].

Disposto a lidar com essa questão, o filósofo francês percorre o horizonte das capacidades, destacando-se, nessa incursão, que a pergunta pela capacidade de agir pode ser achada antes mesmo de se entrar no campo da ética. Logo, uma hermenêutica do si encontra a ideia de capacidade em todos os graus em que a reflexão é desenvolvida[27]. Dessa forma, todas as respostas à pergunta "quem?" levam à designação de si como aquele que pode falar, fazer, narrar a sua história e ser responsável por seus atos.

Nesse sentido, Ricoeur percebe que a noção de imputação será ultrapassada pela ideia de imputabilidade. Segundo ele, a imputação diz respeito a alguém que é responsável por uma ação realizada, enquanto a imputabilidade expressa a capacidade de um determinado agente de cair sob o julgamento de imputação ou a sua admissibilidade, bem como plausibilidade, correntes nos inquéritos jurídicos.

Posto isso, esse filósofo se volta para a relação do ser humano com a obrigação, e afirma: "a obrigação de agir de acordo a norma, a obrigação de reparar os danos causados a outrem, a obrigação de sofrer a pena, pressupõem a capacidade de entrar no círculo das obrigações que chamamos imputabilidade"[28]. Ricoeur propõe o seguinte equivalente da ideia de imputabilidade: a capacidade de um sujeito que age com o propósito de submeter sua ação às exigências de uma ordem simbólica, ou ainda, como ele diz, num sentido mais forte ainda, uma ordem normativa.

> Considero tal capacidade a condição existencial, empírica, histórica (ou como queríamos dizer) do vínculo entre um si e uma norma: portanto, exatamente daquilo que é veiculado na filosofia kantiana pela ideia de autonomia[29].

No campo da esfera moral, a capacidade de agir se confunde com a imputabilidade. Segundo o filósofo, o ser humano tem a capacidade de

---

26. EC3, 416-417, tradução nossa.
27. BLUNDELL, 2010, 158.
28. EC3, 418, tradução nossa.
29. EC3, 418, tradução nossa.

entrar e participar numa ordem simbólica como esfera própria da ação humana, composta pela linguagem verbal articulada e por um universo de sinais ou símbolos que a extrapolam, como a cruz da cristandade e a lua crescente do Islã. Isso implica que, de forma correlativa, o sujeito é capaz de entrar em uma ordem de reconhecimento.

No campo da religião, o símbolo é fundamental para orientar o indivíduo na busca da compreensão daquilo que o sagrado revela. O símbolo faz apelo não só à interpretação, mas verdadeiramente à reflexão filosófica. Ciente disso, Ricoeur procura elaborar uma hermenêutica da linguagem religiosa capaz de analisar a linguagem simbólica com o objetivo de reconstruir as intenções significantes dos símbolos, dos mitos e dos textos sagrados. Essa linguagem, então, busca expressar a experiência do sagrado. Posto isso, destacamos que o ser humano apresenta a capacidade de se reconhecer, interpretando-se em suas obras, as quais podem ser compreendidas como arquivos da humanidade[30].

Paul Ricoeur afirma a necessidade da hermenêutica, do desvio na interpretação e da inovação no campo dos discursos religiosos. Ele ainda realça a liberdade da interpretação por parte dos leitores e a competência desses para a leitura, considerando o caráter do homem capaz. O ser humano é visto como aquele que entra na ordem simbólica, e, correlativamente, apresenta a capacidade de adentrar em uma ordem do reconhecimento.

Além disso, a entrada em uma ordem simbólica revela outra capacidade do ser humano. Ele contém a capacidade de elevar-se acima do seu ponto de vista particular, atingindo, assim, um ponto de vista imparcial e englobante. Na ordem simbólica, comportando as mediações e, portanto, vencendo a imediatez da experiência e instaurando a autorreferência, condição do reconhecimento, o ser humano também terá a capacidade de situar sua ação sob a regra de justiça.

De fato, designar-se como aquele que pode é identificar o tipo de ser que eu sou. É dizer que cabe à condição humana se deixar apreender em termos de poder e não poder. É, portanto, dizer qualquer coisa

---

30. HIGUET, 2015, 31.

que pretende ser verdadeiro. É verdadeiro que sou capaz de me considerar capaz de entrar em uma ordem simbólica — que sou capaz de reconhecimento, de imparcialidade e de equidade[31].

Portanto, existe uma dimensão ontológica que está conectada à pretensão cognitiva e veritativa. Logo, aquilo que pode ser visto como verdadeiro sobre a capacidade de entrar em uma ordem simbólica é também verdadeiro sobre a ideia de imputabilidade a partir da qual as capacidades podem ser resumidas. É por meio da atestação que o sujeito revela seu poder-fazer; ele atesta que pode e sabe disso ou que é isso. Dessa maneira, a atestação apresenta um estatuto que corresponde à maneira de ser da capacidade. Isso se refere a uma "dimensão veritativa de um gênero muito particular: por um lado, ela é inseparável do momento prático do agir; por outro, distingue-se dele por sua relação com o modo de ser do ente que eu sou"[32].

Para Ricoeur, a mescla complexa de subordinação ao prático e de especificidade cognitiva é o que realiza todo o mistério da ideia de capacidade no campo epistemológico e ontológico. Logo, essa conjuntura faz vacilar a asserção segura de si mesma da dualidade entre ética e ontologia. À vista disso, podemos compreender, na esteira de Ricoeur, como a religião pode ser considerada dirigida, numa espécie de teleologia, ao homem capaz. Assim, ele enuncia:

> Gostaria de mostrar várias coisas: que a religião atinge o homem em um nível de incapacidade específica, classicamente designado como erro, pecado, mal moral; que a religião tem por propósito levar socorro, ajuda, remédio a esse homem ferido, liberando nele um fundo oculto de capacidade que se pode chamar *bondade originária*; que a religião opera essa regeneração por meios simbólicos específicos, que despertam as capacidades morais fundamentais que pudemos colocar na primeira parte, sob o título da entrada em uma ordem simbólica[33].

Seguindo Marco Olivetti, Ricoeur entende que, no contexto da modernidade, a religião realiza um deslocamento de ênfase da ontologia para

---

31. EC3, 422-423, tradução nossa.
32. EC3, 423, tradução nossa.
33. EC3, 425, tradução nossa.

a ética[34]. Nesse sentido, o pensador francês procura construir uma resposta que justifique tal mudança dentro do estatuto epistemológico da atestação, ao explorar as várias acepções da palavra em francês, indo do testemunho, conforme o latim, até a certificação ou a prova (documental, experiencial e mesmo cartorial). Para confirmar sua tese (atestação da verdade e do testemunho), Ricoeur realiza um teste crítico e recorre à obra kantiana *A religião nos limites da simples razão*, resgatando a ideia de que a capacidade transcende a oposição entre ética e ontologia, pois ela designa não somente um poder para realizar algo, mas também um modo de ser[35].

Em suas leituras do texto kantiano, mais precisamente na introdução acerca do mal radical, Ricoeur se atém a uma panóplia de conceitos que giram em torno da noção de disposição. São essas definições que, indo além de Kant, ele procura religar à escala dos poderes do homem capaz. A ideia de disposição (*Gesinnung*) é vista nesse horizonte como o conceito limiar. Esta diz respeito ao que Kant chama de admissão (*Annahme*) das máximas, noção que Ricoeur afirma não hesitar em interpretar à luz do "acesso a uma ordem simbólica"[36].

Para Kant, como se sabe, existe na natureza humana uma propensão para o mal e uma disposição original para o bem[37]. Esta tem o seu caráter originário determinado e está enraizada na estrutura teleológica da ação do ser humano. Kant ligará a disposição para o bem à disposição para a animalidade do homem como ser vivo; e ainda: à disposição para a humanidade como ser vivo e racional, bem como à disposição para sua personalidade como ser racional e responsável[38]. Nesse sentido, Ricoeur tem o objetivo de reter o elo entre disposição e aptidão, capacidade.

Ainda refletindo sobre o texto kantiano, Ricoeur expõe o que entende ser uma virada do pensador alemão: a introdução do pendor para o mal revela uma distinção basilar em relação à disposição para o bem; e esse pendor para o mal não pode ser visto como inclinação inata à natureza humana, mas algo contraído por meio do erro do próprio ser hu-

---

34. EC3, 415.
35. Greisch, 2001, 399.
36. EC3, 427, tradução nossa.
37. Cf. Kant, 1992.
38. Ibid., 32.

mano. Existe um aspecto que é indecifrável em relação ao mal e o seu enigma consiste na determinação do livre-arbítrio. É na semântica da capacidade que o mal se diz, podendo ser hierarquizado em três momentos: fragilidade, impureza e maldade. O pendor da maldade é contraído do livre-arbítrio, e é por isso que ele pode ser imputado ao ser humano. Contudo, Kant compreende que não podemos saber de qual maneira o mal moral poderia primeiramente nos alcançar. É por causa disso que Ricoeur, como apresentamos no segundo capítulo desse livro, recorrerá, em *A simbólica do mal*, a um remanejamento do discurso e à utilização de uma hermenêutica que procure lidar com os mitos no decorrer de uma interpretação dada por meio de uma linguagem de sabedoria, vale dizer, da tradição sapiencial que iremos encontrar nos quatro cantos do globo. É a partir da noção de arbítrio que o religioso se defronta na tradição judaico-cristã, como assinala Ricoeur:

> Ao mesmo tempo se encontra caracterizado o lugar filosófico do discurso da religião. Nem ético, na medida em que a religião nada acrescenta ao que a moral do dever determina, nem ontológico, ao menos na medida em que o discurso tradicional da ontologia não parece capaz de se encarregar do elo entre a dimensão veritativa da atestação e a dimensão prática da potência de agir[39].

Paul Ricoeur percebe que o discurso da religião é colocado no ponto de convergência da disposição para o bem e do pendor para o mal, isto é: no seio de todo o sistema da imputabilidade, com as ideias de culpa e de culpado avizinhando-o. Nesse âmbito, há de se considerar a existência de uma intervenção do religioso no espectro da imputabilidade, circunstância em que religião apresenta o papel de resgatar no ser humano a sua bondade originária, conduzindo-o em direção à ética, com todas as implicações que a imputação moral comporta: o reconhecimento da bondade do ato ou da ação, a autoincriminação ou a mortificação, a incriminação por terceiros, a regeneração, a escusa e o perdão. No contexto da imputação, havendo mais de uma possibilidade, o religioso se revela. Conforme Ricoeur:

---

39. EC3, 431-432, tradução nossa.

Não violaríamos a filosofia kantiana da religião se disséssemos que a problemática inteira da religião se resume na reapropriação por parte do homem de sua bondade originária, não obstante, ou em oposição a ela, seu pendor para o mal radical. [...] Se é verdade que a religião tem por tema único a restauração do poder alienado do livre-arbítrio, então pode-se dizer, como proponho no título de minha comunicação, que a religião tem por destinatário o homem capaz e que seu estatuto próprio resulta dessa relação fundamental[40].

Nesse sentido, a religião apresenta um pano de fundo ético. Ela aponta para a responsabilidade, para a alteridade e para a esperança. Essa dimensão revelada pelo religioso tem como objetivo enriquecer os valores éticos de convivência. A religião tem o intuito de resgatar e renovar o ser humano a tal ponto que sua forma de ser e de estar no mundo seja modificada. Veremos mais à frente como a nomeação de Deus, por meio da narrativa bíblica, é fundamental para se compreender essa questão. Dessa forma, a leitura engajada do texto bíblico provoca um efeito no leitor: ele é chamado a ser renovado por meio dessa mensagem e agir com base no amor e na justiça para com o outro.

O resgatar da bondade do ser humano mostra que, para Ricoeur, a religião, além de oferecer dignidade, contribui também com a construção de uma sociedade igualitária. Essa visão do pensador francês nos permite observar como a antropologia filosófica e a ética estão articuladas em sua filosofia. É importante mencionar que Ricoeur não faz uma leitura ingênua da religião. Ele está ciente dos males provocados pela religião, como o fundamentalismo, a intolerância e as guerras religiosas. Para ele, a religião não pode ser usada para a propagação do ódio e nem da intolerância.

Como já havíamos apontado, no pensamento ricoeuriano o ser humano capaz é visto como o destinatário da religião, contudo, é preciso determinar como isso se dá. Por consequência, em busca da evidenciação de um postulado tão contundente, não podemos ignorar o fato do mal, tanto ao nosso redor quanto espalhado pelo mundo, de modo que a antropologia filosófica e a ética não podem, aqui, serem vistas como partes distintas ou não-dialógicas.

---

40. EC3, 432-433, tradução nossa.

Nesse alinhamento, a religião, além de resgatar a bondade originária do ser humano, também o influenciará a agir de forma boa e justa para com os outros. Assim, o sujeito colocado no horizonte do religioso vivenciará uma revelação a ser consolidada a partir do espectro da ética. Constitui-se, assim, uma das propostas do querigma cristão: orientar a vida daquele ou daquela que acolhe essa mensagem e colocá-la em conformidade com o amor e com o bem anunciados por Cristo. A nosso ver, será esse acolhimento e essa orientação que impulsionarão o ser humano capaz a agir com o outro, visando-lhe o bem, ao pautar sua ação pela busca do amor e da justiça.

O paradoxo entre alteridade e ipseidade desenrola-se desde o centro de todo o processo de libertação do fundo da bondade do ser humano em direção das mediações constitutivas do religioso. Ricoeur, na esteira de Kant, acredita que a filosofia da religião não fala a respeito de Deus, mas sim das mediações históricas que a própria religião pode oferecer ao processo de regeneração.

O filósofo francês se interessa pelos elos entre as mediações históricas consideradas e pelo projeto de libertação do servo arbítrio. Dessa forma, podemos dizer que a religião tem o homem capaz como seu destinatário, e não exatamente o fiel ou o pecador e seu resgate, como desdobramentos ou aspectos derivados[41]. Posto isso, é necessária a seguinte corroboração: como Kant resgata o horizonte da bondade na existência humana, ao recorrer a ele para mostrar o objetivo da religião Ricoeur se distancia da tradição agostiniana que está bastante atrelada à ideia de pecado original, envolto em uma visão antropológica pessimista em relação à bondade humana.

Mesmo vindo da tradição calvinista, Ricoeur apresenta uma enorme resistência em relação à ideia de pecado original e, a essa, procura fazer um contraponto, que ele introduz a partir da graça: noção bíblica que funda uma assimetria original, remetendo-se ao "quanto mais" do apóstolo Paulo. Conforme ele assevera, "por mais radical que seja o mal enquanto princípio *a priori* de todas as máximas más, ele não ocupa o lugar do originário, que é o da disposição para o bem, condição última do respeito pela lei"[42].

---

41. EC3, 434, modificado, acréscimo nosso.
42. L3, 25, tradução nossa.

… A relação do ser humano com a transcendência

Contudo, toda a temática calvinista da falta, da mancha, do pecado e da experiência do mal, revivida pela guerra, assombra Ricoeur, que faz dela seu objeto de interrogação filosófica. Em relação à problemática da culpabilidade, ele situa-se, em grande parte, do lado de Lutero e de sua insistência sobre a justificação pela fé, sem o preço a ser pago pela culpabilidade, ao se colocar, com uma compreensão diferente das falhas humanas, no caminho da teologia barthiana da graça, a qual se revela como um auxílio para toda a geração de protestante franceses, isto é: um caminho de fuga em relação à culpabilidade.

Dito isso, Ricoeur pensa, analisando Kant, que a justaposição entre o mau e o bom princípio, ambos inerentes à natureza humana, junto com a afirmação da originalidade da disposição ao bem, preserva a possibilidade do primeiro passo no itinerário da esperança. Por mais radical que seja o mal, ele não pode ser visto como definitivo e, por mais que o mal esteja sempre presente, é uma presença contingente, na medida em que a disposição ao bem, sendo mais originária, conserva a possibilidade de retorno ao respeito à lei.

Paul Ricoeur acredita que a esperança assumirá o lugar da atestação. Sobre isso ele diz:

> A inescrutabilidade da origem do mal constitui uma crise da atestação. Eis por que não dispomos senão de representações simbólicas, de mitos, para essa entrada do mal no mundo, isto é, no centro de nossa potência de agir. É essa inescrutabilidade específica, que afeta o não-poder do poder mais fundamental da imputabilidade, que decide o destino epistemológico de todas as enunciações relacionadas à regeneração e aos caminhos da regeneração no plano da representação, no plano da crença e no da instituição. Sugiro dizer que, aqui, é a esperança que assume o lugar da atestação[43].

Percebemos que a atestação podia acompanhar a confissão do mal, enquanto o pendor para o mal fosse condizente com o ciclo das capacidades. Entretanto, verificamos que há uma falha na atestação a partir do momento em que a origem do pendor extrai a confissão do inescrutável. Logo, a esperança será vista como a categoria epistêmica adequada à réplica do

---

43. EC3, 439, tradução nossa.

religioso, à indisponibilidade do servo arbítrio e à inescrutabilidade da origem dessa passagem. Ricoeur concorda com a opinião de Kant de que a liberdade no horizonte da esperança oferecida pela religião é vista como uma liberdade que pode; isto é, uma liberdade apresentada na capacidade de existir no fundo de uma totalidade livre, dada segundo a esperança. Uma vez que a religião tem como um dos seus objetivos anunciar a esperança, é essa liberdade que ela oferece à mediação da representação, da crença e da instituição. Ao resgatar a bondade originária do ser humano, ela chama o indivíduo a agir de forma livre em conformidade com o bem, com a justiça e com o amor. Existe um querigma da esperança que cria, ao mesmo tempo, uma novação de sentido e uma exigência de inteligibilidade. Conforme Ricoeur:

> Uma novação de sentido, que Moltmann sublinha opondo a promessa ao *logos* grego; a esperança começa como uma "a-lógica". Ela irrompe numa ordem fechada; ela abre uma carreira de existência e de história. Paixão pelo possível, envio e êxodo, desmentido ao real da morte, resposta da superabundância do sentido à abundância do não-sentido, outros tantos signos de uma nova criação, cuja novidade nos toma, no sentido próprio, inesperadamente. A esperança, no seu jorrar, é "aporética", não por falta, mas por excesso de sentido[44].

Portanto, a esperança se coloca na continuidade da atestação. Ricoeur pensa que:

> Ao designar a religião como réplica à confissão do mal radical, nós a inserimos na continuidade da atestação. Essa continuidade recuperada é finalmente assegurada pela disposição originária para o bem, na qual culmina a hierarquia das capacidades e cuja liberação é garantida pela religião[45].

A religião conceitualizada como libertação da bondade coloca a esperança na continuação da atestação; que é, por sua vez, instrumento pelo qual a consciência oferece testemunho referente à potência de agir onde o núcleo moral é a imputabilidade. Assim, a esperança não é enfraquecida pelo fato de ser colocada na continuação da atestação. Ela é

---

44. CI, 400.
45. EC3, 442, tradução nossa.

inserida fora da alternativa da ética e da ontologia, ao mesmo tempo em que se distingue de todo saber e de todo dever. Depois de pensarmos no homem capaz como destinatário da religião, passaremos a refletir como o ser humano se relaciona com a transcendência através da nomeação de Deus por meio do texto bíblico.

4.2. O homem capaz e a poética religiosa

Nesse ponto do nosso livro, analisaremos uma possível abertura do homem capaz em relação à transcendência, ao sagrado. Pensamos que essa abertura se dá por meio da nomeação de Deus através do texto bíblico. Aqui se faz necessário entender um pouco o que Ricoeur chamou de fonte não-filosófica da filosofia e distinguir também a sua poética religiosa. O nosso objetivo é pensar como a mediação simbólica abre a possibilidade do ser humano se compreender diante de textos fundadores que trazem a esperança do nome divino ser nominado.

Ricoeur não se preocupou com as provas sobre a existência de Deus, isso seria assunto para uma teologia e não para uma filosofia da religião. Com efeito, uma questão nada fácil de ser trabalhada no horizonte da filosofia francesa ao longo do século XX — vale dizer, um século ao longo do qual as heranças da filosofia como religião civil ainda continuam muito vivas na intelectualidade do hexágono, como é chamada, na esteira da grande revolução, disputando o lugar e o papel da tradição cristã, para não dizer católica, na formação moral dos indivíduos —, diferentemente da filosofia analítica desenvolvida nos Estados Unidos e na Inglaterra, onde essa temática terá muito mais abertura e aceitação.

Levando em consideração toda a problemática da conjuntura intelectual francesa de sua época e não querendo ser reconhecido como um filósofo cristão, Ricoeur se interessou originariamente pelas nomeações bíblicas de Deus. Nesse empenho, ele compreende que "os teônomios apontam para narrativas sobre o ser que está em relação com a nomeação do divino"[46]. Entretanto, toda a preocupação de Ricoeur com essa questão o faz agir como um filósofo, como nos chama à atenção Hilton Japiassu:

---

46. Souza, 2017, 95.

Convencido de que o símbolo nos leva a pensar (representa um conteúdo inconsciente), [Ricoeur] fez da Hermenêutica um trabalho e uma tarefa intelectuais de decodificar o *sentido oculto* por detrás do sentido manifesto, notadamente nos fenômenos concernentes à vida humana e a seu destino. Donde sua Filosofia se apresenta sempre como uma atividade ao mesmo tempo concreta, temporal e pessoal, mas com pretensões à universalidade e aberta à Transcendência, pois sua esperança é uma flâmula na noite. Como um dos últimos *Maître à penser*, e a fim de responder aos grandes desafios de seu tempo, não hesitou em sair do corpus propriamente filosófico para deixar-se interpelar pelos problemas de um *Lebenswelt* (Mundo da Vida), mas com o *Leben* e com *Welt*, pois jamais deixou de consagrar sua reflexão sobre os conhecimentos novos que modificam nossas concepções do mundo, do real e do homem. Filósofo de todos os diálogos, abriu a interrogação filosófica a uma busca frenética pelo sentido ao refletir em profundidade sobre os problemas vividos pelos homens concretos na Cidade[47].

Dessa maneira, podemos afirmar, de forma equilibrada, que existe a possibilidade de percebermos na filosofia de Ricoeur uma abertura à temática da transcendência, ou melhor, uma abertura para o sagrado. Sabemos que ele, já em *Méthode réflexive appliquée au problème de Dieu chez Lachelier et Lagneau*, procurou lidar com a questão relacionada ao problema de Deus, cuja existência ou inexistência não pode ser objeto de demonstração teórica, conforme aponta o pensamento de Lagneau. Para esse outro filósofo francês, a existência de Deus refere-se à presença radicalmente imanente na esfera do pensamento. Influenciado por esse entendimento, Ricoeur considera que não poderíamos demandar esforços explicativos à afirmação da existência de Deus porque isso requereria assumi-lo como um objeto ou um ser supremo. Sobre essa questão, ele ainda pontua:

> Deus, concebido como afirmação livre de valor, é soberanamente indemonstrável. E isto não advém de uma enfermidade de nosso entendimento, mas por uma incomensurabilidade radical entre a liberdade e a prova. Nós não provamos Deus; ou melhor, como esses

---

47. Japiassu, 2017, 238.

termos deixariam pensar que Deus é distinto do ato de pensamento que o alcança, deve-se dizer que Deus, pensamento puro, não é da ordem da sensibilidade ou da ordem do entendimento, mas de um plano de posição pura que se afirma por si mesmo[48].

Não somente Lagneau, mas também Lachelier influenciará o pensamento de Ricoeur. A influência do primeiro está relacionada à ideia de imanência total da presença de Deus no pensamento, como foi salientado. Já a do segundo se dá no campo da compreensão de que a reflexão da transcendência é também inerente ao pensamento[49]. Logo, existe uma incapacidade da compreensão do sagrado pelo fato de o ser humano apresentar limites em seu pensamento. Portanto, como bem pontua Vitor Chaves de Souza em relação à temática de Deus na filosofia de Ricoeur, "se houver qualquer transcendência, ela não se encontraria externa ao pensamento, mas em Deus, cuja abordagem não se limita pela razão teórica, alargando-se através da via moral e do amor"[50].

Já partir do seu primeiro escrito, o jovem Ricoeur demonstrou seu interesse pela tradição francesa da filosofia reflexiva inaugurada por Maine de Biran, prolongada e desenvolvida por Ravaisson, Boutroux, Lachelier, Lagneau, Brunschvicg e Nabert[51]. Em seus estudos, Ricoeur leva em consideração a abordagem reflexiva, um dos nomes do espiritualismo francês, termo preferido por outros estudiosos, a exemplo de Gouhier. Portanto, a filosofia do si e da ação podem ser vistas como a matriz filosófica do pensamento ricoeuriano, cuja filosofia não significou um começo de uma nova filosofia, mas da renovação ou retomada de uma vertente da filosofia francesa já com mais de um século de cidadania naquelas terras.

Existe uma relação do pensamento com a prática no horizonte da articulação reflexiva e fenomenológica no que tange ao problema de Deus. Em textos filosóficos, Ricoeur acredita na existência da transcendência na imanência, "de modo que complete a lacuna entre o pensamento humano e o pensamento divino"[52]. Nesse sentido, essa transcendência é

---

48. MR, 163, tradução nossa.
49. Cf. MR.
50. Souza, 2017, 85.
51. Vallée, 2012, 149.
52. Souza, 2017, 86.

vista como manifestação e, por isso, pode ser entendida como a possibilidade da alteridade, do amor e da graça.

Em detrimento das diversas expressões do ser e a possibilidade de transcendência levam Ricoeur a sustentar a volta imperativa ao horizonte pessoal de todo o pensamento na tarefa negativa. Para Marc-Antoine Vallée, "a tese de Ricoeur é que todo pensamento possui, ao mesmo tempo, uma vertente pessoal e uma vertente impessoal, uma dimensão subjetiva e uma dimensão objetiva"[53]. Não se pode falar de um ato puramente pessoal ou impessoal.

Nesse sentido, a relação referida é a do sujeito com o seu objeto intencional. É através dela que se manifesta uma interação nova: a relação do humano com o texto sagrado. Surge então a possibilidade da compreensão e do reconhecimento de si no encontro do outro, no encontro com a nomeação bíblica de Deus, e é nisso que se manifesta a possibilidade da alteridade, do amor e da justiça. Como aponta Vitor Chaves de Souza:

> A filosofia, desde o início da carreira de Ricoeur, diz respeito não apenas à reflexão, mas também à receptividade da alteridade no ato filosófico. O método envolve tanto a imanência quanto a doutrina da transcendência. É justamente a abordagem reflexiva da filosofia e o viés fenomenológico hermenêutico que permitem a compreensão ontológica na linha da pesquisa[54].

Antes de avançarmos nessa direção, gostaríamos de pontuar: como afirma Jérôme Porée, o termo transcendência pensado por Ricoeur em *Le Volontaire et l'involontaire* e em *Finitude et culpabilité* foi apropriado de Jaspers. Esse, modestamente, designou um deus ausente cujas figuras, distribuídas na natureza, na história e no próprio ser humano, "constituem o objeto principal da 'metafísica' desenvolvida no terceiro livro de sua *Filosofia*"[55]. Acrescentamos, ainda, que, para Ricoeur, o termo transcendência trabalhado por Jaspers designava modestamente o Deus dos filósofos[56]. Entre finitude e transcendência não há identidade, mas polaridade. Essa polaridade nos força a falar tanto da infinitude quanto da finitude

---

53. VALLÉE, 2012, 151, tradução nossa.
54. SOUZA, 2017, 88.
55. PORÉE, 2017, 17, tradução nossa.
56. AI, 65.

humana. É na finitude que somos chamados a encontrar as pistas da infinitude. É coerente afirmar que Ricoeur está em busca de uma abordagem filosófica dessa transcendência, a começar por sua relação com a liberdade e com as ações humanas. O pensador francês tem como um de seus objetivos, da mesma forma que Jaspers, dar sentido à transcendência sem, no entanto, transformá-la em um objeto ou sujeito próximo ao modelo cartesiano. A transcendência em Jaspers pode ser lida, mas não pode ser capturada[57]. Como já apontamos no primeiro capítulo, tal filosofia é entendida através do signo do dilaceramento[58] e está no coração da liberdade. Logo, é na medida em que Deus está oculto que o ser humano é remetido à sua responsabilidade e à sua liberdade. Posteriormente, Ricoeur se distanciará do pensamento de Jaspers e, ao elaborar uma fenomenologia hermenêutica, procurará, a nosso ver, desenvolver uma interpretação da transcendência por meio de uma teoria do símbolo e da linguagem religiosa.

É a partir da problemática do mal que a questão da transcendência vai aparecendo de forma mais clara e elaborada no pensamento de Ricoeur. Influenciado por Nabert, ele compreende que o acesso à transcendência é proporcionado por meio daquilo que se pode chamar de "abordagem da justificação", referindo-se às condições necessárias para a cessação do mal[59]. Por isso, Ricoeur parte da análise dos textos bíblicos narrativos, proféticos, apocalípticos e míticos, nos quais o ser humano é colocado diante de sua finitude.

A finitude humana entra em colisão com a realidade do mistério do mal, encontra transcendência e, por fim, manifesta a esperança[60]. Nesses relatos, Deus será invocado como aquele que irá libertar o sujeito das adversidades, e, por isso, somente a esperança cristã pode dar um sentido ao mal. Diante disso, Deus é quem purifica o ser humano diante do mal, sendo conclamado a libertar a liberdade da autosservidão a um mal radical. Nesse cenário, a hermenêutica dos símbolos torna-se fundamental para decifrar todo esse processo[61].

---
57. Cf. KJ.
58. KJ, 381.
59. PACHECO, 2017, 32.
60. Cf. PVII.
61. Cf. RASMUSSEN, 1971.

Dito isso, podemos afirmar que a palavra é o lugar hermenêutico da transcendência e que é nela que a poética religiosa se manifesta. É através do texto que Paul Ricoeur procura lidar com o problema da palavra de Deus. Como aponta Théoneste Nkéramihigo, o acesso à ontologia é oferecido por meio da palavra e, de forma mais particular, é dada pela função poética da palavra[62]. Logo, essa pode ser reconhecida como um poder criativo da existência humana. À vista disso, Ricoeur pensa a religião a partir da ontologia. Portanto, a palavra tomada como palavra de Deus é, assim, um discurso sobre Deus. Nela, Deus vem à linguagem, ele se torna o *Logos*. Como mostraremos mais à frente, é no "mundo do texto" que a nomeação de Deus acontecerá.

Precisamos mencionar que a hermenêutica de Ricoeur, por um lado, deve ser vista como uma crítica ao formalismo das metafísicas que se fundam no *cogito* e não reconhecem nenhum tipo de valor à nomeação bíblica de Deus. Por outro lado, a hermenêutica de Ricoeur constrói uma defesa da nomeação bíblica ou narrativa de Deus baseada na analogia metafórica[63].

Para entendermos todo esse processo que Ricoeur desenvolve sobre uma filosofia da linguagem religiosa, é necessário compreender que, para esse filósofo, o falar sobre Deus se torna possível por meio da linguagem metafórica. Dan Stiver afirma que os estudos sobre a metáfora no campo da analogia e do símbolo religioso passam a receber uma grande consideração a partir de 1960[64].

Nesse horizonte, Ricoeur recorre ao pensamento de I. A. Richards e de Max Black[65]. O primeiro entende a metáfora como recurso irredutível à linguagem literal e argumenta que por ela ligamos dois grupos de palavras. Sendo assim, quando a junção é bem sucedida, desenvolvemos um significado além do sentido individual de cada um dos termos. Já Black compreende que a metáfora tem a capacidade de criar novas realidades, apresentando uma função organizacional bastante importante. Para os dois, ela ocorre no nível da sentença.

---

62. Nkéramihigo, 1984, 195.
63. Salles, 2010, 65.
64. Stiver, 1995, 112.
65. Ibid., 114-115.

Seguindo a reflexão desses dois pensadores, Ricoeur trata da importância de se compreender a metáfora no nível da sentença, apresentando a incongruência literal e o choque semântico como o *locus* da inovação semântica, o que, para ele, produz um novo sentido[66]. Logo, a metáfora apresenta a capacidade de gerar significado, de construir sentido e de revelar também um valor cognitivo.

Ao desenvolver uma teoria da metáfora que procurasse construir novas possibilidades de leitura de textos poéticos e literários, Ricoeur trabalha com a temática da linguagem religiosa e, de forma específica, com a linguagem expressa na narrativa bíblica. Como aponta Nanine Charbonnel, ele acredita estar autorizado a reintroduzir o discurso ontológico tradicional referente à analogia do ser em sua hermenêutica da metáfora[67], não lidando com as afirmações metafóricas em termos de compreensão, mas de interpretação, de hermenêutica. Nesse sentido, o objetivo de Ricoeur não é senão superar a visão simplista de que a metáfora é a mera substituição de uma palavra por outra semelhante com objetivos estéticos[68].

A compreensão de Ricoeur diz respeito a uma linguagem que se utiliza da incongruência lógica para a superação de significações triviais. Sob essa ótica, a metáfora apresenta uma inovação semântica[69] e deve ser vista como "o processo retórico pelo qual o discurso libera o poder que algumas ficções têm de redescrever a realidade"[70]. Portanto, através do processo metafórico, compreendemos a existência de uma torção na linguagem capaz de fazer com que essa se ultrapasse, produzindo um aumento icônico de sentido.

A metáfora realiza aquilo que será chamado de inovação semântica, que diz respeito ao desenvolvimento e produção "de um novo sentido por meio dos processos linguísticos"[71]. Esse fenômeno pode ser entendido como um exemplo de criação ordenada que, por sua vez, confirma a existência de uma ligação velada com outras formas de criação orde-

---

66. Ibid., 116-117.
67. CHARBONNEL, 2011, 113.
68. JERVOLINO, 2011, 60.
69. HB, 168.
70. MV, 14.
71. AI, 89.

nada, também de origem semântica, como a produção de enredos ao nível da estrutura narrativa.

Kevin Vanhoozer afirma que, para Paul Ricoeur, a metáfora como instância do discurso seria algo dito a alguém sobre alguma coisa[72]. Nessa percepção, ela apresenta o poder de construir um novo sentido no momento da interpretação. O próprio Ricoeur argumenta que a linguagem metafórica é caracterizada como linguagem simbólica, colocando, assim, a metáfora como uma forma de discurso. Para ele, "A metáfora apresenta-se, então, como uma estratégia de discurso que, ao preservar e desenvolver a potência criadora da linguagem, preserva e desenvolve o poder *heurístico* desdobrado pela *ficção*"[73].

Posto isso, a metáfora, por apresentar uma inovação semântica, será mais do que uma mera figura de estilo. Com o poder de redefinir a realidade, ela inclui uma dimensão denotativa ou referencial[74], manifestando uma ficção heurística que mostra o papel de descobrir e redefinir a realidade. A metáfora apresenta a capacidade de pôr em suspenso a referência à realidade cotidiana: concebida por Ricoeur como um "poema em miniatura"[75], apresentada como um texto.

Todavia, em sua proposta, Ricoeur toma a linguagem religiosa como metafórica. Nos textos bíblicos, a parábola se torna o tipo de texto religioso exemplar, e assim, sob essa ótica, toda a literatura religiosa pode ser compreendida como parabólica. Nesse contexto, desenvolve-se uma teoria da metáfora para o estudo do discurso bíblico. A metáfora é poética porque é uma estratégia de discurso através da qual a linguagem despoja-se do seu papel descritivo ordinário com a proposta de servir-se de sua função extraordinária de redescrição.

Ricoeur compreende que a linguagem poética deve ser vista como o eixo articulador da sua hermenêutica filosófica e da sua hermenêutica bíblica. Logo, há em Ricoeur uma filosofia aberta à mensagem cristã, uma abertura profunda para se estabelecer um diálogo com a fé[76]. Colo-

---

72. VANHOOZER, 1990, 13.
73. MV, 13.
74. HB, 168.
75. MV, 339.
76. THOMASSET, 1996, 237.

cando-se na extensão da filosofia reflexiva, mas buscando seu próprio caminho, ele herda, ao se abrir a novas influências e interlocuções, notadamente alemãs, como a fenomenologia e a hermenêutica, a tarefa de elaborar uma hermenêutica filosófica que seja capaz de interagir com a exegese bíblica. Esse esforço pressupõe que os textos bíblicos sejam colocados na categoria de textos poéticos para os quais a filosofia construiu uma teoria da interpretação. Paul Ricoeur sustenta:

> A linguagem poética é aquela que rompe com a linguagem cotidiana e se constitui em foco da inovação semântica. A linguagem poética, longe de celebrar a linguagem por si mesma, abre um novo mundo, que é a coisa do texto, o mundo do poema. O mundo do texto é o que incita o leitor, o ouvinte, a compreender a si mesmo diante do texto e a desenvolver, imaginativamente e simpaticamente, o si suscetível de habitar esse mundo, desdobrando os seus possíveis mais próprios. É nesse sentido, que a linguagem religiosa é uma linguagem poética. [...] Mas a linguagem religiosa não é simplesmente poética. [...] O que a torna diferente é precisamente a nominação de Deus. [...] Tocado pelo nome de Deus o verbo poético sofre uma mutação de sentido que é importante delimitar[77].

A incorporação dos textos bíblicos na categoria da linguagem poética revela a possibilidade de uma nova configuração que Ricoeur chama de "mundo do texto". Esse mundo que se revela é passível de ser habitado pelo ser humano. A elaboração desse conceito basilar da hermenêutica filosófica e bíblica ricoeuriana herda não acriticamente de Gadamer o conceito de fusão dos horizontes[78]. Para Ricoeur, a noção de distanciação não pode ser esquecida. O "mundo do texto" somente será descoberto a partir da hermenêutica e sua interpretação só se tornará possível por causa dessa categoria.

Segundo Ricoeur, as hermenêuticas bíblica e filosófica apresentam uma relação de mútua inclusão. Nelas, o filósofo procura o nível ontológico da ação, ou seja, do homem capaz, cujo exemplo típico de sua articulação seria o amor e a justiça.

---

77. L3, 301, tradução nossa.
78. TA, 99.

Ricoeur acredita que a hermenêutica bíblica deve ser compreendida como uma das possíveis aplicações de sua hermenêutica filosófica a uma categoria de textos, donde o primeiro movimento dessa inclusão dar-se-ia na passagem do campo filosófico para o campo bíblico. Sendo assim, ambas as interpretações seriam reguladas pelas mesmas categorias de obra, de escrita, de "mundo do texto", de distanciação e de apropriação. Dessa maneira, a hermenêutica bíblica será vista como uma hermenêutica regional em relação à hermenêutica filosófica, vista como hermenêutica geral.

Portanto, sobre o "mundo do texto", ao citar Frege, mas buscando um outro caminho, sustenta-se que:

> Essa noção prolonga o que, atrás, chamamos a referência ou a denotação do discurso: em toda a proposição podemos distinguir, com Frege, o seu sentido e a sua referência. Seu sentido é o objeto ideal que ela visa; esse sentido é puramente imanente ao discurso. A sua referência é o seu valor de verdade, a sua pretensão a alcançar a realidade. Por essa característica, o discurso opõe-se à língua que não tem relação com a realidade, remetendo às palavras outras palavras na roda sem fim do dicionário; somente o discurso, dizíamos nós, visa as coisas, se aplica à realidade, exprime o mundo[79].

A expressão "mundo do texto" vincula-se fundamentalmente à tarefa hermenêutica. Para Ricoeur, ela não aspira à realização de uma investigação para descobrir as intenções psicológicas ocultas no texto e deveria se preocupar em explicitar o ser-no-mundo revelado por um texto. É nesse mundo que aparece a possibilidade de o intérprete poder adentrar e se apropriar das possibilidades proporcionadas. Em outros termos, a hermenêutica deve se ocupar do mundo proposto pelo texto, isto é: desse lugar onde o leitor pode habitar. Logo, interpretar está relacionado à capacidade de revelar o modo de ser no mundo exposto diante do texto[80].

Para Ricoeur, o que se deve verdadeiramente interpretar é a proposta de mundo, um mundo no qual o leitor possa habitar e um mundo no qual possa projetar seus possíveis mais próximos. É por causa do "mundo do

---

79. TA, 113, tradução nossa.
80. TA, 114.

texto" que a interpretação se torna possível. Essa categoria realiza o processo de comunicação entre o autor de um texto e o leitor. Ricoeur define o "mundo do texto" como um universo em que um texto propõe, um espaço no qual o leitor pode habitar e encontrar significado.

A categoria "mundo do texto" é central também na hermenêutica bíblica pensada por Ricoeur. A tarefa desta hermenêutica especial

[...] não é suscitar uma decisão no leitor, mas primeiramente, deixar explanar-ser o mundo do ser que é a "coisa" do texto bíblico. Assim, é colocada acima dos sentimentos, das disposições, da crença ou da não crença, a proposta do mundo que, na linguagem da Bíblia, se chama mundo novo, nova aliança, reino de Deus, nascimento novo. [...] Está aí o que podemos chamar a "objetividade" do ser novo projetado pelo texto[81].

É por causa do "mundo do texto" que a nomeação de Deus se torna possível. No contexto da narrativa bíblica, revela-se a relação entre o homem e Deus, entre o ser humano e o Outro. Conforme Ricoeur, a experiência religiosa é articulada por meio da linguagem entendida em sentido cognitivo, prático ou emocional[82]. Logo, "o que é pressuposto é que a fé, enquanto experiência vivida, é instruída — no sentido de formada, esclarecida, educada — na rede de textos que a pregação reconduz cada vez para a fala viva"[83].

A nomeação de Deus já aconteceu nos textos que a pressuposição da minha escuta preferiu. Nesse sentido, o querigma cristão é escutado, interpretado e entendido como um símbolo no sentido forte, parafraseando Ricoeur: ele dá que pensar. À vista disso, o filósofo, ao ouvir o querigma e interpretar os símbolos e as narrativas do Sagrado, entra naquilo que é chamado de círculo hermenêutico. Assim, a interpretação surgirá a partir da pré-compreensão. Logo, a escuta dos textos bíblicos e da pregação cristã exigirá do filósofo uma renúncia total de todo o saber ontoteológico e de todas as pretensões do "eu penso". É a partir da nomeação de Deus através do "mundo do texto" que o sujeito capaz se

---

81. TA, 126, tradução nossa.
82. L3, 282.
83. L3, 283, tradução nossa.

relaciona com o Outro. O sujeito finito se coloca aberto à infinitude em detrimento dessa mediação.

A proposta de Ricoeur vem à luz por meio de sua hermenêutica totalmente criativa que está baseada na complexidade e na polifonia dos discursos bíblicos que nomeiam Deus por meio de metáforas, símbolos e expressões-limite. Assim sendo, ele recorre tanto à tradição bíblica quanto à grega para mostrar a pluralidade dos nomes divinos. Ele pontua:

> Para tornar esse título interpretável, completei-o: escrevi Deus sem nome... Há reticências. E depois, seria preciso escrever inúmeros nomes divinos, pois penso que é entre o inominável e a profusão de nomes que se representam ao mesmo tempo o religioso, o filosófico, a crítica do religioso pelo filosófico, a crítica do filosófico pelo religioso[84].

Paul Ricoeur transita entre duas tradições. No campo da tradição grega, ele é influenciado por Heráclito de Éfeso e absorve o problema do fragmento 67: "O deus é dia noite, inverno verão, guerra paz, saciedade fome; mas se alterna como fogo, quando se mistura a incensos, e se denomina segundo o gosto de cada"[85]. Já no campo da narrativa bíblica, é o próprio pensador francês que encontra e trata da variação dos nomes divinos. A nosso ver, ele dedica aqui sua maior atenção, dado o interesse por um entendimento do nome divino anterior a qualquer confissão religiosa. Nesse exercício, Ricoeur entende que, a partir da nomeação de Deus por meio dos textos bíblicos, o religioso, no interior do poético, é especificado. Segundo ele, uma observação deve ser realizada:

> [...] a palavra mesma "Deus" pertence a título primordial a um nível de discurso que chamo de originário em relação a enunciados do tipo especulativo, filosófico ou teológico, tais como "Deus existe", "Deus é imutável, todo-poderoso", "Deus é a causa primeira" etc. Coloco os enunciados teológicos do mesmo lado especulativo que os enunciados filosóficos, na medida em que o discurso da teologia não se constitui sem o recurso a conceitos emprestados de uma filosofia especulativa, quer seja platônica, aristotélica, cartesiana, kan-

---

84. US, 17.
85. HERÁCLITO, 2005, 94.

tiana, hegeliana etc. Escutar a pregação cristã, para o filósofo, é inicialmente despir-se de todo o saber ontoteológico. Mesmo e sobretudo quando a palavra "Deus" nele figura. O amálgama entre Ser e Deus é em relação a esse ponto de vista a sedução mais sutil[86].

Além disso, ele sustenta que a nominação de Deus na narrativa bíblica se dá de forma polifônica, ocorrendo no plural:

A nominação de Deus nas expressões originárias da fé não é simples, mas múltipla. Ou melhor, ela não é monocórdia, mas polifônica. As expressões originárias da fé são formas complexas de discurso tão diversas quanto narrações, profecias, legislações, provérbios, preces, hinos, fórmulas litúrgicas, escritos sapienciais. Essas formas de discurso juntas nomeiam Deus. Mas elas o nomeiam diversamente[87].

Dessa maneira, na diversidade textual bíblica, podemos encontrar formas variadas da nominação de Deus e isso acontece de maneira singular e distinta, manifestando-se em linguagem profética, narrativa, prescritiva, de sabedoria, hínica e parabólica. No discurso profético, a voz de Deus é compreendida como a voz do profeta, e esse é entendido como aquele que fala em nome de Deus: aquele que por sua palavra revela a de outro[88]. Nessa linha de entendimento, Deus é revelado como o sujeito absoluto do discurso.

Ao olharmos para o discurso narrativo, Deus é nomeado na terceira pessoa no campo do acontecimento que está sendo contado. Nesse horizonte, ele é aquele que intervém na vida e na história, sua marca pode ser observada na história antes de estar na palavra, pois nessa se encontra apenas em seguida[89].

Ricoeur afirma que o discurso prescritivo representa a expressão simbólica "vontade de Deus". Sendo assim, há aqui uma dimensão prática da revelação[90]: Como Deus é o autor da lei, o sujeito se percebe como aquele que é designado na segunda pessoa por ele. Dessa forma, conside-

---
86. L3, 289, tradução nossa.
87. L3, 290-291, tradução nossa.
88. Ricoeur, 1977b, 17.
89. Ibid., 21.
90. Ibid., 23.

rando o discurso de sabedoria, o sábio é visto como aquele que é inspirado por Deus. Ora, a sabedoria ensina uma maneira de bem viver. Os temas presentes nela são pontuadas por Karl Jaspers e correspondem a situações-limites, isto é: "aquelas situações em que se enfrenta a grandeza e a miséria do homem: a solidão, o erro, o sofrimento e a morte"[91]. Nessas ocasiões, existe uma anulação do ser humano, uma incompreensibilidade de Deus, de seu silêncio e de sua ausência.

No discurso hínico, a nominação de Deus mostra que ele será reconhecido e celebrado por meio de suas ações na natureza e na história. Nessas circunstâncias, Deus é invocado na segunda pessoa. No discurso parabólico, o reino de Deus é visado. Há uma transferência de sentido por meio da pressão dos traços metafóricos onde a realidade humana é reescrita. Dentro do relato parabólico, podemos observar um excesso de sentido e de realidade.

Assim, a nominação de Deus na narrativa bíblica nos revela uma faceta plural dessa revelação divina. Deus é revelado de diversas formas. Existem modos de discurso e de escritura que apresentam um rosto múltiplo de Deus, o qual é descrito de forma polissêmica, ou seja, a nominação de Deus nas expressões originárias da fé deve ser vista como múltipla. Para Ricoeur, são os acontecimentos presentes na narrativa bíblica que nomeiam Deus. É na coisa contada que ele é nomeado. Logo, é coerente afirmar que

[...] nomear Deus é em primeiro lugar um momento da confissão narrativa. É na "coisa" contada que Deus é nomeado. Isso contra uma certa ênfase das teologias da palavra que notam apenas acontecimentos de palavra. Na medida em que o gênero narrativo é o primeiro, a marca de Deus está na história antes de estar na palavra. A palavra é segunda, na medida em que confessa o traço de Deus no acontecimento[92].

Destarte, não se pode deixar de mencionar, precisando as coisas: existe uma dimensão do entendimento de que o nome de Deus não pode ser enquadrado em um dogmatismo. Ricoeur não buscou elaborar uma

---
91. Ibid., 26, tradução nossa.
92. L3, 291-292, tradução nossa.

verdade última de Deus. O filósofo francês compreendeu que havia uma tensão entre a nomeação do Deus inominável e os nomes divinos e, para ele, "Deus" deve ser entendido como aquele que é anunciado, invocado, questionado, suplicado e agradecido[93].

Conforme Vitor Chaves de Souza, "há uma dimensão da compreensão do nome divino que escapa ao dogmatismo"[94]. Ricoeur entende que no termo "Deus" circula o sentido entre todos esses modos de discurso, mas, além de cada modo, segundo a visão da sarça ardente, ele constitui de alguma forma o ponto de "fuga"[95]. Deus é compreendido pelo filósofo francês como amor. Nesse sentido, ele percebe que o discurso da ontoteologia necessita ser superado. O Deus onipotente apontado pela ontoteologia deve ceder lugar a um deus kenótico (esvaziado de si mesmo como o de Jesus Cristo). Conforme Ricoeur, é necessário que o ídolo morra para que Deus comece a falar no símbolo do ser[96]. Prosseguindo, Vitor Chaves de Souza, ao refletir sobre a questão de Deus no pensamento de Ricoeur, diz:

> A ontoteologia, a despeito de responder o ser, é uma limitação de Deus. Segundo Ricoeur, Deus e o ser devem ser pensados não no sentido da convergência dos conceitos. A questão se Deus é o ser ou outra coisa não deveria, para Ricoeur, ocupar o centro da reflexão, uma vez que ela está além da capacidade humana de apreensão conceitual. Os limites do pensamento humano deveriam ser contemplados na aproximação dessa questão. O que resta dizer sobre Deus? A resposta ricoeuriana, ao aproximar o acaso da decisão no final de sua vida, prefere, no lugar da palavra "Deus", a expressão de Schelling: "fundo sem fundo". Deus é a primeira questão que implica a dobra no pensamento do filósofo. Não obstante, é fundo sem fundo pela inesgotável fonte de reflexão que advém desta ideia-limite. Entretanto, sem a pretensão de secar o tema, Ricoeur vai além e surpreende com uma resposta teológica, a mesma de João: "Deus é amor". Se a fórmula "Deus é amor" é mais eficiente que "Deus é o ser", "Deus é o fundo sem fundo", Ricoeur responde com a metá-

---

93. RICOEUR, 1977b, 35.
94. SOUZA, 2017, 93.
95. RICOEUR, 1977b, 35.
96. CI, 456.

fora, ao sugerir a complexidade do amor na mesma esfera da complexidade da abordagem de Deus[97].

A questão de Deus para Ricoeur não se esgota e nem se limita, ela está relacionada às origens e faz com que a esperança se torne possível. Dessa forma,

> [...] a palavra "Deus" não funciona como um conceito filosófico, que seria o de ser, quer seja tomado no sentido medieval, ou mesmo no sentido heideggeriano; mesmo se alguém é tentado a dizer — na metalinguagem teológica de todas estas linguagens pré-teológicas — que "Deus" é o nome religioso do ser, a palavra "Deus" diz mais: pressupõe o contexto total constituído por todo o espaço de gravitação das narrações, das profecias, das legislações, dos hinos etc.; compreender a palavra "Deus" é seguir a seta de sentido desta palavra. Por seta de sentido entendo o seu duplo poder: de reunir todas as significações oriundas dos discursos parciais e de abrir um horizonte que escapa à clausura do discurso[98].

Indo na contramão do dogmatismo, Ricoeur percebe que na narrativa bíblica da sarça ardente, relatada em Êxodo 3,14, o nome de Deus é revelado em "Eu sou aquele que sou", sendo, assim, visto como algo inominável. O hermeneuta admite e trata da grande dificuldade de se traduzir o nome de Deus no referido relato[99]. Para ele, não existem traduções inocentes, de modo que no desenrolar da história da interpretação cristã dessa passagem persistiram tentativas de interpretá-la dentro de um horizonte ontoteológico. Como bem pontua Vitor Chaves de Souza, "a hipótese levantada por Ricoeur traduz-se no sinal da retirada de problemas conceituais no nome de Deus e levanta o mistério inominável e o enigmático — profundamente interpretativo — de Êxodo 3,14: 'Eu sou aquele que sou'"[100].

Considerando as peculiaridades e sem querer nos ater aos detalhes teológicos desse episódio de Êxodo, há de se ponderar: existem alguns problemas relacionados à recepção do nome de Deus e um grande problema relacionado a sua tradução. Esse entendimento acatado por nós

---

97. Souza, 2017, 354-355.
98. TA, 129, tradução nossa.
99. PB, 353.
100. Souza, 2017, 93.

neste livro é explorado por Ricoeur no texto *Da interpretação à tradução* de *Penser la bible*. Nesse texto, o filósofo francês afirma que não existe uma tradução antes da interpretação, de modo que toda tradução é uma interpretação[101]. Considerada essa percepção, ele faz críticas ao texto de origem grega e latina de Êxodo, mais especificamente à tradução do verbo "ser". Ricoeur afirma que "Eu sou aquele que sou" seria uma espécie de redundância que nada diz[102]. E nós concordamos com essa visão.

Gilbert Vincent também percebe a coerência da crítica ricoeuriana e acrescenta que Deus não pode ser entendido como um ponto de fuga, mas como a "fonte dos possíveis"[103]. Posto isso, resgatamos que, no lugar de uma nomeação ontoteológica de Deus, Ricoeur busca defender uma nomeação narrativa, enfatizando a variedade e a complexidade dos discursos presentes no texto bíblico. O fato do nome de Deus não poder ser pronunciado revela, segundo o nosso entendimento, a tentativa de evitar uma interpretação ontológica do nome de Deus. Ricoeur está na contramão da interpretação heideggeriana em relação à questão entre "Ser e Deus"[104] e a contribuição dele se dá por meio do convite para não pensar a Deus à parte do ser.

Para Ricoeur, o referente "Deus" não é visto somente como o indicador do pertencimento mútuo a formas originárias do discurso da fé, ele é também o indicador do seu inacabamento. Segundo o filósofo:

> O que de fato impede transformar num saber a nomeação polifônica de Deus é que Deus é designado ao mesmo tempo como aquele que se comunica e aquele que se reserva. Desse ponto de vista, o episódio da sarça ardente (Êxodo 3,13-15) adquire um significado insubstituível. A tradição, com justiça, denominou esse episódio de revelação do Nome divino. Ora, esse Nome é precisamente inominável. Enquanto, fora de Israel, conhecer o nome do Deus é ter poder sobre ele, o Nome confiado a Moisés é aquele que o homem não pode verdadeiramente pronunciar, isto é, manter à mercê da sua linguagem[105].

---

101. PB, 353.
102. US, 18.
103. VINCENT, 2008, 127.
104. PB, 377-378.
105. A&J, 65-66.

Portanto, Ricoeur percebe que, longe de autorizar uma ontologia positiva capaz de coroar a nomeação narrativa e as outras nomeações, a afirmação "Eu sou aquele que sou" protege o segredo do para si de Deus. Logo, esse segredo, por sua vez, remeterá o ser humano à nomeação narrativa, significada pelos nomes de Abraão, Isaac e Jacó e, de quando em quando, às outras nomeações. Ademais, a passagem do texto do Êxodo tem ressonância no Novo Testamento. Sobre ela, Ricoeur ainda observa: "Northrop Frye diria que a declaração 'Eu sou aquele que sou' é um tipo que recebe seu antítipo numa expressão que os evangelistas relacionam à pregação de Jesus, a saber, a expressão 'Reino de Deus'"[106]. E essa, sendo uma expressão-limite de uma realidade, foge de qualquer tipo de descrição.

4.3. Uma antropologia aberta à transcendência

O ponto de partida para compreendermos a abertura do ser humano em relação à transcendência é a nomeação de Deus por meio da narrativa bíblica. É a partir desse horizonte que tentaremos perceber como é possível falar, segundo o pensamento de Ricoeur, de uma relação do ser humano com a transcendência. A nominação de Deus se dá a partir do ser novo que o texto projeta e isso ocorre por causa do "mundo do texto". Esse, por sua vez, é carregado de sentido, de uma trajetória que só termina quando o mundo do leitor é encontrado e refigurado.

Como pode ser observado, o entrecruzamento envolvendo o "mundo do texto" e o mundo do leitor acontece no ato da leitura, sendo que, a partir deste, o intérprete atualiza as diversas figuras do si projetadas pelo texto. Logo, existe uma apropriação autêntica que exige do intérprete um descentramento de si a fim de receber do texto uma compreensão mais ampla. Jean Grondin pontua:

> Assim, é na leitura, que é sempre ao mesmo tempo uma leitura de si, que se conclui a interpretação. Esta tese levanta, no entanto, a espinhosa questão dos critérios de tal interpretação: toda leitura enquanto interpretação de si é admissível? Quem pode dizer de uma in-

---

106. A&J, 66.

terpretação de si que ela é errônea? A concepção metódica da hermenêutica de Ricoeur nunca quis renunciar a essas questões, mas é permitido perguntar se sua concepção da interpretação do texto e de si mesmo, que lembra Gadamer, não acaba atenuando sua urgência. A ideia que Ricoeur, no entanto, jamais abandona é a de que o sentido a compreender remete a alguma coisa, a alguma referência, e que uma verificação permanece possível. É o que ele denomina, em alguns de seus textos, a flecha do sentido: "esta intenção que faz a flecha do sentido, este impulso (*Drang*) em avançar (*Vordringen, to proceed*) do sentido para a referência, é a alma mesma do discurso". O discurso não é um fim em si, ele remete ao ser fora de si. Ricoeur dirá, às vezes, que esta defesa do alcance referencial do discurso, a flecha do sentido, é a tese fundamental da hermenêutica[107].

Em relação à hermenêutica, Ricoeur afirma:

> A tese hermenêutica, diametralmente oposta à tese estruturalista — não ao método e às pesquisas estruturais —, é que a diferença entre a fala e a escritura não poderia abolir a função fundamental do discurso [...]. O discurso consiste em que alguém diz algo a alguém sobre algo. "Sobre algo": eis a inalienável função referencial do discurso[108].

Nesse sentido, nomear a Deus se torna o resultado da percepção que o indivíduo apresenta de um Outro que realiza o chamado, a prece vira-se ativamente para este Outro por meio do qual a consciência é afetada no plano do sentimento. Contudo, esse Outro que afeta é percebido como fonte de chamado à qual a prece responde[109]. Aqui podemos observar a relação do sujeito com a narrativa sagrada. Há a compreensão e o reconhecimento de si no encontro com o outro. Este, por excelência, é a nominação bíblica de Deus que acrescenta sentido e referência "à tradição do mundo interpelado pela Bíblia e a tradição cristã"[110].

A abertura à transcendência através da nominação de Deus por meio do "mundo do texto" proporciona um despertar no sujeito que projeta

---

107. GRONDIN, 2015, 91.
108. L3, 285-286, tradução nossa.
109. Cf. L3.
110. SOUZA, 2017, 88.

o seu si nesse mundo, o que o leva a construir uma redescrição do real e a buscar novas possibilidades de ser no mundo. Assim, um ser novo se manifesta e novos sentidos podem ser atribuídos a essa existência ressignificada a partir dessa abertura. Podemos perceber que a relação estabelecida entre a interpretação da Bíblia e a compreensão do si revela o importante papel da religião no processo de reconhecimento do sujeito. Ricoeur compreende o ser humano como um animal hermenêutico. Ele toma de Heidegger a convicção de que as estruturas do compreender e do interpretar estão no coração do ser e da ação. Em Heidegger, a questão das ciências do espírito realiza, primeiramente, uma interrogação ontológica sobre o modo de ser daquele que existe somente pela compreensão.

O *Dasein* não é, primeiramente, um sujeito para o qual os objetos existem, mas sim um ser sobre o qual já temos uma pré-compreensão, porque referido a nós mesmos, e não à coisa ou ao objeto. Não pode haver compreensão de si sem interpretação. Ricoeur adota a virada ontológica da hermenêutica que se preocupa menos com as questões de método e com a intenção do autor, e mais com o explicitar a nossa maneira de habitar o mundo. Entretanto, diferentemente de Heidegger, ele não acredita que a compreensão de si é adquirida de forma imediata por meio de uma análise do ser no mundo. Isso porque esta precisaria passar pela mediação da interpretação das obras nas quais o ser humano se manifesta.

O filósofo canadense Jean Grondin corrobora a visão de Ricoeur a respeito da tradução, pois, segundo ele, não há a possibilidade de se realizar uma descrição direta de fenômenos ou registros sem interpretação[111]. Concernente a isso, o próprio Ricoeur afirma que a interpretação de um texto (e aqui de forma específica: a interpretação do texto bíblico) é completada na interpretação de si, isto é: do próprio indivíduo[112]. De acordo com ele, o acabamento da inteligência do texto numa inteligência de si caracteriza o fenômeno da reflexão concreta. Tal entendimento passaria ainda pelo caminho da compreensão dos signos da cultura, a partir dos quais esse si se forma e se documenta. Nesse alinhamento, a compreensão não será o seu próprio fim, pois ela mediatiza a relação de

---

111. GRONDIN, 2015, 87.
112. TA, 152.

um indivíduo que não acha ou encontra, no curto-circuito da reflexão imediata, o sentido de sua própria vida. Nessa percepção, a constituição do si e a do sentido devem ser entendidas como contemporâneas.

Portanto, ratificamos: ao assumir o ser humano como um animal hermenêutico, para não dizer *simbólico*, Ricoeur compreende que a tarefa do leitor dos textos bíblicos não consiste em limitar-se a descobrir a intenção do autor ou o que está escrito, mas perceber para onde uma passagem aponta. Textos religiosos, e aqui especificamente o texto bíblico, tem o objetivo de se apresentarem como espelhos e, assim, buscam ser reconstruídos na existência. Eles apresentam a capacidade de reordenar a vida daqueles indivíduos que os têm como modelo e referência.

Esses textos também apresentam um mundo a ser habitado, que, marcado por possibilidades, é o horizonte onde a vida pode ser reconfigurada. Esse rearranjo se dá a partir da nominação de Deus. A partir dele, o indivíduo pode reconfigurar sua vida a agir na realidade de forma renovada. Posto isso, defendemos: uma teologia do amor pode ser desenvolvida através da relação do indivíduo com a nominação de Deus no espectro da alteridade. Entendemos que o sujeito que tem sua história ressignificada pelo querigma do texto bíblico é chamado e orientado a reconhecer o outro na dimensão do amor.

É necessário pontuarmos que, em Ricoeur, esse processo de reconfiguração do texto, mediado pela leitura, aponta para o inacabamento do texto e para sua multiplicidade, ou excesso, de sentido. Nessa conjuntura, o leitor será visto como aquele que apresenta a responsabilidade de reconfigurar a obra e, aqui, retomamos de forma específica a narrativa bíblica. Isso ocorre na medida em que o leitor encarna os ensinamentos de suas leituras à sua visão de mundo. Logo, "a leitura se torna não um lugar no qual se detém, mas um meio que se atravessa, travessia que manifesta o deslocamento de uma identidade primeira em direção à descoberta de si"[113].

Segundo Christina M. Gschwandtner, "os textos informam a vida, a vida formula os textos, a vida é transformada à luz dos vários mundos abertos pelos textos, os textos são criados e formados pela multipli-

---

113. SALLES, 2012, 275.

cidade de novas experiências da vida"[114]. Sendo assim, uma ampliação do sentido surge aqui e deságua na ideia de uma intersubjetividade sempre aberta a novas interpretações e leituras, as quais jamais podem ser vistas como donas do sentido absoluto. Walter Salles pensa que:

> Identidade pessoal e coletiva deve ser entendida como terra prometida e não como terra conquistada, uma identidade em gestação, fundada sobre retomadas interpretativas, sobre processos de apropriação sempre em movimento. Por isso, o si-mesmo pode ser compreendido como refigurado pela aplicação reflexiva das configurações narrativas, podendo a identidade humana incluir a mudança, a mutabilidade, na coesão de uma vida. E o sujeito, por sua vez, pode se ver constituído ao mesmo tempo como leitor e como escritor de sua própria vida, a história de uma vida não cessa de ser refigurada pelas histórias que um sujeito conta de si mesmo, para si mesmo e para os outros, bem como das narrativas que os outros fazem dele[115].

Portanto, a identidade do ser humano não pode ser vista como "estável" e uniforme. O sujeito é entendido como sendo perpassado e constituído através de uma série de mediações e, assim, ele é desdobrado no tempo. Não há uma identidade dada de forma *a priori* no contexto da narração, porque a identidade humana não cessa de se construir e reconstruir pela narrativa que organiza as diversas experiências da vida. Ademais, essas características estão presentes na narrativa bíblica: é por meio do si mediado pela nomeação de Deus que o sujeito configurará sua história no horizonte de uma nova ação e no horizonte da poética do *ágape*, havendo, pois, um êxodo de si mesmo através do novo ser que surge do "mundo do texto". O encontro do sujeito com essa nomeação de Deus por meio desse "mundo do texto" permite a ele, ao ouvinte dessa mensagem, o agir de forma diferente no horizonte do bem e da alteridade. Isso o transforma, fazendo-o, ao mesmo tempo, leitor do texto e leitor de si mesmo.

A linguagem articula a experiência religiosa. Há de tal forma um entrelaçamento entre os textos sagrados e a vida que as narrativas religiosas apresentam a capacidade de interpelar o ser humano, uma vez que elas tra-

---

114. Gschwandtner, 2012, 17, tradução nossa.
115. Salles, 2012, 275.

tam de muitos temas e questões entrelaçados à existência. Os textos poéticos, míticos e religiosos, apontam para uma compreensão da vida humana que não pode ser vista no discurso científico. Existe algo no fato de existir que somente a linguagem poética, simbólica, é capaz de interpretar. A vida não pode ser compreendida somente por meio de uma razão científica e há outras realidades na existência que não podem ser interpretadas por uma lógica instrumental. Como bem pontua Vitor Chaves de Souza:

> Pelos mitos e arte, a vida humana tem uma compreensibilidade que não é só da razão científica, mas da ordem poética. Como uma inspiração pneumatológica, a poética sugere experiências radicais que apontam para a transcendência da liberdade, próximo a uma filosofia religiosa na qual a revelação é fundamental para a liberdade. Nesse sentido, a poética é explorada com mais intensidade na hermenêutica bíblica, onde demonstra sua importância e articulação no pensamento de Ricoeur[116].

Toda a obra de Ricoeur será atravessada pelo termo "poética", buscando, ele, em sua filosofia uma poética da liberdade. Alain Thomasset, reconhecendo a importância do tema, sintetiza: "a categoria de 'poética' visa responder à questão fundamental da existência humana em relação à Transcendência"[117]. Nesse empenho, busca-se compreender a revelação divina, considerando a hermenêutica bíblica, a qual é seriamente pensada por Ricoeur. Para ele,

> [...] compreender é compreender-se diante do texto. Não se trata de impor ao texto sua própria capacidade finita de compreender, mas de expor-se ao texto e receber dele um si mais vasto que seria a proposição da existência respondendo, da maneira mais apropriada, à proposta do mundo. A compreensão é, então, o contrário de uma constituição de que o sujeito teria a chave. A este respeito, seria mais justo dizer que o si é constituído pela "coisa" do texto[118].

A subjetividade do leitor só advém a ela mesma na medida em que é posta em suspenso, irrealizada e potencializada da mesma maneira que o

---

116. Souza, 2017, 262.
117. Thomasset, 1996, 324, tradução nossa.
118. TA, 116-117, tradução nossa.

"mundo" manifestado pelo texto. Nesse sentido, o leitor somente se encontra como tal perdendo-se. A leitura introduz o leitor nas variações imaginativas do *ego*. Sendo assim, a interpretação da Bíblia e a compreensão de si acontecem no entrelaçamento desse si do leitor habitado e ressignificado por esse "mundo" projetado pelo texto. É através dessa relação, da compreensão diante da narrativa bíblica que podemos perceber um enriquecimento e uma interação entre discurso, ação e existência.

Como dito: a abertura do ser humano para a transcendência ocorre através da nomeação de Deus. A linguagem poética permite tal ação. É através do "mundo do texto" que ocorre o entrecruzamento da nominação divina com o sujeito. Na visão desse indivíduo, os textos bíblicos produzem um sentido que abre um novo "mundo" e gera novas possibilidades à existência. A categoria da poética nos permite compreender, por um lado, a capacidade produtiva fundamental dos textos, inclusive dos bíblicos, e, por outro, revela-nos a existência de uma dimensão ontológica da linguagem, a qual toca o sujeito no nível da imaginação figurativa de sua liberdade. Esta, por sua vez, retorna a si pelo dom divino. Tal conjunção também supõe uma antropologia aberta à questão da transcendência.

Em Ricoeur, a concepção hermenêutica da filosofia implica que o sujeito não está envolvido em uma apreensão imediata de si mesmo. A filosofia de Ricoeur permanece aberta a fontes não-filosóficas e também a uma esperança ontológica que deixa o futuro em aberto. Acrescentamos que essa perspectiva apresenta uma estrutura acolhedora capaz de corresponder aos dados da revelação judaica e cristã[119]. Os textos bíblicos, nesse alinhamento, acham um lugar na interpretação filosófica do sujeito, como uma das fontes metafóricas anteriores ao regime argumentativo do pensamento[120].

Dessa maneira, é na narrativa bíblica que o Absoluto se revela e através do si mediado pelo texto bíblico a abertura do homem capaz a Deus se torna possível. A nomeação de Deus encontra, no mundo do leitor (do sujeito), a possibilidade de criação de sentidos que vão além de uma mera interpretação de texto. Surge, por isso, a possibilidade de cria-

---

119. THOMASSET, 2011, 105.
120. Ibid.

ção de múltiplos sentidos para a vida daquele que adere a esses textos. Posto isso, um horizonte ético aparece aqui: símbolos e narrativas podem abrir possibilidades, até então, inacessíveis à razão.

Podemos pontuar que o caminho de reconhecimento do ser humano diante das narrativas que norteiam sua realidade leva-o na direção de uma ontologia do possível, dada em detrimento da capacidade que se coloca no horizonte da humanidade. No campo da teologia, o ser humano capaz será caracterizado por meio de uma escatologia do possível[121]. Dessa maneira, o nome divino abre a possibilidade para a compreensão de um Deus capaz. Há em Ricoeur a seguinte reflexão: mesmo que a fragilidade e a finitude façam parte da vida humana, os seres humanos são capazes de levar a cabo suas ações, ou seja, não menos que sofrer seus efeitos nas diferentes esferas da existência, pois ao agir corresponde o padecer. Para sustentar isso, Ricoeur segue a visão filosófica de Maurice Merleau-Ponty: o eu posso (*Je peux*) precede o eu penso (*Je pense*).

Essa compreensão influenciará a forma como o pensador francês desenvolve sua teologia do nome divino, traçando um percurso que considera desde a hermenêutica da *dynamis* pensada por Aristóteles até a noção de *conatus* elaborada por Espinosa. Nesse empenho, o intuito é interpretar a força da narrativa bíblica, que busca nomear um Deus, para o sujeito que a entende como instrumento de adesão e reconhecimento em sua vida[122].

A fenomenologia do "eu posso" está relacionada com a compreensão de um ser humano visto como indivíduo que age e sofre. Paralelamente a isso, Ricoeur pensa a atestação como um conhecimento do poder, na acepção que estamos lhe dando, que passa ao largo do poder político[123]. Essa compreensão está, por completo, relacionada com a questão do ser que acha sua força na nomeação do nome divino, isto é: com as tratativas a respeito "do ser que atesta uma expressão-limite que lhe confere força e sentido; a exemplo da manifestação do nome divino no Monte Sinai"[124].

Certificamos, destarte, a existência de um movimento dinâmico da ontologia do nome divino em Ricoeur. Ele afirma:

---

121. KEARNEY, 2006, 39.
122. SOUZA, 2013, 65.
123. KEARNEY, 2006, 42.
124. SOUZA, 2013, 65.

Há um tipo de alargamento do significado do verbo ser, que é o significado de ser-com, de ser-fiel, é o ser do acompanhamento de um povo, mas é realmente uma outra dimensão de ser. Quando Aristóteles disse que havia uma variedade de significados do ser, ele não previa o ser do Êxodo 3,14. Portanto, eu sou desta natureza de alargamento da ontologia em vez de uma reversão da passagem da ontologia do domínio grego ao domínio hebraico[125].

Ao refletirmos sobre uma possível ontologia do nome divino a partir da filosofia de Paul Ricoeur, pensamos que a expressão "eu sou aquele que sou" apresenta o horizonte da promessa, da esperança e da possibilidade do ser possível. Como bem pontua o filósofo: por meio da possibilidade de ser, que conduz para a promessa e a esperança, existe a possibilidade de haver um dinamismo no nome divino[126]. O horizonte escatológico inaugura, a partir do pensamento de Paul Ricoeur, uma nova compreensão, a qual surge, como bem notou Richard Kearney, no contexto da nomeação divina, da ideia de uma escatologia de um Deus capaz que vai liturgicamente ao encontro do homem capaz[127]. Nesse universo, a visão escatológica "é a de uma completude do agir"[128].

A respeito dessa aproximação entre Deus e o homem, Vitor Chaves de Souza esclarece: "este encontro dá-se desde um entrelaçamento confessional, como nas narrativas ritualísticas, até o quiasma erótico no livro bíblico Cântico dos Cânticos, onde está a chamada: Metáfora Nupcial"[129]. Esse "laço nupcial" designa esse amor compreendido, ao mesmo tempo, como movimento livre e fiel[130]. Sob essa ótica, podemos observar que a hermenêutica de Ricoeur aponta para uma nomeação de um Deus discreto e respeitador do incógnito da intimidade de corpos com outros corpos[131].

Logo, é no "entre dois" desse corpo a corpo que o desejo divino atravessa o desejo humano. Portanto, é nesse vai e vem nupcial que o "eu

---

125. Ricoeur apud Kearney, 2006, 45, tradução nossa.
126. Cf. PB.
127. Kearney, 2006, 46.
128. A&J, 79.
129. Souza, 2013, 68.
130. PB, 290-293.
131. Kearney, 2006, 46.

posso" (*Je peux*) do homem capaz encontra seu eco no "tu podes" (*Tu peux*) do Deus capaz (capaz de ser nomeado), e vice-versa[132]. Esse movimento é dual: de sensibilidade e espiritualidade; de imanência e transcendência; e de finitude e infinitude. Além disso, ele abrange a função metafórica do nome divino, sendo abordado na filosofia ricoeuriana no artigo *A metáfora nupcial*, presente na obra *Pensando biblicamente*. Portanto, na hermenêutica bíblica de Ricoeur, percebemos um caminho possível de acesso à transcendência. Há um reconhecimento de si através do texto sagrado que realiza o papel de mediação no processo de articulação da identidade narrativa com a experiência religiosa. Essa hermenêutica tem como ponto basilar o "mundo do texto", o qual tem como objetivo exteriorizar o indivíduo fora de si mesmo, colocando-o em direção a um novo tempo. Nesse horizonte, o reconhecimento de si constitui o acesso a diversas possibilidades de existir. A nominação do divino faz com que o ser humano se coloque *Coram Deo*, na presença de Deus, sendo obrigado a respondê-lo. Logo, ética e ontologia se iniciam no chamado e na resposta.

Ao refletirmos sobre a nomeação do nome divino e sobre a abertura do ser humano a esta, nos quadros da experiência religiosa, ao escutar o chamado numa relação pessoal, compreendemos que Ricoeur elabora um pensamento filosófico que, adentrando no plano ético, vai da atestação à possibilidade. Nesse cenário, a linguagem poética, elaborada através do discurso religioso, revela a compreensão do mundo diante do texto bíblico. É a poética que apresenta a capacidade de refazer o mundo a partir da relação do indivíduo com a narrativa bíblica.

Esse mundo, universo que o indivíduo habita, é refletido no mundo do texto e este, por sua vez, torna-se a porta de entrada para o mundo habitado; "na Bíblia, este mundo possui uma referência que pode ser apreendida pela escrita e incorporada na vivência: esta referência se chama Deus"[133]. Dessa maneira, a abertura do ser humano para a nomeação de Deus na narrativa bíblica ressignifica sua existência e o coloca no horizonte da alteridade, do amor e da justiça.

---

132. Ibid.
133. Souza, 2013, 69.

Afirmamos que a narrativa, e aqui de forma específica: a bíblica, ocupa um lugar estratégico na antropologia do homem capaz. Isso porque o texto apresenta a capacidade de transformar o leitor e a realidade em seu entorno. Dessa forma, o indivíduo que tem o seu si moldado pela narrativa bíblica pode ser visto como um poder de ser que ainda não é. Logo, a antropologia do homem capaz no horizonte da mediação bíblica traz a possibilidade de pensarmos o indivíduo no horizonte da ética. O si moldado pela narrativa simbólica se abre para a possibilidade da alteridade, do amor, da justiça, do reconhecimento do outro e da esperança; e uma teologia do amor surge na dimensão do homem capaz: aquele para o qual a religião é destinatária.

4.4. O homem capaz e a ética no horizonte da poética religiosa

Ao pensarmos sobre a abertura que o homem capaz tem em relação à transcendência por meio da nomeação de Deus na narrativa bíblica, vemos quão coerente é mencionar a existência de um trabalho da ética na bifurcação entre filosofia e teologia no pensamento de Paul Ricoeur. Entretanto, não podemos afirmar que essa ética seja uma consequência da nomeação de Deus. O pensamento ricoeuriano insere a religião na ontologia quebrada. O homem capaz (*l'homme capable*), que também é falível, é conduzido por meio do discurso religioso, da narrativa bíblica, a realizar o bem. Isso porque, como já dito, a religião que tem no ser humano capaz o seu destinatário procura resgatar o bem e a bondade do indivíduo: capaz de realizar o bem e evitar o mal.

Sendo assim, precisamos clarificar: Ricoeur não acredita que, no plano ético ou moral, a fé não acrescente nada aos predicados "bom" e "obrigatório" aplicados à ação[134]. Entretanto, ele entende que a Bíblia pode oferecer uma nova perspectiva de caráter metaético a uma moralidade comum. Segundo o filósofo:

> O *ágape* bíblico faz parte de uma *economia da dádiva*, de caráter metaético, o que me leva a dizer que não existe moral cristã exceto no

---

134. SA, 37.

plano da história das mentalidades, mas sim uma moral comum [...] que a fé bíblica coloca em uma *perspectiva* nova, na qual o amor está ligado à "nomeação de Deus"[135].

Dessa forma, caminhamos aqui na direção capaz tanto de apontar como a hermenêutica bíblica de Ricoeur pode contribuir para o desenvolvimento de um humanismo ético, quanto de mostrar como a poética religiosa pode contribuir para um enriquecimento da teologia pela filosofia a partir do desenvolvimento de uma teologia do amor. Por outro lado, apontamos ainda um outro possível enriquecimento da teologia pela filosofia, o qual se daria por meio de um humanismo ético para se pensar o bem comum.

Logo, defendemos que a religião pode contribuir para o desenvolvimento desse bem comum e auxiliar na construção de uma sociedade mais justa. Temos assumido o empenho de demonstrar como essa possível teologia do amor pode influenciar a ação do homem capaz na busca pelo bem com o outro. Dito isso, uma poética do *ágape* será pensada nesse momento.

A linguagem poética sendo vista como linguagem simbólica instiga o pensamento, além de se apresentar como uma fonte importante que contribui com os esforços coletivos para o reconhecimento das diversas identidades na sociedade contemporânea e para o acolhimento por meio da prática da alteridade. Isso ainda nos auxilia a fugir de pensamentos totalizadores e controladores.

Ricoeur esclarece:

A dependência do si de uma palavra que o despoja de sua glória, ao mesmo tempo que incentiva sua coragem de existir, liberta a fé bíblica da tentação, que aqui chamo criptofilosófica, de desempenhar o papel agora vacante da fundamentação última. Em contrapartida, uma fé que se sabe sem garantia, segundo a interpretação dada pelo teólogo luterano E. Jüngel em *Gott als Geheimnis der Welt* (Deus como mistério do mundo), pode ajudar a hermenêutica filosófica a defender-se da *hybris* que faria apresentar-se como herdeira das filosofias do *Cogito* e de sua ambição de autofundamentação última[136].

---

135. SA, 37, tradução nossa.
136. SA, 38, tradução nossa.

Sendo assim, a dimensão ética floresce a partir desse novo "mundo" revelado pela narrativa bíblica cuja configuração é dada por meio de uma organização própria e interna. Ricoeur compreende ainda que a narrativa apresenta certa capacidade de refiguracão, resultado, ou efeito, da descoberta e da transformação que o discurso exerce sobre o ouvinte, ou leitor, na instância de recepção textual[137]. Logo, a narrativa bíblica teria a capacidade de reconfigurar o si.

Antes de analisarmos melhor essa questão, queremos ratificar que a recepção do texto bíblico desloca o sujeito em direção ao amor do Outro e na direção do amor ao próximo, revelando uma dimensão da alteridade oriunda desse encontro do si com a nomeação do divino: é nessa dimensão do cuidado com o outro que queremos pensar, de forma filosófica, o entrelaçamento da antropologia com a ética no pensamento ricoeuriano, que tem na figura do homem capaz sua perfeita articulação.

O texto bíblico carrega o testemunho dessa nomeação de Deus na história e influencia o leitor a entrar no contexto de uma relação com tal nomeação de forma amorosa. Assim, o si informado, a partir das Escrituras, pode ser entendido como um si respondente porque, de certa maneira, há uma precedência dos textos em relação à vida. Para Ricoeur, "se posso nomear a Deus, por mais imperfeitamente que seja, é porque os textos que pregaram a mim já o nomearam"[138].

Dessa forma, a narrativa bíblica tem a capacidade de gerar, tanto no ouvinte quanto no leitor, o desejo de compreender a si mesmo à luz de sua mensagem. Isso ocorre porque o relato, sem focar em nenhuma outra ambição, tem somente os indivíduos como foco exterior, os sujeitos que, ao receberem o texto, buscam se assimilar a ele e fazer dele um espelho. É nesse momento que a linguagem, poética em si, transforma-se em querigma para os seres humanos. A partir da leitura e da acolhida da mensagem presente na narrativa bíblica, o ouvinte e o leitor são impelidos a agir na realidade e a construir relações que tenham como referência o cuidado e o respeito para com o outro; e o pressuposto para isso é a ideia da economia do dom que possui, como sustentáculo, o *ágape* bíblico.

---

137. A&J, 43.
138. A&J, 47.

Em nosso entendimento, é através da economia do dom que podemos ver, de forma clara, a relação entre amor e justiça no horizonte do pensamento ricoeuriano. A considerar esses dois valores, a tensão presente entre eles, assim devemos entender, dispõe-se em favor do amor[139]. Nesse enquadramento, o ponto ou o desafio é pontuar como uma sabedoria prática pode surgir a partir do caráter metaético das Escrituras. A poética do *ágape* leva o sujeito capaz a agir de forma justa e as noções de gratuidade e reciprocidade surgem nesse espectro.

Existe uma dialética presente na relação entre amor e justiça. Ela pode ser vista através da desproporção entre esses dois valores, dada a busca por mediações frágeis e provisórias. Dizendo de outra maneira: o amor fala por meio de uma linguagem diferente da linguagem da justiça. A primeira tarefa da dialética entre amor e justiça é a de reconhecer essa desproporção.

Para Ricoeur, o discurso do amor é, antes de tudo, um discurso de louvor e essa constatação é uma das três estranhezas ou bizarrices que ele aponta em sua reflexão. Ele traz tal evidência ao afirmar que "no louvor, o homem se rejubila ao ver seu objeto reinando acima de todos os outros objetos de seu cuidado"[140]. Essa é a primeira característica, ou estranheza, marcante do discurso do amor. A segunda é o emprego da forma imperativa em afirmações conhecidas como "amarás o Senhor teu Deus... e amarás o próximo como a ti mesmo"[141].

Para o filósofo, a considerar o imperativo no significado usual de obrigação — muito utilizado e argumentado pelo pensamento kantiano —, a imposição do amor, sendo este um sentimento, transforma-se em um problema: uma dificuldade que não estaria atrelada ao estatuto do amor no campo dos afetos, mas sim ao do mandamento de amar. Ricoeur encontra um socorro inesperado na obra de Franz Rosenzweig, *L'étoile de la rédemption*. Nesta, o filósofo faz uma distinção entre mandamento e lei. Para ele, a lei deve ser compreendida como a Torá, um conjunto de regras fundamentais para estruturar a comunicação na esfera humana[142].

---

139. Messner, 2011, 76.
140. A&J, 6.
141. A&J, 8.
142. Messner, 2011, 78.

Ricoeur, na obra de Rosenzweig, depara-se com a ideia de que a Torá só pode ser considerada um conjunto de regras porque é precedida por ato solene de abertura do todo da experiência humana, o qual considera a linguagem paradigmática da Escritura[143]. Nesse sentido, é somente depois dessa experiência e da imposição da linguagem primordial que a linguagem da lei pode entrar na esfera humana. Posto isso, Paul Ricoeur encontra, em Rosenzweig, a ideia de que o mandamento do amor é anterior à lei. Para o filósofo:

É o mandamento do amor. Mas, contrariamente à nossa expectativa, sua fórmula não é a do Êxodo, do Levítico ou do Deuteronômio, cuja leitura é feita de acordo com o ritual judaico, nas festas de Páscoa: "O amor é tão forte quanto a morte", diz o Cântico. Por que o Cântico dos Cânticos é evocado nesse ponto? E com que conotação imperativa? No início da seção Revelação, Rosenzweig considera apenas o colóquio íntimo entre Deus e uma alma sozinha, antes de entrar em cena o "terceiro" na seção Revelação. A ideia verdadeiramente genial é então mostrar o mandamento de amar jorrando desse vínculo de amor entre Deus e uma alma solitária. O mandamento que precede toda lei é a palavra que o amante dirige à amada: *ama-me!*[144].

A distinção entre mandamento e lei só faz sentido se for considerado que o mandamento de amar é o próprio amor, que é recomendado a si mesmo. Logo, essa ordenança apresenta as condições da sua própria obediência através da ternura da sua própria instância: ama-me! E é esse o resumo mais curto de toda dialética presente entre amor e justiça em Ricoeur.

Ele acrescenta que a última estranheza observada no discurso do amor está relacionada com a metaforização que se prende às expressões do amor. Por ser capaz de mobilizar uma multiplicidade de afetos, o amor, segundo o francês, apresenta um dinamismo, o qual se faz evidente, como foi apontado, no precedente "ama-me!" que o amante dirige à amada[145].

Já ao fazer a análise do discurso da justiça, Ricoeur evidencia uma desproporção, tanto no nível prático quanto no reflexivo, relacionada

---
143. A&J, 9.
144. A&J, 10.
145. A&J, 12.

com o nível dos princípios da própria justiça, que, na esfera prática, teria relação com o aparelho judiciário de uma sociedade, caracterizando o chamado Estado de direito. Como uma ideia ou um ideal, ao resgatar as circunstâncias ou as ocasiões de justiça, Ricoeur acrescenta que ela, como prática social, reflete sobre suas próprias ações ou representações.

Nesse sentido, no espectro da atuação judiciária, a justiça impulsiona um diálogo interno, ou seja, trata de si mesma, por exemplo, ao ser evocada em situações de julgamento, em uma instância superior, sobre as reivindicações de partes portadoras de interesses ou direitos contrários. Entendendo que a ideia de justiça está atrelada ao direito, ela estaria baseada na tomada de decisão, o que é legitimado por Ricoeur quando sustenta que "a justiça argumenta, de uma forma muito particular, confrontando razões pró ou contra"[146].

Outra questão levantada em relação ao discurso da justiça remete-se à sua atribuição distributiva. Desde Aristóteles, em sua *Ética a Nicômaco*, até John Rawls, autor de *Uma teoria da justiça*, a justiça é considerada distributiva. A sociedade, tal qual como a conhecemos, vista por esse prisma, surge como uma repetição de papéis, apontando tarefas, direitos, deveres, vantagens e desvantagens. Não há sociedade organizada que não reconheça seus indivíduos a partir de partes distribuídas, as quais, juntas, correspondem à participação do conjunto.

Por outro lado, os indivíduos sem a regra da distribuição — incluindo a proporção desigual para restabelecer a igualdade entre diferentes, reparando injustiças históricas — não teriam existência social. A justiça distributiva é a fonte da coesão e tem como proposta reforçar a cooperação social. Ricoeur entende como necessária a existência de uma justiça que procure realizar uma partilha equitativa de direitos e benefícios a favor de cada ser humano. Para ele, "o ponto mais elevado que o ideal de justiça pode visar é o de uma sociedade em que o sentimento de dependência mútua — ou mesmo de endividamento mútuo — permanece subordinado ao de desinteresse mútuo"[147].

Portanto, a dialética entre amor e justiça mostra uma possibilidade: os dois podem se encontrar em um nível prático — porque se relacionam

---

146. A&J, 17.
147. A&J 21.

com a mesma práxis — e reivindicam uma ação, mesmo que esse movimento se realize em cada um à sua maneira[148]. Podemos afirmar que no nível ético existe uma mediação entre amor e justiça, há um equilíbrio instável e uma tensão viva nessa relação. Logo, a dialética presente entre esses dois valores constitui uma terceira via: a economia do dom. Essa terceira via pode ser encontrada no fragmento do Sermão da Montanha no Evangelho de Mateus e no Sermão da Planície no Evangelho de Lucas, "onde, num só e mesmo contexto, o novo mandamento, o de amar os inimigos, e a regra de ouro estão justapostos"[149]. Essa via é própria da hermenêutica do mundo da Bíblia e apresenta um amor supraético que obriga a justiça a ampliar o círculo do reconhecimento mútuo. Em suma, a dimensão supraética, baseada na ideia bíblica da economia do dom, convida a justiça a reconhecer a singularidade das pessoas.

A partir dessa terceira via, Ricoeur dialoga com aqueles estudos de Kant que afirmam que a religião tem como objetivo regenerar o indivíduo, colocando-o em direção ao bem. Na esteira de Kant, ele esclarece que a religião não oferece uma garantia adicional à moral, mas busca colocar toda a experiência na perspectiva da economia do dom, vista como uma percepção poética. Conforme Ricoeur:

> Mas se a religião não acrescenta nada em termos de fundamentação, isto é, de justificação última da moralidade, ela pode se articular sobre esta de acordo com outro modo que aquele do critério e do fundamento, isto é, finalmente, da garantia da garantia. O princípio esperança de Kant já nos coloca no caminho. Mas talvez seja preciso colocar a problemática da regeneração da vontade em um contexto mais vasto. Para ir direto ao essencial, direi que a religião visa colocar toda experiência, inclusive a experiência moral, mas não somente ela, na perspectiva da economia do dom[150].

Assim, Ricoeur entende que a ideia de perspectiva está atrelada ao conceito de sentido: significação, direção. Para ele, referir-se a dom significa ter em vista a noção de uma doação originária que busca beneficiar toda a criatura, não somente a humanidade e a sua moralidade. Nesse en-

---
148. Messner, 2011, 80.
149. A&J, 23.
150. L3, 276, tradução nossa.

quadramento, a alusão à economia considera o exprimir do dom em uma rede simbólica e muito mais ampla, que não se restringe em girar em torno da confissão e da remissão dos pecados. Dessa maneira, podemos observar que o predicado primeiro de bondade originário da economia do dom está relacionado como o ser criado enquanto tal. Em consequência, ele é anterior a toda determinação propriamente moral. A economia do dom vai muito além da ética porque fornece uma perspectiva que podemos denominar de supramoral ou metaética. Logo, ela se refere à nossa forma de considerar o mundo como criação e à situação do ser humano no mundo como objeto de um dom, no significado de uma dependência radical.

De acordo com Paul Ricoeur, o Evangelho apresenta o amor em um viés gratuito e desinteressado. A expressão máxima dessa concepção se dá no ensino de Jesus a respeito da necessidade de amar os inimigos. Essa noção de amor é fundamentalmente marcada por uma reinterpretação da regra de ouro em que a lógica da equivalência é corrigida pela lógica da economia do dom[151]. A regra de ouro implica a noção de que a ação ética não se dá apenas no nível da interação; antes, o que se deve perceber é a existência de uma relação assimétrica entre a ação exercida por um sujeito e, por consequência, o que o outro sofre diante dessa ação.

Devemos dizer que uma possível articulação entre a economia do dom e a questão moral se dá no horizonte de uma ontologia da ação. Como pontua Alain Thomasset, a instauração do si através da mediação das Escrituras e a aplicação a si mesmo da rede simbólica da Bíblia afetam nossa capacidade mais básica de agir[152]. É o homem capaz que é interpelado e restaurado. Logo, Ricoeur expõe a regra de ouro a partir da economia do dom. Segundo ele:

> A *regra de ouro* é simplesmente enunciada como uma máxima bem conhecida no Sermão da Montanha, em Mateus 7,12, onde parece ser considerada como aquisição da cultura judaica, e no Sermão da Planície, em Lucas 6,31, onde ela parece reconhecida como o bem comum da sabedoria helenística. Mas não é a simples citação da *regra de ouro* que coloca um problema de interpretação, mas o efeito

---

151. Cf. L3.
152. THOMASSET, 1996, 337.

nela de um contexto que parece contradizê-la. Esse contexto, como se sabe, é dominado pelo mandamento de amar os próprios inimigos. Ora, o mandamento, e não a *regra de ouro*, parece constituir a expressão mais próxima no plano ético daquilo que acabamos de chamar "economia do dom". Nesse sentido, podemos chamá-lo de supraético. Ele se mantém no ponto de articulação da economia do dom e da atividade legisladora da liberdade, no ponto em que *o dom gera a obrigação*. A esse título, esse "novo mandamento" depende de uma lógica da superabundância que se opõe polarmente à lógica de equivalência que governa a moral cotidiana[153].

Para Ricoeur, a regra de ouro está inserida dentro do contexto da exigência de reciprocidade, muito dependente da lei do talião que pontuava a máxima "Olho por olho, dente por dente", abolida pelo mandamento do amor e superada pela economia do dom. O filósofo acredita que Jesus adverte e se posiciona contra a interpretação equivocada da *regra de ouro*, na narrativa de Lucas 6,32-37, que diz: "Se amais os que vos amam, que gratidão mereceis? Pois os pecadores também amam aqueles que os amam... Mas amai os vossos inimigos, fazei o bem e emprestai sem nada esperar em troca"[154]. Logo, podemos ver que o mandamento do amor estabelece uma correção de tom supramoral na compreensão da regra de ouro, que, a partir da interpretação ricoeuriana, é passível de mudança perpetrada pela inclinação interessada na atitude de acolhimento do outro. Conforme Ricoeur:

> O que poderia confirmar essa interpretação é o socorro que o novo mandamento pode receber da *regra de ouro* ao encontro de sua própria perversão possível. Tomado em si mesmo, de fato, o mandamento de amor marca antes a suspensão da ética, no sentido kierkegaardiano do termo. Ora, a esse título, não se pode interpretar no sentido de vileza e da covardia as consequências voluntariamente excessivas e paradoxais que Jesus tira do novo mandamento: "A quem te bate numa face, apresenta ainda a outra. A quem te toma o manto, não recuses também a tua túnica. Dá a quem quer que te peça, e a quem te toma o teu bem não o reclames" (Lc 6,29-30)? [...] Separado da *regra de ouro*,

---

153. L3, 277.
154. L3, 78, tradução nossa.

A relação do ser humano com a transcendência

o mandamento de amar seus inimigos não é ético, mas supraético, como toda a economia do dom ao qual ele pertence. Para não tender ao não-moral, até mesmo ao imoral, ele deve reinterpretar a *regra de ouro* e, ao fazer isso, também ser reinterpretado por ela[155].

Portanto, o mandamento do amor abre uma nova direção no horizonte do ser humano capaz. Sendo o destinatário da religião, esse sujeito é convocado a realizar o bem através de suas ações. Conforme dissemos, Ricoeur, recorrendo a Kant, compreende que a religião apresenta a tarefa de resgatar no sujeito moral sua capacidade de agir em conformidade com o dever. Nesse raciocínio, ele afirma que "a regeneração de que se trata nessa filosofia da religião se dá no nível da disposição fundamental, o qual chamo aqui de 'o si capaz'"[156]. Ou seja, para Ricoeur, a religião tem o objetivo de resgatar o ser humano a essa bondade. Ele acredita que há uma qualificação espiritual inegável no nível metaético do amor[157] que poderia ser conhecido por meio da lógica da superabundância tanto do amor como da economia do dom.

Para Ricoeur, a religião tem o sentido na ação do plano poético e metaético do dom, da caridade e do amor[158]. Aqui, fazemos conexão com o horizonte aberto pela nomeação de Deus. Sabemos que essa se dá no plano ético e coloca o sujeito numa relação de chamado e resposta. Em outras palavras, o ser humano é convocado a recepcionar a mensagem dessa nomeação e a respondê-la. Essa réplica se dá no horizonte da economia do dom. A partir da lógica do amor, o sujeito capaz é direcionado a acolher o outro e a elaborar uma ação que estabeleça a justiça e o bem comum para todos os seres humanos.

O filósofo francês compreende que o mandamento de amor universal, conforme ensina o Evangelho, constitui a expressão mais próxima da economia do dom. Segundo ele, a própria noção de justiça e de ação moral são antecedidas por um amor que clama, em nome de uma compaixão e generosidade, em favor de uma ação equitativa capaz de estabelecer, de forma aberta, o senso do confronto dos interesses desinteressados.

---

155. L3, 278-279, tradução nossa.
156. A&J, X.
157. Ricoeur, 1994b, 248.
158. Ibid., 249.

Nesse sentido, o amor conduz à justiça e à sua maior potencialidade. Através do amor, a justiça alcança sua máxima elevação, por isso ele deve ser a base das relações humanas, devendo antecipar nelas qualquer interesse ou desejo de agir pelo outro. A conduta, portanto, deve ser pautada pelo entendimento do bem sem restrições. Dessa maneira, o ponto de partida para a ação do sujeito deve ser o amor, destinado ao próximo e interpretado como assistência ao exercício da justiça. Portanto, um gerador de obrigações éticas comuns às práticas de alteridade. Vitor Chavez de Souza afirma que "a ética é imperativo na dobra da religião pelo qual o mandamento 'amarás o teu próximo' é elevado no mais alto grau: é neste momento, justamente no mandamento do amor pelo próximo, que o si é confirmado em seu lugar"[159].

A compreensão de uma doação originária, que faz do ser humano anterior a toda determinação moral, implica o reconhecimento de uma certa bondade no indivíduo, que nele coexiste com a capacidade de se fazer o mal. Essa desproporção é inerente à existência. Posto isso, entendemos que a economia do dom não tem o objetivo de eliminar a regra de ouro e nem de substituí-la.

Na visão de Ricoeur, uma ética comum em uma ótica religiosa surge a partir da tensão entre o amor unilateral e a justiça bilateral segundo a interpretação de cada um nos termos do outro[160]. Já Kathrin Messner pontua uma relação dialética entre amor e justiça[161]. Nesse sentido, a restauração do si capaz estaria em plena conexão com a economia do dom. O amor, assim, deveria ser compreendido como o guardião da justiça, na proporção em que a justiça da reciprocidade e da equivalência está sempre ameaçada de recair, na medida do cálculo interessado: "dou para que dês".

Nesse sentido, o amor apresenta o papel de proteger a justiça contra a inclinação má. Essa proteção se expressa na afirmação: "Dou porque já me deste". Ricoeur esclarece:

> É assim que vejo a relação entre a caridade e a justiça como a forma prática da relação entre o teológico e o filosófico. É na mesma pers-

---
159. Souza, 2017, 391.
160. L3, 279.
161. Messner, 2011, 75.

pectiva que proponho [...] repensar o teológico-político, a saber, o fim de um certo teológico-político construído unicamente com base na relação vertical dominação/subordinação. Uma teologia política orientada de outro modo deveria, a meu ver, deixar de se construir como teologia da dominação para se instituir em justificação do querer viver juntos em instituições justas[162].

Em suma, o que se chama de "ética cristã" ou, como preferia Ricoeur, a ética comum em uma perspectiva religiosa, baseia-se na tensão entre o amor unilateral e a justiça bilateral e na interpretação de cada um deles nos termos do outro, como foi estabelecido[163]. Nos dois planos há um exercício de reinterpretação mútua que não permite o descanso do pensamento. Em meio à existência de um trabalho prático, as interpretações não acabam. Para Ricoeur:

> As aplicações dessa dialética na vida cotidiana, no plano individual, no plano jurídico, no plano social e político, são incontestáveis e perfeitamente praticáveis. Eu diria que a incorporação tenaz, passo a passo, de um grau suplementar de compaixão e de generosidade em todos os códigos — código penal e código de justiça social — constitui uma tarefa perfeitamente razoável, embora difícil e interminável[164].

Dessa forma, a regra de ouro está colocada no meio de uma tensão interminável entre o interesse e o sacrifício de si mesmo. Ela ainda varia de sentido, dependendo da interpretação prática que lhe é dada. Ricoeur recorre mais uma vez à narrativa bíblica e elucida:

> Permitam-me citar, a título de conclusão, um versículo surpreendente do Sermão da Planície; ele liga em um tipo de oximoro a ausência de medida própria do amor e o sentido da medida própria da justiça: "Dai e ser-vos-á dado é uma *boa medida*, amontoada, sacudida, transbordante, que derramarão nas obras da vossa veste, pois a *medida* de que vos servis servirá também de *medida* para vós" (Lc 6,38)[165].

---

162. A&J, X-XI.
163. L3, 279.
164. LC3, 279, tradução nossa.
165. L3, 279-280, tradução nossa.

Nesse horizonte, é preciso compreender que a ausência de medida é a boa medida. Isso implica que a ideia de superabundância presente na economia do dom torna-se a verdade oculta da equivalência. A regra, assim, será repetida, mas agora como transfiguração.

É a partir da lógica da economia do dom que podemos pensar em como uma ética comum, em uma perspectiva religiosa, pode contribuir na construção de um humanismo ético, fruto das consequências da abertura do homem capaz à nomeação de Deus. Compreendemos que a ideia do *ágape* (amor) bíblico conduz o ser humano capaz à construção ou, pelo menos, à busca dos "estados de paz". Isso coloca o indivíduo na direção do reconhecimento das diversas identidades.

O discurso do *ágape* posiciona o ser humano diante da possibilidade de um discernimento marcado pela mutualidade, no qual prevalece a máxima: sou reconhecido pelo outro e eu o reconheço enquanto tal. Esse reconhecimento mútuo mostra que o sujeito se coloca debaixo da tutela de uma relação de reciprocidade, passando pelo reconhecimento de si na variedade de suas capacidades. A respeito disso, Ricoeur argumenta: "ser reconhecido, se isso alguma vez ocorre, seria para cada um receber a garantia plena de sua identidade graças ao reconhecimento por outrem de seu império de capacidades"[166].

O ser humano capaz aberto à nominação de Deus coloca a sua vida de forma engajada em direção ao bem comum. Ele busca, por meio da verdade, da justiça, da igualdade e da dignidade, o reconhecimento do outro. Aqui, gostaríamos de citar duas análises de Ricoeur, referentes a dois ensinamentos presentes na narrativa bíblica, que nos auxiliam na compreensão de como a religião pode contribuir para o bem comum.

O primeiro ensinamento se refere ao texto bíblico presente em Êxodo 20,13, que diz: "Não matarás". Esse imperativo faz parte daquilo que ficou conhecido como os dez mandamentos. Ricoeur, influenciado por Franz Rosenzweig, compreende que essa ordenança mantém relação com o mandamento de amar a Deus e ao próximo dos evangelhos. Ricoeur afirma que:

> Esta reconstrução de início depende da correlação que deve ser reconhecida entre o primeiro mandamento, que define nossa relação

---
166. PR, 361, tradução nossa.

fundamental com Deus de uma maneira negativa, e o sexto mandamento que coloca a proibição no âmago da coexistência humana. Esta é a mesma correlação afirmada em termos positivos nos mandamentos de amar tanto a Deus como ao próximo[167].

Em uma correlação, Paul Ricoeur sustenta que o amor a Deus precisa ser expresso no amor ao próximo. Ele compreende a existência de uma "obediência amorosa" e é, por meio dela, que a submissão é aumentada através dessa estima do amor. O mandamento "não matarás" deve ser entendido a partir desse horizonte. Refletindo sobre o pensamento bíblico, Ricoeur compreende a anterioridade do amor em relação à lei. "O amor não pode ser comandado, a não ser pelo próprio amante... O amor de Deus deve expressar-se no amor pelo próximo"[168]. Não se trata de obrigação, mas de pura gratuidade.

Dessa forma, como se pode depreender, ele tem como objetivo colocar a proibição do não matar dentro do espectro de uma ética de autonomia, a qual é impulsionada por uma obediência amorosa não opositora, mas contributiva. Não podemos esquecer que Ricoeur não tem nenhuma pretensão de transformar os serviços prestados a partir de uma fé bíblica em uma filosofia moral. O pensador francês busca, em última instância, mostrar como uma ética comum em uma percepção religiosa pode enriquecer o debate filosófico. Como já afirmamos, o amor obriga à justiça, isto é: a uma justiça educada pela economia da dádiva.

Ricoeur pergunta se o amor não poderia ter um papel de reduzir a lacuna que há entre um universalismo ideal, sem restrições, e o contextualismo, marcado por diferenças culturais. Segundo ele:

> O mundo bíblico, primeiramente judeu, depois também cristão, oferece exemplos que se tornaram paradigmáticos desta extensão de esferas culturalmente limitadas na direção de um reconhecimento efetivamente universal. O apelo repetido ao antigo Israel para incluir "a viúva, o órfão e o estrangeiro nos portões" — em outras palavras, o outro como beneficiário da hospitalidade — é uma ilustração inicial típica da pressão exercida pelo amor sobre a justiça,

---
167. PB, 136.
168. PB, 141.

de modo que ela pode atacar frontalmente aquelas práticas de exclusão que são, talvez, a contraparte de qualquer laço social forte. O mandamento de amar nossos inimigos [...] constitui o exemplo mais forte disto. A forma imperativa dada ao "novo mandamento" inscreve-o dentro da esfera ética. Mas sua finalidade com o mandamento "ama-me", que Rosenzweig distingue da Lei, qualifica-o como supraético, visto que ele se origina de uma economia da dádiva, assim que renuncia a qualquer pretensão à reciprocidade. Além disso, Jesus associa o mandamento de amar nossos inimigos com outros tipos excepcionais de comportamento que desafiam a lógica da equivalência da justiça comum[169].

Destarte, o discurso religioso pode auxiliar no debate que as sociedades contemporâneas realizam sobre a manutenção da paz. Sendo a religião destinatária do homem capaz, ela busca resgatar o bem, ou melhor, tem como objetivo recolocar o indivíduo no horizonte da moralidade em conformidade com o bem. Em um mundo onde cada vez mais os direitos humanos são relativizados e questionados, o bem comum que a religião oferece pode contribuir para o debate público na tentativa de se construir uma humanidade mais igualitária. Nesse empenho, o amor pressiona a justiça para alargar o círculo de reconhecimento mútuo.

O ser humano capaz aberto à transcendência tem a alteridade como pressuposto de sua ação. Para Ricoeur, o amor que obriga uma obediência amorosa é o único sentido a ser aceito em relação à ideia de teonomia. Essa obediência contribui para o aparecimento da responsabilidade pelos interesses dos outros. Logo, "a teonomia, entendida como uma intimação à obediência amorosa, engendra a autonomia, entendida como a intimação à responsabilidade"[170].

O mandamento "não matarás" deve ser interpretado no horizonte do amor ao próximo. Essa visão sugere uma conexão com a ética da alteridade de Emmanuel Levinas. Segundo a filosofia da alteridade, a expressão verbal irrompida do rosto do outro é que torna possível o estabelecimento de uma relação eminentemente ética. No interdito ético-teológico "não

---

169. PB, 148-149.
170. PB, 153.

matarás", essa expressão verbal assume sua forma. Levinas reflete: "O 'Tu não matarás' é a primeira palavra do rosto. Ora, é uma ordem. Há no aparecer do rosto um mandamento, como se algum senhor me falasse"[171].

A segunda análise de Ricoeur que podemos recorrer para ilustrar a possibilidade do discurso religioso como contribuição à construção de um humanismo ético está presente no Evangelho de Lucas 10,25-37. Ricoeur analisa o texto bíblico conhecido como a parábola do Bom Samaritano. Essa história relata que, certa vez, descia um homem de Jerusalém a Jericó e, no meio do caminho, esse indivíduo foi alcançado por salteadores que o espancaram e dele levaram tudo. A história conta que tanto o sacerdote quanto o levita, figuras importantes da religião judaica, passaram por aquele lugar, viram o sujeito que fora assaltado e espancado e não só nada fizeram para amenizar seu sofrimento como continuaram seu caminho, tal como antes.

Na sequência, surge na história a figura do samaritano, aquele que, movido de compaixão, irá ao encontro do agredido e vilipendiado, dando vazão à compaixão e ao reconhecimento da alteridade: ele acolhe e cuida do outro. Contudo, é especificado que os judeus não gostavam dos samaritanos, por isso Jesus introduz intencionalmente essa figura na história. Ele é o personagem que socorrerá um ser humano jogado na estrada. Existe, nesse relato, uma tentativa do Cristo de subverter a visão de mundo preconceituosa e discriminatória que muitos judeus tinham em relação aos samaritanos daquele contexto.

Essa narrativa é norteada pela pergunta feita por um dos mestres da lei: "Quem é o meu próximo?" E a resposta de Jesus ensina que devemos nos tornar o próximo de qualquer ser humano. Após contar a parábola a seu indagador, o Cristo, agora, questiona: "Qual dos três personagens presentes na história se tornou próximo daquele que caiu na mão dos salteadores?" O homem responde: "Aquele que agiu de misericórdia". Ricoeur, ao considerar que o samaritano se colocou como o próximo do sujeito caído, compreende que "o próximo é a própria conduta de se tornar presente"[172].

---
171. LEVINAS, 2010, 72.
172. HV, 100.

Essa parábola nos revela que não existe uma sociologia do próximo. Sob essa ótica, entendemos que a ciência desse outro é confrontada por uma práxis, a ele concernente, sem cálculo, como pura gratuidade. Não se tem um próximo, sou eu que me faço o próximo de qualquer um, e por amor à humanidade. Tal visão revela uma crítica às muitas relações humanas que não priorizam o outro, ao se pautarem pelo interesse próprio ou o amor de si. Sumarizando, relações sem alteridade abrem caminho para a desumanização de sujeitos. Ricoeur pensa que:

> O tema do próximo é antes de mais nada um apelo a tornar-nos conscientes: e ainda preciso servimo-nos disso com discernimento, sem incriminar totalmente a máquina, as técnicas, os aparelhos administrativos, a segurança social etc. A técnica e em geral todo "tecnicismo" é um convite a situar exatamente o mal em suas paixões específicas ligadas ao uso humano dos instrumentos. É um convite a romper com as velhas filosofias da natureza e a estabelecer uma crítica puramente interna da existência "artificial do homem". O vício da existência social não está em ser contrário à natureza; não é o natural que lhe falta, mas a caridade[173].

A temática do próximo realiza de forma permanente a crítica do vínculo social, que, na medida do amor ao próximo, não é íntimo e nem vasto. Sobre isso, Ricoeur explica: "Não é jamais suficientemente íntimo, uma vez que a mediação social jamais se tornará o equivalente do encontro [...]. Não é jamais bastante vasto, uma vez que o grupo não se afirma senão contra um outro grupo, e se fecha sobre si mesmo"[174]. Nesse sentido, o próximo deve ser visto como dupla exigência, considerando tanto o que está perto quanto o que está longe. Na narrativa bíblica, o samaritano se torna perto ao se aproximar do homem ferido e, ao mesmo tempo, se torna longe pelo fato dele ser o não judeu que um dia tirou do chão um desconhecido que se encontrava desumanizado no caminho.

A nosso ver, essas duas orientações presentes nesse relato bíblico e outras que podem ser vistas também em narrativas religiosas nos auxi-

---
173. HV, 108-109.
174. HV, 110.

liam a pensar como a ideia ricoeuriana da religião, tendo no homem capaz o seu destinatário, pode contribuir para a reflexão do bem comum.

Dito isso, é necessário frisarmos novamente: não estamos querendo afirmar que a filosofia precisa da teologia para refletir a respeito do bem comum. Ricoeur não concordaria com isso. O que gostaríamos de mostrar é a contribuição possível do discurso religioso para o enriquecimento do debate ético. A filosofia, ao recorrer ao pensamento religioso, deve fazer isso de forma autônoma. Ao lidar com as questões que estão presentes na existência humana, ela não deveria virar as costas para o que o discurso religioso tem a dizer. Ricoeur sabia disso e, por causa dessa questão, escolheu o caminho da via longa, por meio do qual ele utilizou sua hermenêutica na tentativa de decifração da linguagem simbólica, com o intuito de compreender melhor a existência humana.

A abertura que o homem capaz tem em relação à nomeação de Deus o coloca em um horizonte de alteridade, onde ele procura realizar seus atos de forma boa e justa, mesmo com a possibilidade da falha presente em seu horizonte. Podemos dizer que a ideia central presente na ética ricoeuriana, "viver bem com os outros em instituições justas", pode ganhar uma contribuição a partir dessa reflexão. O discurso religioso pode oferecer mecanismos para a tentativa do estabelecimento do bem comum. Toda a temática relacionada com a vontade, a liberdade e o mal apresentam uma relação profunda, no pensamento de Ricoeur, com o projeto de um humanismo ético que fica mais evidente no final de sua vida.

O sujeito revelado na antropologia ricoeuriana e aqui, de forma específica, o sujeito capaz, é compreendido como um ser ético. Ele pode, através do seu si mediado pela narrativa bíblica, contribuir na construção de uma sociedade mais justa e igualitária, onde todas as identidades sejam respeitadas em suas singularidades. Esse ser humano capaz é chamado, por meio da lógica da economia do dom, a criar mecanismos para que todos possam ter seus direitos garantidos. Ele é convocado a afirmar a aplicabilidade da justiça para com todos os seres humanos.

Há uma última questão a ser mencionada: a partir do contexto da economia do dom, trabalhada por Ricoeur, observamos também a dinâmica do perdão no horizonte de uma teologia do amor. Na obra *La Mémoire, l'histoire, l'oubli*, o filósofo estabelece uma relação entre o perdão e o dom. Para ele, somos confrontados com o mandamento radical de amar os inimigos sem recompensa: no contexto em que o inimigo não pede perdão, faz-se necessário amá-lo como ele é. Esse mandamento supostamente impossível parece ser o único à altura do real espírito do perdão[175]. Nesse sentido, a medida absoluta do dom é o amor aos inimigos. À essa medida está associada a ideia de um empréstimo sem esperança de retorno. Conforme Ricoeur, o mandamento de amar os inimigos começa por desconstruir a regra da reciprocidade, pois requer o extremo, sendo, portanto, fiel à retórica evangélica da hipérbole. Sobre isso, Ricoeur argumenta: "o mandamento quereria que apenas fosse justificado o dom oferecido ao inimigo, de quem, por hipótese, nada se espera em troca. Mas, precisamente, tal hipótese é falsa: o que se espera do amor é que converta o inimigo em amigo"[176]. O Evangelho, dessa maneira, decreta uma medida insana, permitindo que atos de generosidade corriqueiros se aproximem do que está longe.

Paul Ricoeur discute qual nome poderia ser dado a essa forma não comercial do dom. Para ele, não podemos mais ver essa questão dentro do horizonte da troca entre dar e receber, mas sim entre dar e simplesmente receber. A reciprocidade do dar e do receber coloca um fim à assimetria horizontal da ideia de dom sem espírito de troca, sob a égide da figura singular de que a consideração passa então vir a se revestir. O reconhecimento da dimensão recíproca da relação entre a demanda e a oferta do perdão pode ser visto como aquilo que constitui uma primeira etapa na reconstrução integral dessa relação. Ricoeur defende:

> Falta dar conta da distância vertical entre os dois polos do perdão: é dela, de fato, que se trata na confrontação entre a incondicionalidade do perdão e a condicionalidade do pedido de perdão. Essa dificuldade, que renasce incessantemente, ressurge no próprio cerne do modelo da troca aplicado ao perdão, sob a forma de uma pergunta: o que torna os parceiros capazes de entrarem na troca entre a confissão e o perdão? A pergunta não é vã se mais uma vez evocamos os obstáculos que impedem o acesso à confissão e aqueles, nada menores, que se erigem no limiar da palavra de perdão[177].

---

175. MHO, 624.
176. MHO, 625, tradução nossa.
177. MHO, 626, tradução nossa.

Podemos afirmar que o pedir perdão também é estar disposto a receber uma resposta negativa como: "não, não posso perdoar". O caráter aleatório da transação presumida resulta da assimetria, que pode ser chamada de vertical e apresenta a tendência de camuflar a reciprocidade da troca. O perdão vai além do intervalo entre o alto e o baixo, entre o muito alto do espírito do perdão e o abismo da culpabilidade. Logo, essa assimetria será entendida como constitutiva da equação do perdão. Ela tem a característica de nos acompanhar como um enigma que nunca se acaba de sondar. Segundo David Pellauer:

> O perdão constitui o horizonte tanto da memória quanto do esquecimento. "Ele apõe um selo de incompletude sobre toda a empresa" (MHE, 457) porque não pode compensar a natureza imperdoável do mal moral, quer no passado, quer no presente. É por isso que o perdão é difícil e não uma coisa que se consegue com um simples gesto. Que é possível podemos ver se o comparamos ao ato de prometer. Enquanto a promessa amarra o agente à sua ação, o perdão liberta-o dela. Mas temos também que reconhecer uma diferença importante entre as duas coisas porque no plano político não há possibilidade autêntica de uma expressão institucional plenamente eficaz do perdão. O que se pode comprovar pelo fracasso das anistias em alcançar seus propósitos declarados, embora Ricoeur veja de fato alguma esperança no funcionamento de comissões de investigação e reconciliação, como na África do Sul, embora mesmo nesses casos muitos participantes tenham admitido que esses organismos não conseguiram tudo que as pessoas esperavam deles[178].

Não podemos esquecer que o perdão é sempre difícil porque há uma distância entre qualquer ato e aquele que o pratica, de modo que perdoar um pode não ser perdoar o outro. A temática do perdão traz de novo à tona a problemática do mal no horizonte da antropologia ricoeuriana. Segundo Jervolino, com a questão da culpa e da reconciliação possível, mas difícil, "estamos aproximando-nos do coração da pesquisa de Ricoeur: o reconhecimento do mal realizado ou sofrido, com efeito, é em todo o caso o reconhecimento de uma lesão daquele *homme*

---

178. Pellauer, 2009, 167.

capable, tema de toda a sua antropologia filosófica"[179]. O perdão revela a possibilidade de sanar a lesão por meio de uma palavra de reconciliação. Essa possibilidade sugere um trabalho hermenêutico — de memória, de luto — que está atrelado à ordem prática, sem estar separado do espectro da linguagem. Isso revela o ponto onde a hermenêutica mostra sua relevância ética.

O perdão encontra uma grande dificuldade no horizonte da problemática do mal: ele começa a emperrar. Isso acontece devido ao fato de o mal, em última análise, não poder ser justificado. O mal não é racional. Nesse sentido, é necessário ser respondido de outra forma que não o perdão, com o uso dos mitos e símbolos que falam da superação do problema do mal. Logo, isso coloca "uma dimensão vertical no horizonte de vítimas e agressores, uma dimensão que, na melhor das hipóteses, lembra (ou promete) que há o perdão, para tornar o perdão efetivamente possível no plano humano"[180].

Ao introduzirmos a linguagem do amor, uma mudança acontece no contexto da temática do perdão. Sendo assim, um amor sem disputa que é mais bem pensado como uma dádiva incondicional. Para Domenico Jervolino, Ricoeur "se detém, antes de tudo, na dificuldade de conceber o perdão por causa da desproporção entre os dois polos da culpa e do perdão"[181].

Podemos perceber que a condenação sem equívocos da ação malvada proporciona ao ser humano um espaço de regeneração. Essa se torna possível porque o mal é entendido como "radical" e não como algo "originário", como queria Agostinho. O que é originário no ser humano é a disposição ao bem. Ricoeur concorda com essa ideia kantiana e ambos seguem uma concepção bíblico-cristã do homem[182].

Portanto, a possibilidade de regeneração do ser humano culpado acaba sendo um paradoxo no qual é preciso renunciar de falar em nível especulativo ou transcendental, "penetrando no terreno das intermináveis disputas sobre a graça e o livre-arbítrio, mas que é de natureza irre-

---

179. JERVOLINO, 2011, 110.
180. PELLAUER, 2009, 168.
181. JERVOLINO, 2011, 112.
182. MHO, 637-642.

dutivelmente prática e que não se pode enunciar a não ser numa gramática do optativo"[183].

Paul Ricoeur argumenta que a resposta existencial ao perdão está, de alguma maneira, implicada no próprio dom, de forma que a antecedência desse é reconhecida no próprio gesto inaugural de arrependimento[184]. Para ele, é no pano de fundo da leitura filosófica do religioso — de maneira kantiana — que se destaca o enigma do perdão. Este nunca pode ser visto como algo fácil. É difícil perdoar quando não se busca ou não se percebe nenhum sinal de arrependimento.

Há um grande problema, por exemplo, quando as vítimas de erros passados e seus culpados podem não mais estar vivos para dar, pedir ou receber perdão. Nessas situações, entra em cena a esperança de que, algum dia, as coisas serão esclarecidas e o perdão será alcançado[185]. Isso não pode ser expresso plenamente por uma linguagem especulativa da filosofia. Depende daquilo que Ricoeur chama de uso optativo da linguagem e do pensamento, o qual viabilizaria o expressar de uma forma suprema de perdão, caracterizada por uma disposição e maneira de ser no mundo marcadas pela despreocupação e a tranquilidade.

Seguindo Kierkegaard, Ricoeur busca tratar dessa questão relacionando-a à palavra do Evangelho[186] que faz um convite para percebermos os lírios dos campos e os pássaros. Estes, segundo a Bíblia, nem semeiam, nem ceifam e nem acumulam em celeiros. "Este elogio da despreocupação não seria capaz de levar o homem a examinar, simplesmente, como é magnífico ser homem, de fazê-lo redescobrir a felicidade de uma despreocupação e esquecida memória"[187] — e do reconhecimento, acrescentamos, da proclamação do Cântico dos Cânticos de que o amor é tão forte como a morte[188].

É na dimensão da economia do dom que o perdão revela a possibilidade da contribuição de uma teologia do amor para o discurso filosó-

---

183. Jervolino, 2011, 113.
184. MHO, 639.
185. Pellauer, 2009, 168.
186. *Mateus* 6,26
187. Grondin, 2015, 110
188. MHO, 656

fico relacionado com o agir humano. Nesse sentido, a antropologia filosófica, centrada no homem capaz (e falível), revela a viabilidade de compreendermos como o ser humano pode ser visto como ser destinado ao bem, ao amor, à justiça, ao respeito, ao reconhecimento, à alteridade e ao perdão. Tudo isso, a partir da filosofia de Ricoeur, auxilia-nos a pensar a possível contribuição do discurso religioso no processo de construção da paz comum e na elaboração de um humanismo ético. Assim, chegamos ao final do nosso capítulo e passaremos agora para os apontamentos finais de nosso livro.

Conclusão

A antropologia está atrelada ao conjunto de disciplinas que apresentam por objetivo comum o conhecimento do homem. Compreende-se que essas disciplinas são tão numerosas quanto os aspectos da realidade que abarcam, refletindo, sem dúvida, a riqueza e a complexidade de toda essa realidade. Contudo, elas são cada vez mais especializadas e acabam por construir um discurso sobre o ser humano bastante fragmentado. Essa situação foi agravada pelo processo de autonomização das ciências humanas, pois a concorrência entre essas disciplinas se tornou cada vez mais crescente e os problemas de paradigmas, que no começo as opunham umas às outras, hoje fazem com que cada qual se oponha a si mesma, havendo mais de um paradigma a disputar a primazia.

Todos os aspectos do homem possuem uma ciência que o estuda, autorizando tanto as antropologias "físicas" (médica, por exemplo), quanto as sociais e as culturais. Entretanto, nenhuma dessas ciências e antropologias pode falar sobre a totalidade do ser humano, mesmo porque o homem é mais do que uma soma de aspectos. É nesse quadro que se inscreve a antropologia filosófica e se justifica a sua pertinência: não como um saber total ou totalizante sobre o ser humano, mas como uma disciplina, ou antes, uma reflexão filosófica que se propõe a pensar o indivíduo com sua agenda própria, ou seja, com a preocupação de compreender se o ser possui uma natureza ou não, o sentido da vida e da morte, o drama da existência, os limites e a dilatação da esfera do humano, os planos do indivíduo e da coletividade, a ordem do simbólico e a nossa relação com o corpo, e assim por diante. Todo esse conjunto fez e faz parte da agenda da filosofia desde os antigos, quer se fale de antropologia filosófica ou não, e está presente na agenda da filosofia contemporânea com seus questionamentos e como matéria disputada no contexto alemão e francês, constituindo-se, também, em aspecto fundamental do legado filosófico de Paul Ricoeur.

Diante desse contexto, depois de condenada por Heidegger e Foucault, a antropologia filosófica volta à cena e se torna cada vez mais importante, pois busca realizar um estudo sobre a natureza (se possível ou não) do ser humano. Ela tentará responder à pergunta "O que é o homem?". Nesse sentido, na esteira de Karl Jaspers e mesmo de Sartre, que tinha sido desautorizado por Heidegger, Paul Ricoeur consigna que a filosofia tem uma tarefa urgente ao buscar elaborar uma possível resposta para essa questão fundamental.

Conforme ele próprio dirá em mais de uma ocasião, a antropologia filosófica se tornou uma tarefa urgente do pensamento contemporâneo e isso aconteceu devido ao fato de que todos os problemas principais desse pensamento convergem para ela e fazem sentir cruelmente sua ausência[1]. O caminho que Ricoeur irá percorrer para lidar com a questão antropológica não será o das "ciências do homem", que "se dispersam em disciplinas discrepantes e não sabem, literalmente, do que falam"[2], nem o caminho de uma "ontologia" ao modo heideggeriano, que parte do entendimento de que a ontologia não tem nada a aprender com as "ciências do homem". Paul Ricoeur elabora um caminho que busca articular as "ciências do homem" à questão ontológica no horizonte de seu pensamento.

A filosofia não pode abrir mão da indagação radical sobre o ser do homem. Tal interrogação, presente desde o pensamento de Platão, revela

---

1. EC3, 21.
2. EC3, 21, tradução nossa.

Conclusão

que a antropologia apresenta uma história filosófica bem mais antiga, se comparada às disciplinas que disputam seu nome, e mesmo que os filósofos antigos não a incluíssem explicitamente no corpus das disciplinas ou campos da filosofia. Ela também não pode deixar de lado os recursos oferecidos pelas ciências humanas, achando que essas não trouxeram nenhuma contribuição para o estudo do homem. Em toda a obra de Ricoeur, veremos esse diálogo constante de uma área com a outra. A antropologia filosófica pensada por esse filósofo francês será sempre entendida como uma tarefa inconclusa, cuja inconclusividade será uma marca do pensamento de Ricoeur. Ele pensa o ser humano no horizonte da falibilidade e da capacidade.

Contudo, a "antropologia" como nome ou disciplina não pode ser entendida como um tema central do léxico do filósofo francês. Ela não está presente no título de suas principais obras e não corresponde a nenhuma orientação de doutrina ou de método. Entretanto, o alcance antropológico do pensamento de Ricoeur vai além do emprego ou do uso de um termo, a antropologia, em suma, constitui toda a sua filosofia, de modo que possa ser entendida como uma "antropologia" que não está isolada no início, no final ou no meio de um sistema fechado de seu pensamento[3].

Essa antropologia se encontra na própria passagem pelas diversas determinações positivas e negativas do discurso filosófico sobre o ser humano. Logo, no contexto de suas reflexões antropológicas, Ricoeur percebe o ser humano como um ser de mediação frágil, imperfeita, mas capaz em suas diferentes determinações.

Nesse sentido, procuramos mostrar ao longo deste livro que o discurso filosófico de Paul Ricoeur, centrado na questão antropológica, está ancorado em duas grandes temáticas que, em nosso entendimento, perpassam toda a sua obra, do início ao fim, a saber: a temática da falibilidade (*l'homme faillible*) e a temática das capacidades (*l'homme capable*). Falibilidade e capacidade são temas complementares e não excludentes na filosofia de Paul Ricoeur. Nela, entre esses dois assuntos, existe uma continuidade temática. Como pontua Noeli Dutra Rossatto, "na totalidade da obra, há uma continuidade profunda dos principais tópicos de sua antropologia"[4].

---

3. Rossatto, 2020, 142.
4. Rossatto, 2020, 145.

Em nossa obra, enfatizamos que essas temáticas complementares, a falibilidade e a capacidade, estão presentes em dois momentos distintos do pensamento de Ricoeur, portanto bem ligadas e articuladas ao longo de seu trajeto filosófico. Essa continuidade, marcada por um processo de reciprocidade, é o que conecta as diferentes fases do pensamento ricoeuriano. No horizonte da falibilidade, o ser humano é compreendido como um ser falível marcado por uma desproporção que perpassa sua existência. Nessa antropologia, Ricoeur percebe que o indivíduo apresenta uma frágil mediação, sendo capaz de fazer o mal e de errar. Contudo, não podemos ver o ser humano como alguém que tão somente realiza o mal, mas sim como alguém que também é capaz de fazer o bem. A fragilidade do indivíduo não pode ser vista como aquilo que o lança no mal, antes como atributo que se vincula ao ser capaz do ser humano. O homem capaz está em direção ao bem. O bem é mais originário do que a maldade, que ser vista como algo seu correlato ou derivado.

Destarte, vemos que as questões relacionadas ao problema da afirmação originária reaparecem no contexto da hermenêutica do si nas categorias de atestação e reconhecimento. Além disso, como mencionamos em nossa obra, podemos reparar que, no contexto de uma antropologia da falibilidade, já podemos perceber elementos indicadores da construção de uma antropologia das capacidades, focada na análise da experiência do mal, da desproporção e da necessidade em realizar uma distinção entre finitude e culpabilidade.

Nessa perspectiva, há um prolongamento antropológico centrado nas capacidades do ser humano, nas modalidades do "eu posso". É importante pontuar também que, mesmo o ser humano sendo visto como um ser capaz, ele não pode ser entendido como capacidade pura e continua sendo marcado pela desproporção e pela falibilidade. O *cogito* é visto como partido e não como exaltado e nem como esmigalhado.

Paul Ricoeur, como mencionamos em nossa obra, no final de sua vida, preferiu utilizar o termo "homem capaz" para se referir a todo o seu trabalho antropológico, sem abrir mão da ideia de falibilidade. Como pontuamos, a ideia de falibilidade acompanha toda a noção ricoeuriana de homem capaz — os dois conceitos caminham juntos na obra de Ricoeur, mesmo percebendo que a ideia de capacidade será central na antro-

Conclusão

pologia filosófica pensada pelo filósofo. O próprio Ricoeur, em uma conferência realizada no ano de 2000, intitulada de *La croyance religieuse*, afirmou que toda a sua obra está ancorada na temática das capacidades.

Assumimos isso em nosso livro e buscamos enfatizar como a noção de homem capaz pode ser vista como um fio condutor de toda a antropologia ricoeuriana. Mesmo que o ser humano seja marcado pela possibilidade de errar e de fazer o mal, como argumentamos há pouco, ele é direcionado ao bem, pois, por mais originária que possa ser a maldade levada a cabo de um modo único ou exclusivo, não encontrando similar em outras espécies, a bondade é ainda mais originária[5].

O ser humano é visto como um ser capaz: capaz de falar, de agir, de narrar e ser responsabilizado pelos seus atos. Ricoeur parte do pressuposto de que existe no humano uma bondade. Essa bondade é anterior a qualquer mau ato e conduz o indivíduo a construir ações justas e boas no mundo. O sujeito capaz só pode ser constituído e reconhecido mediante a sua abertura para o outro; esse sujeito encarnado na realidade ou dela fazendo parte, melhor dizendo, deve viver de forma boa com e para outrem.

Afirmamos, no decorrer de nossa obra, que na filosofia de Ricoeur não se pode falar de antropologia filosófica sem ética. Assim, a antropologia e a ética no pensamento de Ricoeur estão interligadas pelo fato de que, ao se refletir sobre o homem, pensa-se também a ação desse ser no mundo.

Dessa forma, tanto o ser humano falível quanto o ser humano capaz são marcados pela capacidade de agir. Ricoeur apresenta o sujeito como capaz e parte da compreensão de que o indivíduo é visto como um ser de ação na realidade. Sob essa ótica, a ética surge no horizonte da antropologia ricoeuriana como algo que coloca o ser humano em direção ao bem, ao reconhecimento, à alteridade, à justiça e ao amor.

O homem capaz é aquele que olha para suas ações e se posiciona de forma ética e justa no mundo, sendo sempre um sujeito em relação com o outro. A ação do sujeito capaz é dotada de responsabilidade pelo fato dele ser visto como consciente e livre, e essas características humanas, quando apresentadas, fazem com que qualquer forma de determinismo cultural seja questionada.

---

5. Cf. PVII.

Além disso, o ser humano capaz é entendido como o destinatário da religião, cuja experiência humana pode encontrar compreensão e explicação na esfera do sagrado. Esse ser humano capaz pode ser entendido como um ser aberto à transcendência através da nomeação bíblica de Deus. Essa nomeação se estabelece numa relação de chamado e resposta. O texto revela um "mundo" que encontra com o horizonte do leitor que terá sua vida ressignificada pelo querigma bíblico. Interpretar é imaginar um ou mais mundos possíveis revelados pelo texto. Dessa forma, a ontologia — sem substância, tendo em seu lugar ficado a relação — é então levada adiante, oferecendo possibilidade de ser e de agir. A narrativa bíblica possibilita o leitor a ser e a agir de formas múltiplas na realidade, no horizonte do amor e da justiça.

Através da ressignificação de sua vida pelo "mundo do texto" — aqui de forma específica pelo "mundo do texto" que a narrativa bíblica revela — o ser humano orienta sua vida na direção do amor e da superabundância. A nominação de Deus tem o poder de suscitar no leitor o desejo de se compreender à luz do querigma bíblico e reorientar sua ação no mundo a partir dessa lógica.

Para Ricoeur, a Bíblia pode oferecer uma nova perspectiva de caráter metaético a uma moralidade comum. O discurso religioso pode contribuir para o alargamento do discurso filosófico por meio de uma teologia do amor. É na lógica da economia do dom e do amor que o sujeito capaz é impulsionado a agir e a se relacionar com o outro, buscando a construção de um mundo mais justo, onde todos e todas possam viver suas vidas de forma mais digna e humana na busca pelo bem comum.

Nesse sentido, podemos postular, em nossas considerações finais, que a antropologia filosófica centrada na ideia de homem capaz abre um horizonte possível de reconhecimento de todas as identidades. Em um mundo cada vez mais plural e fragmentado, onde os direitos humanos são colocados em xeque por muitos, é necessário e urgente que a reflexão filosófica se ocupe com as questões que perpassam e assolam a existência humana.

O pensamento de Ricoeur, mais especificamente sua antropologia filosófica, leva-nos a compreender o ser humano como um ser em constante construção e aberto ao outro. Sua humanidade é constituída sempre na interação com o outro, e vice-versa. Logo, um humanismo ético

Conclusão

pode ser pensado a partir das implicações da antropologia do homem capaz presentes na obra de Ricoeur.

O ser humano apresenta a capacidade de se designar como o autor de suas próprias ações e escolhas. Ele está inserido num contexto de interação onde o outro aparece como aquele que é o seu antagonista ou seu coadjuvante, em relações que podem oscilar entre o conflito e a interação. Dessa forma, cada agente está conectado aos outros através da intermediação de sistemas sociais de múltiplas formas. As histórias de vida estão imbricadas umas nas outras. Como diz Ricoeur: "a narrativa que cada um faz ou recebe de sua própria vida se torna o segmento das outras narrativas que são as narrativas dos outros"[6].

Toda essa questão nos capacita a pensar que o ser humano capaz é digno de direito e de respeito. O ser humano capaz é aquele que atua e sofre a ação e busca a realização dos outros no horizonte do direito ou da justiça. Ele procura por meio das instituições boas que todos os indivíduos possam ser vistos como cidadãos reais.

Partindo de um discurso antropológico que está ancorado no inacabamento, a filosofia de Ricoeur nos coloca na direção de pensar o humano como um ser inconcluso e aberto a múltiplas formas de existir, buscando sempre o viver bem com os outros em instituições justas. Assim, a antropologia do homem capaz possibilita o reconhecimento mútuo e a inclusão de todo ser humano.

Por fim, uma última questão a ser pontuada é que a esperança florescerá no horizonte do homem capaz. "Pela esperança, a religião, na tarefa hermenêutica do reconhecimento de si, é o desdobramento da existência humana com fins bons"[7]. A religião aponta para o horizonte da esperança, como tinha mostrado Ernst Bloch. Logo, defendemos que a religião pode contribuir para o desenvolvimento do bem comum e auxiliar na construção de uma sociedade mais justa.

Existe uma sintonia entre a ideia de regeneração e a ideia de esperança. A esperança revela, em nosso horizonte, no espectro da religião como destinatária, ao homem capaz a possibilidade de uma retomada

---

6. J1, 28.
7. SOUZA, 2017, 426.

ou de um retorno ao bem. Ela surge como uma temática fundamental no arcabouço da filosofia ricoeuriana, principalmente no contexto de suas reflexões teológicas.

A esperança aparece no horizonte do homem capaz como possibilidade de uma ontologia reconciliada, ela surge como um horizonte de possibilidades. O homem capaz, sendo visto como o destinatário da religião, revela-nos que a esperança gera um otimismo em relação ao futuro, ao porvir. Esse otimismo não pode ser compreendido a partir de uma noção inocente de que tudo será bom, mas sim da capacidade que o homem capaz apresenta de ressignificar sua vida, mesmo diante do mal, da capacidade que ele revela de dar sentido à sua existência na contramão do niilismo, na busca de sua realização e na procura do bem comum.

O ser humano capaz se coloca na direção contrária à do niilismo. Ele pensa e projeta sua existência na direção das possibilidades de ser e na busca por sentido. O niilismo é entendido por Ricoeur como a "convicção de que a herança está esgotada, de que o seu poder simbólico se esgotou"[8]. O filósofo francês entende que a tarefa da filosofia é reatualizar-se. Logo, é necessário dispor-se ao processo de reinvenção.

A sociedade contemporânea parece não ter projetos. E como não tem projeto nenhum, e vive do nada, já se encontra inserida no niilismo. "O niilista não é aquele que fala do niilismo, é aquele que não fala dele, que não sabe o que está em causa no niilismo, que vive no nada"[9]. Esse modelo de corpo social em que estamos inseridos, pautado na lógica do capital, do consumo e do crescimento, revela-nos a pobreza, a miséria na qual vive esta sociedade que esgotou seus fins e suas ideias. Portanto, confessar essa situação acaba sendo um ato de esperança, de extração de muitos tecidos mortos para descobrir tecidos vivos. O ser humano que não sabe que se movimenta num ambiente esfacelado não pode portar nenhuma esperança, ele se segura simplesmente no que existe. Contudo, a capacidade de escavar os escombros e os destroços se mostra como um ato totalmente positivo. O niilismo para Ricoeur só pode ser transposto se recuperarmos as esperanças do passado.

---

8. Ricoeur, 1976, 5.
9. Ricoeur, 1976, 6.

Conclusão

Em suma, é necessário renovar as heranças tradicionais da antiguidade, tanto grega quanto judaico-cristã, pois não se pode ter futuro se não tivermos passado. Se não tivermos memória, não teremos esperança. A memória não pode estar atrelada à ideia de repetição, mas, pelo contrário, à de criatividade, de inventividade. Essa é uma das finalidades da filosofia. Sendo assim, o homem capaz pode se colocar nesse horizonte de reconstrução de um projeto de sociedade através do resgate das heranças tradicionais, com o objetivo de recuperar as memórias passadas para gerar a esperança de um futuro cheio de possibilidades para todos e todas.

O ser humano que age e sofre é capaz de dar sentido à sua vida, mesmo vivendo em um mundo cheio de problemas, dificuldades, desigualdades e angústias. A afirmação da vida, diante de uma realidade dura e complexa, revela que o homem capaz busca atribuir sentido às suas ações na contramão do nada e da ausência de sentido. Sendo o ser humano visto como capaz, ele pode construir e reconstruir sua vida e pode dizer sim ao mundo, apesar da infinita tristeza do finito. Ele pode dizer com Ricoeur: "Celebremos, pois, a beleza do mundo!"[10].

---

10. RICOEUR; CHANGEUX, 2001a, 307.

Referências bibliográficas

1. Fontes (*Bibliografia de Paul Ricoeur*)

RICOEUR, Paul. *A hermenêutica bíblica*. Trad. de Paulo Meneses. São Paulo: Loyola, 2006.

_____. *A l'école de la phénoménologie*. Paris: Vrin, 1987a.

_____. *A metáfora viva*. Trad. Dion Davi Macedo. São Paulo: Loyola, 2000a.

_____. *A Simbólica do Mal*. Trad. Hugo Barros e Gonçalo Marcelo. Lisboa: 70, 2013a.

_____. *Amor e justiça*. Trad. Eduardo Brandão. São Paulo: Martins Fontes, 2012a.

_____. *Da interpretação. Ensaios sobre Freud*. Trad. Hilton Japiassu. Rio de Janeiro: Imago, 1977a.

_____. *Da Metafísica à moral. Autobiografia intelectual*. Trad. Sílvia Menezes e Antonio Moreira Teixeira. Lisboa: Instituto Piaget, 1997a.

_____. *Du texte a l'action. Essais d'herméneutique II*. Paris: Éditions du Seuil, 1986a.

_____. *Écrits et conférences 3. Anthropologie Philosophique*. Paris: Éditions du Seuil, 2013b. [*Escritos e conferências 3. Antropologia filosófica*. São Paulo: Loyola, 2016.]

_____. *Écrits et conférences 4. Politique, économie et sociéte*. Paris: Éditions du Seuil, 2019.

_____. *Écrits et conférences 5. La religion pour penser*. Paris: Éditions du Seuil, 2021.

_____. *Ensaios sobre a interpretação bíblica*. Trad. José Carlos Bento. São Paulo: Fonte, 2008a.

_____. *Escritos e conferências 2. Hermenêutica*. Trad. Lúcia Pereira de Souza. São Paulo: Loyola, 2011a.

_____. *Hermenêutica e ideologias*. Trad. Hilton Japiassu. Petrópolis: Vozes, 2008b.

_____. Herméneutique de l'idée de Révélation. In: RICOEUR, Paul et al. *La révélation*. Bruxelles: Facultés universitaires, Saint-Louis, 1977b.

_____. *História e verdade*. Trad. F. A. Ribeiro. Rio de Janeiro: Forense Universitária, 1968a.

_____. *Interpretação e ideologias*. Trad. Hilton Japiassu. Rio de janeiro: Livraria Francisco Alves, 1990a.

_____. *La critique et la conviction. Entretiens avec François Azouvi et Marc de Launay*. Paris: Calmann-Lévy, 1995.

_____. *La mémoire, l'histoire, l'oubli*. Paris: Éditions du Seuil, 2000b.

_____. *Lectures 3. Aux frontières de la philosophie*. Paris: Éditions du Seuil, 1994a. [*Leituras 3. Nas fronteiras da filosofia*. São Paulo: Loyola, 1996.]

_____. *Leituras 2. A região dos filósofos*. Trad. Marcelo Perine e Nicolás Nyimi Campanário. São Paulo: Loyola, 1996a.

_____. *Méthode réflexive appliquée au problème de Dieu chez Lachelier et Lagneau*. Paris: Éditions du Cerf, 2017a.

_____. *O conflito das interpretações. Ensaios de hermenêutica*. Trad. M. F. Sá Correia. Porto: Rés-Editora, 1978.

_____. *O justo 1. A justiça como regra moral e como instituição*. Trad. Ivone C. Benedetti. São Paulo: Martins Fontes, 2008c.

_____. *O justo 2. Justiça e verdade e outros estudos*. Trad. Ivone C. Benedetti. São Paulo: Martins Fontes, 2008d.

_____. *O mal. Um desafio à filosofia e à teologia*. Trad. Maria da Piedade Eça de Almeida. Campinas: Papirus, 1988a.

_____. *O único e o singular*. Trad. Maria Leonor F. R. Loureiro. São Paulo: UNESP; Belém: EDUFPA, 2002.

_____. *Parcours de la reconnaissance. Trois études*. Montparnasse: Éditions Stock, 2004. [*Percurso do reconhecimento*. São Paulo: Loyola, 2007.]

_____. *Philosophie de la volonté I. Le volontaire et l'involontaire*. Paris: Aubier, 1988b.

_____. *Philosophie de la volonté II. Finitude et culpabilité*. Paris: Aubier, 1988c.

_____. *Philosophie, éthique et politique. Entretiens et dialogues*. Paris: Éditions du Seuil, 2017b.

Referências bibliográficas

_____. *Soi-même comme un autre*. Paris: Éditions du Seuil, 1990b.

_____. *Tempo e narrativa*. v. 3. Trad. Roberto Leal Ferreira. Campinas: Papirus, 1997b.

_____. *Vivo até a morte*. Trad. Eduardo Brandão. São Paulo: Martins Fontes, 2012b.

_____; CHANGEUX, Jean-Pierre. *O que nos faz pensar? Um neurocientista e um filósofo debatem ética, natureza humana e o cérebro*. Lisboa: 70, 2001a.

_____; LACOCQUE, André. *Pensando biblicamente*. Trad. de Raul Fiker. Bauru: EDUSC, 2001b.

_____; DUFRENNE, Mikel. *Karl Jaspers et la philosophie de l'existence*. Paris: Éditions du Seuil, 1947.

Artigos[1]

RICOEUR, Paul. Avant la loi morale. L'éthique. *Encyclopedia Universalis*, 1985. (II.A.380)

_____. Contribution d'une réflexion sur le langage à une théologie de la parole. *Revue de théologie et de philosophie*, v. 18, n. 5-6 (1968b) 333-348. (II.A.237)

_____. Culpabilité tragique et culpabilité biblique. *Revue d'histoire et de philosophie religieuses*, v. 33 (1953) 285-307. (II.A.53)

_____. De l'esprit. *Revue Philosophique de Louvain*. Quatrième série, v. 92, n. 2-3 (1994b) 246-253.

_____. Éthique et morale. *Revue de l'Institut catholique de Paris*, v. 34, abr.-jun. (1990c), 131-142. (II.A.461)

_____. Existential phenomenology. In: _____. *Husserl. An analysis of his phenomenology*. Evanston: Northwestern University Press, 1967a.

_____. Individu et identité personnelle, Sur l'individu. *Le Seuil* (1987b), 54-72. (II.A.408)

_____. Ipséité. Altérité. Socialité. *Archivio di filosofia*, v. 54, n. 1-3 (1986b) 17-33. (II.A.400)

_____. L'appel de l'action. Réflexions d'un étudiant protestant. *Terre nouvelle*, v. 2, jun. (1935) 7-9. (II.A.1)

---

1. A maioria dos artigos presentes em nossa pesquisa encontram-se no acervo do *Fonds Ricoeur*. A fim de ordená-los, seguiremos as referências de Frans Vansina em relação aos artigos, incluindo, no final de cada referência, o código correspondente aos arquivos do mesmo *Fonds Ricoeur*.

_____. L'homme de science et l'homme de foi. *Le Semeur*, v. 51, nov. (1952a) 12-22. (II.A.49)

_____. L'Homme et son mystère. Le Mystère. XIIe semaine des intellectuels catholiques, (1959a) 119-130. (II.A.121)

_____. L'humanité de l'homme; Contributions de la philosophie Française contemporaine. *Studium generale*, v. 15, n. 5, [s.d.]. (II.A.149)

_____. L'identité narrative. *Esprit*, n. 7-8, jul-out. (1988d) 295-304. (II.A.422)

_____. La culpabilité allemande. *Le Christianisme Social*, n. 3-4, mar.-abr. [s.d.], 150-157. (II.A.21)

_____. La question de l'humanisme chrétien. *Foi et vie*, v. 49, n. 4, jul. (1951) 323-330. (II.A.37)

_____. *La sémantique de l'action*. Paris: Centre National de la Recherche Scientifique, 1977c.

_____. La structure, le mot, l'événement. *Esprit*, n. 5, mai. (1967b) 801-821.

_____. La vision morale du monde. *Bulletin de philosophie*, v. 10 (1958-1959) 1-43. (II.A.109)

_____. Le 'soi', digne d'estime et de respect; Le respect. De l'estime à la déférence. Une question de limite. *Autrement* (1993a) 88-99. (II.A.520)

_____. Le langage de la foi. Exposé à la Première Rencontre romande d'universitaires protestants en 1963. Texte transcrit à partir d'enregistrements et revu par l'auteur. (1963a), 5-16. (II.A.172)

_____. Le renouvellement du problème chrétienne par les philosophes de l'existence. In: Ricoeur, Paul et al. *Le problème de la philosophie chrétienne*. Paris: PUF, 1949, 43-46. (II.A.16)

_____. Le symbole donne à penser. *Esprit*, v. 275, n. 7-8 (1959b) 60-76. (II.A.113)

_____. Les paradoxes de l'identité. *L'information psychiatrique*, Toulouse-Privat, n. 3, mar. (1996b) 201-206. (II.A.611)

_____. Les structures téléologique et déontologique de l'action. Aristote et/ou Kant? *L'interprétation, un défi de l'action pastorale*. Montréal: Fides, 1989, 15-27. (II.A.434a)

_____. Meurt le personnalisme, revient la personne. *Esprit*, v. 50, n. 1, jan. (1983) 113-119. (II.A.369)

_____. Morale de classe, morale universelle. *Lettre*, jul.-out. 1963b. (II.A.162)

_____. Morale, éthique et politique. *Pouvoirs*, n. 65 (1993b) 5-17. (II.A.522)

_____. Não matarás. Uma obediência amorosa. In: Ricoeur, Paul; Lacocque, André. *Pensando biblicamente*. Bauru: EDUSC, 2001, 131-157.

_____. Nature et liberté. Communication au Congrès des Sociétés de Philosophie de langue française, consacré au thème La nature humaine. *Existence et nature*. Paris: PUF, 1962. (II.A.144)

_____. Note sur la personne. *Le Semeur*, n. 7, mai. (1936a) 437-444. (II.A.2)

_____. Note sur les rapports de la philosophie et du christianisme. *Le semeur* n. 9 (1936b). (II.A.2a)

_____. O meu caminho filosófico. In: JERVOLINO, Domenico. *Introdução a Ricoeur*. São Paulo: Paulus, 2011b, 120-143.

_____. O problema do fundamento moral. In: TIELLET, Claudia; CARRÉ, Douglas. *Perspectivas em Ricoeur*. Porto Alegre: Fi, 2020.

_____. Philosophie et religion chez Karl Jaspers. *Revue d'histoire et de philosophie religieuses*, n. 3 (1957a). (II.A.85)

_____. Philosophies de la personne. *Esprit*, n. 2, 1954, 289-297. (II.A.66)

_____. Pour un christianisme prophétique. *Les chrétiens et la politique*, Paris, Temps Présent, (1948) 79-100. (II.A.10)

_____. Promenade au fil d'un chemin. In: TUROLDO, Fabrizio. *Indagini su Paul Ricoeur*. Padova: II Poligrafo, 2000c.

_____. Que signifie humanisme? *Comprendre*, n.15, 1956, 84-92. (II.A.77)

_____. Recherche d'anthropologie chrétienne sur le terrain philosophique. I. Les Grecs et le péché/II. Le philosophe en face de la confession des péché. Étude présentée à la pastorale de Bièvres. Supplément à *La Confiance*, n. 1-2 (1957b). (II.A.96)

_____. Renouveau de l'ontologie. *Encyclopédie française* XIX, Philosophie et Religion, éd. Larousse, 1957c. (II.A.86)

_____. Renouveaux de l'ontologie. *Encyclopedie française* XIX, 1957d.

_____. Responsabilité et culpabilité au plan communautaire. *Le Semeur*, n. 4, 1958, 3-6. (II.A.102)

_____. Urgence d'une morale. Conférence aux conférences protestantes consacrées aux Dix Commandements. *Foi-Éducation*, 22/20, jul. (1952b) 107-114. (II.A.50)

Vídeos e Entrevistas

RICOEUR, Paul. Entrevista com Paul Ricoeur [sobre a crise da filosofia]. *La philosophie d'aujourd'hui*. Lausanne-Barcelone: Grammont-Salvat Editores, 1976 (Bibliothèque Laffont des grands themes). Disponível em: <http://www.uc.pt/fluc/uidief/textos_ricoeur/filosofia_actual>. Acesso em: 2 jun. 2021.

_____. "Je ne suis pas un philosophe protestant". La documentation de Radio France à découvrir. L'intégralité de la série A voix nue avec Paul Ricoeur. 1993c. Produção France Culture. 27 min. Som. Disponível em: <https://www.franceculture.fr/philosophie/paul-ricoeur-je-ne-suis-pas-un-philosophe-protestant>. Acesso em: 15 jun. 2020.

_____. La croyance religieuse. [Filme-vídeo]. Produção de Mission 2000 em France. França, Universités Numériques Thématiques, 29 de novembro de 2000d. Vídeo digital online. 80 min. Colorido. Som. Disponível em: <https://www.canal-u.tv/video/universite_de_tous_les_savoirs/la_croyance_religieuse.1186>. Acesso em: 23 mar. 2020.

2. Trabalhos sobre Ricoeur

ABEL, Olivier. *Paul Ricoeur. La promesse et la règle*. Paris: Michalon, 1996.

_____. Ricoeur sceptique? In: *Hommage à Paul Ricoeur*. Paris: Unesco, 2006, 7-39.

ALBERTOS, Jesús E. *El mal en la filosofía de la voluntad de Paul Ricoeur*. Navarra: EUNSA, 2008.

AMALRIC, Jean-Luc. *Paul Ricoeur, l'imagination vive. Une genèse de la philosophie ricoeurienne de l'imagination*. Paris: Hermann, 2013.

BLUNDELL, Boyd. *Paul Ricoeur between Theology and Philosophy*. Indiana: Indiana University Press, 2010.

BOTTON, João B. *O homem como promessa. Estudo das implicações da antropologia filosófica de P. Ricoeur*. Tese de Doutorado em Filosofia. Belo Horizonte: UFMG, 2017.

BUHLER, Pierre; FREY, Daniel (ed.). *Paul Ricoeur. Un philosophe lit la Bible. A l'entrecroisement des herméneutiques philosophique et biblique*. Genève: Labor et Fides, 2011.

CASAROTTI, Eduardo. *Paul Ricoeur. Una antropologia del hombre capaz*. Córdoba: EDUCC, 2008.

CAUSSE, Guilhem. La faille chez Paul Ricoeur. De l'identité symbolique et narrative, à l'identité gestuelle et langagière. *Études Ricoeuriennes/Ricoeur Studies*, v. 9, n. 2 (2018) 74-89.

CESAR, Constança Marcondes. A ontologia hermenêutica de Paul Ricoeur. *Revista Reflexão*, Campinas, n. 76, jan.-abr. (2000) 11-17.

CHARBONNEL, Nanine. Peut-on parler d'un rôle négatif de l'herméneutique biblique sur la théorie ricoeurienne de la métaphore?. In: BUHLER, Pierre; FREY, Daniel (ed.). *Paul Ricoeur. Un philosophe lit la Bible. A l'entrecroisement des herméneutiques philosophique et biblique*. Genève: Labor et Fides, 2011, 107-121.

Referências bibliográficas

CORÁ, Elsio José. A hermenêutica do si-mesmo e a identidade narrativa em Paul Ricoeur. *Studium. Revista de Filosofia*, Recife, n. 13-14, jul. (2004a) 31-49.

_____. Hermenêutica e teoria da ação em O si-mesmo como um outro de Paul Ricoeur. Dissertação de Mestrado em Filosofia. Santa Maria: UFSM, 2004b.

COSTA, Miguel Dias. Lógica do sentido na filosofia hermenêutica de Paul Ricoeur. *Revista Portuguesa de Filosofia*, Braga, v. 46, n. 1, jan.-mar. 1990, 143-168.

DOSSE, François. *Paul Ricoeur. Les sens d'une vie*. Paris: La Découverte, 2001.

_____. *Paul Ricoeur. Un philosophe dans son siècle*. Paris: Armand Colin, 2012.

_____. *Paul Ricoeur. Os sentidos de uma vida (1913-2005)*. Trad. de Roberto Roque Lauxen et al. São Paulo: LiberArs, 2017.

DOUEK, Sybil Safdie. *Paul Ricoeur e Emmanuel Levinas. Um elegante desacordo*. São Paulo: Loyola, 2011.

ÉTIENNE, Jacques. La question de l'intersubjectivité. Une lecture de Soi-même comme un autre de Paul Ricoeur. *Revue théologique de Louvain*, n. 28 (1997) 189-215.

FÈVRE, Louis. *Penser avec Ricoeur. Introduction à La pensée et à l'action de Paul Ricoeur*. Lyon: Chronique Sociale, 2003.

FIASSE, Gaëlle. *Paul Ricoeur. De l'homme faillible à l'homme capable*. Paris: PUF, 2008.

GAGNEBIN, Jeanne-Marie. Uma filosofia do cogito ferido. *Estudos Avançados*, São Paulo, v. 11, n. 30 (1997) 261-272.

GAMA, Jose. Hermenêutica da cultura e ontologia em Paul Ricoeur. *Revista Portuguesa de Filosofia*, Braga, v. 52, n. 1-4, jan.-dez. (1996) 381-392.

GARRIDO, Sonia del Carmen Vásquez. *A questão da educação e da identidade segundo Paul Ricoeur*. Tese de Doutorado em Educação. Campinas: UNICAMP, 1994.

GENTIL, Hélio Salles. *Para uma poética da modernidade. Uma aproximação à arte do romance em Temps et Récit de Paul Ricoeur*. São Paulo: Loyola, 2004.

GREISCH, Jean. *Paul Ricoeur. L'itinérance du sens*. Grenoble: Jérôme Millon, 2001.

GRONDIN, Jean. *Paul Ricoeur*. Trad. Sybil Safdie Douek. São Paulo: Loyola, 2015.

GSCHWANDTNER, Christina M. Paul Ricoeur and the relationship between philosophy and religion in contemporary french phenomenology. *Études Ricoeuriennes/Ricoeur Studies*, v. 3, n. 2 (2012) 7-25.

GUERRA, Lucía Herrerías. *Espero Estar en La Verdad — La búsqueda ontológica de Paul Ricoeur*. Roma: Editrice Pontificia Università Gregoriana, 1996.

HALL, David W. *Paul Ricoeur and the poetic imperative. The creative tension between love and justice*. New York: State University of New York Press, 2007.

HAKER, Hille. Narrativa e identidade moral na obra de Paul Ricoeur. *Concilium*, Petrópolis, n. 2, 285 (2000) 67-78.

HERRERÍAS GUERRA, Lucía. *Espero estar en la verdad. La búsqueda ontológica de Paul Ricoeur.* Roma: Editrice Pontificia Università Gregoriana, 1996.

HIGUET, Etienne Alfred. O lugar da religião no pensamento de Paul Ricoeur. *Observatório da religião*, v. 2, n. 2, jan.-jun. (2015) 22-45.

HOMEM, Edson de Castro. A ética no pensamento de Paul Ricoeur. *Vertentes*, São João del-Rei, n. 3, jan.-jun. (1994) 52-55.

JAPIASSU, Hilton. Qual o legado principal de Paul Ricoeur à filosofia contemporânea? In: MARCELO, Gonçalo et al. *A atualidade de Paul Ricoeur numa perspectiva ibero-americana*. Coimbra: Coimbra University Press, 2017, 237-239.

JERVOLINO, Domenico. *Introdução a Ricoeur*. Trad. José Bortolini. São Paulo: Paulus, 2011.

KENNY, Peter. Conviction, critique and christian theology. In: *Memory, narrativity, self and the challenge to think God. The reception within theology of the recent work of Paul Ricoeur.* Munster: LIT Verlag, 2004, 92-102.

KEARNEY, Richard. L'homme capable. Dieu capable. In: *Rue Descartes. L'homme capable*. Autour de Paul Ricoeur. Paris: Presses Universitaires de France, 2006, 39-47.

MEIRELES, Cristina Amaro Viana. *Ricoeur e a consciência de si. Uma análise à luz de algumas ressonâncias do pensamento de Jean Nabert.* Tese de Doutorado em Filosofia. Campinas: UNICAMP, 2016.

MENDES, Breno. *Existência e linguagem. O problema do sentido na filosofia da história de Paul Ricoeur.* Tese de Doutorado em História. Belo Horizonte: UFMG, 2019.

MESSNER, Kathrin. Au croisement des herméneutiques philosophique et biblique. Amour et Justice. In: BUHLER, Pierre; FREY, Daniel (ed.). *Paul Ricoeur. Un philosophe lit la Bible. A l'entrecroisement des herméneutiques philosophique et biblique.* Genève: Labor et Fides, 2011, 3-87.

MICHEL, Johann. L'ontologie fragmentée. *Laval théologique et philosophique*, v. 65, n. 3 (2009) 479-487.

_____. *Paul Ricoeur une philosophie de l'agir humain*. Paris: Les Éditions Du Cerf, 2006.

MONGIN, Olivier. *Paul Ricoeur*. Paris: Éditions du Seuil, 1994.

NASCIMENTO, Cláudio Reichert do. Falibilidade, afetividade e vida em Paul Ricoeur. In: CORÁ, Elsio José; NASCIMENTO, Cláudio Reichert do. *Paul Ricoeur. Um olhar de seus leitores*. Curitiba: CRV, 2014, 29-44.

Referências bibliográficas

NKÉRAMIHIGO, Théoneste. L'homme et la transcendance selon Paul Ricoeur. Paris: Editions Lethielleux, 1984.

PACHECO, Márcio de Lima. Paul Ricoeur. A esperança como movimento da existência no evento da ressureição. Tese de Doutorado em Filosofia. São Paulo: PUC-SP, 2017.

PELLAUER, David. Compreender Ricoeur. Trad. Marcus Penchel. Petrópolis: Vozes, 2009.

PEREIRA, Miguel Baptista. Narração e transcendência. Humanitas, v. 45 (1993) 393-476.

_____. A hermenêutica da condição humana de Paul Ricoeur. Revista Filosófica de Coimbra, v. 12, n. 24 (2003) 235-277.

PIVA, Edgar Antonio. A questão do sujeito em Paul Ricoeur. Síntese. Revista de Filosofia, Belo Horizonte, v. 26. n. 85 (1999) 205-237.

PONTE, Moisés Nonato Quintela. Afirmar o humano apesar do mal. Um estudo teológico a partir da filosofia da vontade de Paul Ricoeur. Dissertação de Mestrado em Teologia. Belo Horizonte: FAJE, 2012.

PORÉE, Jérôme. L'existence vive. Douze études sur la philosophie de Paul Ricoeur. Strasbourg: Presses Universitaires de Strasbourg, 2017.

RASMUSSEN, David M. Mythic-symbolic language and philosophical anthropology. A Constructive Interpretation of the Thought of Paul Ricoeur. Netherlands: Martinus Nijhoff/The Hague, 1971.

REAGAN, Charles. Conversations with Paul Ricoeur. In: VERHEYDEN, J., HETTEMA, L. L., VANDECASTEELE, P. Paul Ricoeur. Poetics and religion. Leuven-Paris-Walpole, MA: Uitgeverij Peeters, 2011, 229.

RENAUD, Michel. Fenomenologia e hermenêutica. O projecto filosófico de Paul Ricoeur. Revista Portuguesa de Filosofia, Braga, v. 41, n. 4, out.-dez. (1985) 405-442.

ROBERGE, Jonathan. Paul Ricoeur, la culture et les sciences humaines. Québec: Les Presses de l'Université Laval, 2008.

ROSSATTO, Noeli Dutra. A antropoiética de Paul Ricoeur. In: TIELLET, Claudia; CARRÉ, Douglas. Perspectivas em Ricoeur. Porto Alegre: Fi, 2020, 141-163.

ROSSETTI, Ricardo. Justiça em Paul Ricoeur. Uma hermenêutica do homem justo. Tese de Doutorado em Filosofia. São Paulo: PUC-SP, 2011.

SALLES, Sergio de Souza. Nomear Deus. Tomás de Aquino e Paul Ricoeur. Aquinate, n. 12, (2010) 64-77.

SALLES, Walter. Paul Ricoeur e a refiguração da vida diante do mundo do texto. Síntese. Revista de Filosofia, Belo Horizonte, v. 39, n. 124, mai.-ago. (2012) 259-278.

SILVA, Isidro Ribeiro da. Sens et existence: em hommage a Paul Ricoeur. *Brotéria*, Lisboa, v. 117, n. 1, jul. (1983) 103.

SOUZA, Vitor Chaves. *A dobra da religião em Paul Ricoeur*. Santo André: Kapenke, 2017.

_____. Uma teologia do nome divino em Paul Ricoeur. *Notandum*, São Paulo, v. 16, n. 33, set./dez. (2013) 59-70.

STEFANI, Jaqueline. *A constituição do sujeito em Paul Ricoeur. Uma proposta ética e hermenêutica*. Dissertação de Mestrado em Filosofia. São Leopoldo: UNISINOS, 2006.

STIVER, Dan. *Theology after Ricoeur. New directions in hermeneutical theology*. Westminster: Westminster John Knox Press, 2001.

_____. *Ricoeur and theology*. New York: Bloomsbury, 2012.

TEIXEIRA, Joaquim de Souza. Paul Ricoeur e a problemática do mal. *Didaskalia*, v. 7 (1977) 43-130.

THOMASSET, Alain. *Paul Ricoeur. Une poétique de la Morale. Aux fondements d'une éthique herméneutique et narrative dans une perspective chrétienne*. Leuven: Leuven University Press/Presses Universitaires de Louvain, 1996.

_____. La poétique biblique comme méta-éthique théologique. La parabole et la vertu. In: VERHEYDEN, J.; HETTEMA, T. L.; VANDECASTEELE, P. *Paul Ricoeur. Poetics and religion*. Leuven: Université Catholique de Louvain-La-Neuve, 2011, 101-126.

VALLÉE, Marc-Antoine. Le premier écrit philosophique de Paul Ricoeur. Méthode réflexive appliquée au problème de Dieu chez Lachelier et Lagneau. *Études Ricoeuriennes/Ricoeur Studies*, v. 3, n. 1 (2012) 144-155.

VANHOOZER, Kevin J. *Biblical narrative in the philosophy of Paul Ricoeur. A study in hermeneutics and theology*. Cambridge: Cambridge University Press, 1990.

VANSINA, Frans D. *Paul Ricoeur. Bibliographie primaire et secondaire*. Paris: Uitgeverij Peeters: Paris, 2008.

VERHEYDEN, J.; HETTEMA, T. L.; VANDECASTEELE, P. *Paul Ricoeur. Poetics and religion*. Leuven: Université Catholique de Louvain-La-Neuve, 2011.

VILLELA-PETIT, Maria da Penha. Perspectiva ética e busca do sentido em Paul Ricoeur. *Síntese. Revista de Filosofia*, Belo Horizonte, v. 34, n. 108, jan.-abr. (2007) 5-22.

VINCENT, Gilbert. *La religion de Ricoeur*. Paris: Les Editions de L'atelier, 2008.

WOLFF, Ernst. *Lire Ricoeur depuis la périphérie. Décolonisation, modernité, herméneutique*. Bruxelles: Éditions de l'Université de Bruxelles, 2021.

3. Bibliografia geral

ARISTÓTELES. *Ética a Nicômaco*. Trad. Edson Bini. São Paulo: Edipro, 2007.

BADIOU, Alain. *A aventura da filosofia francesa no século XX*. Trad. Antônio Teixeira e Gilson Iannini. Belo Horizonte: Autêntica, 2015.

BIRCHAL, Telma de Souza. La vraie morale se moque de la morale. Questões éticas em Pascal. *Kriterion*, Belo Horizonte, n. 106, dez. (2002) 60-76.

CAMUS, Albert. *O homem revoltado*. Trad. Valerie Rumjanek. Rio de Janeiro: Record, 2010.

COLIN, Pierre. L'héritage de Jean Nabert. *Esprit*, n. 140-141, juil.-août 1988, 119-128.

DOMINGUES, Ivan. *O continente e a ilha, duas vias da filosofia contemporânea*. São Paulo: Loyola, 2017.

DOSSE, François. *La saga des intellectuels français 1944-1989*. I. À L'épreuve de l'histoire 1944-1968. Paris: Gallimard, 2018a.

_____. *La saga des intellectuels français 1944-1989*. II. L'avenir en miettes 1968-1989. Paris: Gallimard, 2018b.

ESPINOSA, Benedictus de. *Ética*. Trad. Tomaz Tadeu. Belo Horizonte: Autêntica, 2007.

GADAMER, Hans-Georg. *Verdade e Método I. Traços fundamentais de uma hermenêutica filosófica*. Trad. Flávio Paulo Meurer e nova revisão da tradução por Enio Paulo Giachini. Petrópolis: Vozes; Bragança Paulista: Editora Universitária São Francisco, 1997.

GRONDIN, Jean. *Le tournant herméneutique de la phénoménologie*. Paris: PUF, 2003.

GUIMARÃES, Julian Batista. O mal radical e a graça na filosofia de Kant. In: CHACON, Daniel Ribeiro de Almeida; ALMEIDA, Frederico Soares de. *Filosofia da Religião. Problemas da Antiguidade aos tempos atuais*. São Paulo: Loyola, 2020, 69-84.

GUTTING, Gary. *French philosophy in the twentieth century*. Cambridge: Cambridge University Press, 2001.

HEIDEGGER, Martin. *Carta sobre o humanismo*. Trad. Rubens E. Frias. São Paulo: Moraes, 1991.

_____. *Ser e tempo*. Tradução, organização, nota prévia, anexos e notas de Fausto Castilho. Edição bilíngue. Campinas: Unicamp; Petrópolis: Vozes, 2012.

HERÁCLITO. In: *Os pensadores. Os pré-socráticos*. São Paulo: Nova Cultural, 2005.

HERRERO, Francisco Javier. *Religião e história em Kant*. Trad. José A. Ceschin. São Paulo: Loyola, 1991.

HUME, David. *Tratado da natureza humana*. São Paulo: Unesp, 2009.

Husserl, Edmund. *A ideia da fenomenologia*. Trad. Artur Morão. Lisboa: 70, 1986.

_____. *Ideais para uma fenomenologia pura e para uma filosofia fenomenológica*. Introdução geral à fenomenologia pura. Trad. Márcio Suzuki. Aparecida: Ideias& Letras, 2018.

Janicaud, Dominique. *Phenomenology and the theological turn. The french debate*. New York: Fordham University Press, 2000.

Jaspers, Karl. *La filosofía*. v. 1. Madrid; San Juan, Puerto Rico: Ediciones de la Universidad de Puerto Rico, 1958.

Kant, Immanuel. *A religião nos limites da simples razão*. Trad. Artur Mourão. Covilhã: LusoSofia, 1992.

Kearney, Richard. *Poetics of modernity. Towards a hermeneutic imagination*. New Jersey: Humanities Press International, Inc., 1995.

Kierkegaard, Søren. *Diário de um sedutor. Temor e tremor. O desespero humano*. In: *Os pensadores*. São Paulo: Abril Cultural, 1979.

Levinas, Emmanuel. *Totalité et infini. Essai sur l'extériorité*. La Haye: Martinus Nijhoff, 1971.

_____. *Ética e infinito*. Trad. João Gomes. Lisboa: 70, 2010.

Locke, John. *Ensaio sobre o entendimento humano*. Trad. Eduardo Abranches. Lisboa: Fundação Calouste Gulbenkian, 1999.

MacIntyre, Alasdair. *Depois da virtude. Um estudo em teoria moral*. Trad. Jussara Simões. Bauru: EDUSC, 2001.

Merleau-Ponty, Maurice. *Fenomenologia da percepção*. Trad. Carlos Alberto Ribeiro de Moura. São Paulo: WMF Martins Fontes, 2011.

Mondin, Battista. *O homem, quem é ele? Elementos de antropologia filosófica*. Trad. R. Leal Ferreira e M. A. S. Ferrari. São Paulo: Paulus, 2011.

Montaigne, Michel de. *Ensaios*. v. 3. Brasília: Editora Universidade de Brasília, 1987.

Mora, Jose Ferrater. *Dicionário de filosofia*. São Paulo: Loyola, 2000. 4v.

Motta, Manoel Barros da. *Michel Foucault. Arqueologia das ciências e história dos sistemas de pensamento*. Rio de Janeiro: Forense Universitária, 2013.

Mounier, Emmanuel. Refaire la Renaissance. *Esprit*, n. 1, out. (1932) 5-51.

Muller, Denis. *Les Lieux de l'action*. Genève: Labor et Fides, 1992, 62.

Pascal, Blaise. *Pensamentos*. Trad. Sérgio Milliet a partir da Edição de Brunschvicg. São Paulo: Abril Cultural, 1973.

Pinto, Débora Morato et al. *Ensaios sobre filosofia francesa contemporânea*. São Paulo: Alameda Casa Editorial, 2009.

Referências bibliográficas

OLIVEIRA, Juliano de Almeida. O jovem Levinas e a fenomenologia. Um estudo de théorie de l'intuition dans la phénoménologie de Husserl. *Síntese. Revista de Filosofia*, v. 41, n. 129 (2014) 81-100.

OLIVEIRA, Manfredo Araújo de. *Antropologia filosófica contemporânea. Subjetividade e inversão teórica.* São Paulo: Paulus, 2012.

RABUSKE, Edvino A. *Antropologia filosófica*. Petrópolis: Vozes, 2001.

SARTRE. Jean-Paul. *O ser e o nada. Ensaio de ontologia fenomenológica.* Trad. e notas de Paulo Perdigão. Petrópolis: Vozes, 2007.

STEIN, Ernildo. *Antropologia filosófica. Questões epistemológicas.* Porto Alegre: Livraria do Advogado, 2018.

STIVER, Dan. *The philosophy of religious language. Sign, symbol, and story.* Oxford: Blackwell, 1995.

WORMS, Frédéric. *La philosophie en France au XXe siècle. Moments.* Paris: Gallimard, 2009.

VAZ, Henrique C. de Lima. *Antropologia filosófica.* São Paulo: Loyola, 2010. v. 1.

Edições Loyola

editoração impressão acabamento
Rua 1822 n° 341 – Ipiranga
04216-000 São Paulo, SP
T 55 11 3385 8500/8501, 2063 4275
www.loyola.com.br